閩臺歷代方志集成·福建省志輯·第47册

福建省地方志編纂委員會　整理

〔乾隆〕福建續志（三）

（清）楊廷璋、定長　等修；
（清）沈廷芳、吴嗣富纂；（清）王傑補修

乾隆三十三年（一七六八年）刻本

SSAP
社會科學文獻出版社

福建續志卷二十七

名宦一

史載循吏其原出於馬班獨郡國之志槪書名宦何耶一命以上至方伯連帥政無寬猛澤施乎民者咸以名歸之而國史推原至治上本天子深慈豈弟之德風戒有位故非循不書而況史之大體甄類必嚴故士君子有立身行已躬踐儒修或侃侃登朝位兼將相雖嘗垂聲郡縣之中然史氏權其重輕以次行事不必皆以循吏得稱至於畫疆爲志人非土著例不兼收則

可見者獨有爲治之迹不得執往史以相例也

閩之爲吏以循行見書正史纔賈讓陳靖二人

顧其宅小廉而大法綏績以靖民唐宋以下美

不勝書逮我

盛朝勛猷彌茂乃紹前志條厥治宜接以近事庶

後此有所攷焉作名宦志

福州府

齊

邱仲起字子震吳興人建元初爲晉平郡清廉自立

褚淵嘆曰見可欲心能不亂此楊公所以遺子孫

校注：①邱

也後官至廷尉卒南齊書沈憲傳

隋

歐陽祐洛陽人爲泉州守義寧二年任滿西歸至邵陽聞隋亡挈家自沉死士人殮葬之立祠以祀按前志載泉州名宦内考隋時泉州即今福州前志誤今改入福州

宋

方偕興化人眞宗朝知福清有清操時至質衣以自給吏嘗乘偕醉白事明日覆之吏隱其一偕曰有某事在吏驚服罪萬曆府志

樊紀嘉祐三年知懷安縣時郡守蔡襄欲復東湖不

可得乃從樂遊橋開沿城外抵湯門琴亭湖心至北嶺下去思橋北出浦尾船塲散入港北小浦中石泉安國以北紀作橋十三曰濕墘曰墘北曰卜浦曰中浦曰湖心曰琴亭曰越塘曰龍腰曰後溪曰桑畬曰嶺下曰茫溪曰瀨溪東湖既湮賴①此港浦橋梁導東北諸水以達於東門又北嶺達於官溪其山磴路北通連江沿岸以濟凡一千八百步紀募治奠高爲夷正曲爲直凹者凸陷者續迄今七百年賴之三山志參閩都記

林孝澤字世傳莆田人攢之裔孫宣和中嘗攝福清

校注：①此

丞敏于爲政旣清且惠其嚴不可犯後知漳州遷建轉運副使正德府志

張維字振綱劍浦人中紹興進士知閩縣定差役條約貲倍者半其停年民以爲便已而制下更定役法如之官募丁匠舟楫于民無度維與約一歲丁匠之役不過三日舟若干爲甲甲直旬日縣賦故多取①[illegible][illegible]衙坊維爲區畫使其徒自相督無擾而賦辦續餐錢數十萬義不納會水圮官舍匠役過前約悉以儆之曰毋失信於民民號之曰張太清以便親請主管崇道觀歸官終左司郎中朱子右司張公

校注：①县於

誌銘

林析莆田人紹興中閩縣主簿累調福清丞敏於爲政以清惠稱嘗捐俸修學後知福州甃城周四十丈事集而民不擾在郡簡訟寬賦民甚便之萬曆府志

魏必昌字世復晉江人初尉懷安年尚少有豪家訟田久不決必昌折以禮法兩豪皆服移興化錄事持廉壁立無干以私者劉克莊贈以詩曰守法仁人勇防身處女嚴人以爲實錄正德府志

吳潛字毅夫寧國人淳祐間知福州兼安撫使民甚德之徙知紹興後拜右丞相以忠亮剛直著聞閩書

元

申國輔朝鮮人至正十二年任福清前守林泉生改創學宮未竣時紅巾繹騷民方修武備國輔獨以學校爲首務作戟門欞星門新兩廡塑聖賢像指學校曰此吾金城也鄰境目爲迂闊及賊陷三山陷長樂獨州民晏然賊不敢犯福清縣志

項棣孫字子華麗水人天歷中進士授福州推官改莆田縣尹遷知福清州尋提舉泉州市舶司同知延平路總管事棣孫在福州時有海船列旗幟金鼓以備不虞或誣其爲亂獄已成爲平反之活者

數百人妖人周某惑民縛治之焚其書在泉州時丁歲儉道殣相望與郡尹俠五立捐賑寇林君祥等圍福州棣孫集泉興二郡兵討之賊遁去閩書

明

邛①宗亮江陰人洪武十二年知長樂勤政愛民務存寬厚嘗繕修文廟建山川社稷壇壝與舉衆廢爵有成功長樂縣志

熊彥迪南昌人洪武中爲古田谷口巡檢始至佐縣簿姚孟與覈荒田蠲稅額建虎溪寨以保障一方時永福寇朱明叔據桃花洞彥迪率所部夜擣其

校注：①邱

巢擒之以功擢兵馬司未行卒民建祠祀焉閩書

衛浩字季洪常熟人洪武中以才行貢入太學永樂初擢御史出爲江西副使轉福建居職鯁挺務行其志有刑部侍郎某巡視閩中得專刺舉藩郡皆入賄以冀免浩持其不法將奏之其人懼誣以罪勒停其官蘇州府志

魏谷才永樂初知閩縣平易近民雅好士類行事詳①審民得諭其情正德府志

張志學崇德人永樂中永福教諭嚴毅方正博通經史尤長於春秋終日危坐爲諸生講學一時人士

校注：①審

多所造就卒於官萬曆府志

周孟初字仁長象山人宣德間福州府同知在任八年公廉方介鋤抑豪右時有鐵面之稱陞泉州知府未至卒閩書

黃寬字汝和江陰人正統間知羅源時沙尤寇起攻掠諸郡邑寬度力不能禦諭民避之軍旅之後蠲租寬政民感其德萬曆府志

張瑄字廷璽江浦人成化中以右副都御史廵①撫福建下郡縣建倉廩勸富民出粟備荒沿海官軍先因事減支俸糧三十餘年遂以爲例瑄仍舊支給

校注：①巡

閩安鎮出海有二港，元時用鐵[1]索橫絕港口，以禦寇。歲久廢，沒請復之。又令小港如大港之制，海寇林壽六、魏懷三等攻劫鎮城，瑄盡擒之。福安、壽寧等縣地鄰江浙，強賊羣聚，瑄擒其首葉旺、葉春，餘黨盡散。鎮守太監盧勝暴橫，瑄以聞，勝坐革去。陞南京刑部尚書。閩書

羅敘，吉水人。成化間知長樂，平政宰民，宣協風教。歲旱，禱雨立應。治邑七年，興百廢，均賦役，初終如一。長樂縣志

姚鏌，字英之，慈谿人。宏治六年進士，任福建副使，値

校注：①鐵

山殺焚掠邵武之建寧鎮巡使往視之鎮籍被兵者萬餘家脅癘之民賴以甦署臬篆汀州大帽山賊七千餘人攻武平承檄往討賊聞風遁走江西永定民有賴師智部五百人出身禦賊所部多戰死賊又陰襲其家有司不能邺由是師智擁兵自保鎮曰壯士也撫而用之師智請効死諸軍倚爲重改督學使者講求古禮召諸生肄業修閩中諸大儒書院增其祀田恤其後裔正德九年吏部旌天下方面官十有五人鎮與焉陞貴州按察使轉福建右布政凡輸錢穀不責羨餘終兵部尚書閩書

鍾紹字大韶東莞人正德間由進士知長樂淸謹勤約始終一節尤重風教境內有孝義廉節者必覈請表揚之士習民風爲之丕變長樂縣志

余祐字子積鄱陽人師事胡居仁舉宏治進士爲南京刑部員外郎以事忤劉瑾落職瑾誅起知福州府鎮守太監市民物不與直祐揚言將列狀上聞鎮守懼稍戢然恚甚摭拾祐過竟無所得歷太僕寺卿歷吏部右侍郎祐已先卒參明史

歐陽鐸字崇德泰和人正德中自南京兵部郎出知延平有司禮監蕭敬郡人也家人暴橫殺人官懾

不敢理鐸立捕坐之敬大怒誣以他事械繫至京
會有解之者得免尋調福州至則裁供饋禁橫索
鎮守太監尚某畏鐸不得肆欲有所泄怒會須胙
鐸謂神惠宜盡取諸祭不當益以市肉減尚胙又
不及尚諸客尚怒令隷委胙府庭去鐸陽爲不喻
謂相禮生曰此尚監母乃以相勞持去姑割分之
及迎春又不設雜戲尚益怒鐸以正折之尚出悖
謬語鐸徐拱手曰此非臣子所宜言上聞之無乃
不可乎徑趨出尚偵伺無可得乃因三司官謝過
焉於是客過府城至不敢張宴上官索辦不下福

府會編審里甲鐸謂福州海六山三田賦僅十一役不得優仕宦偏累齊民於是巨室鬨然議起謂非人情不可近獨御史汪珊耸敬鐸不爲摇衆議稍息嘉靖初入覲舉治行第一賜羊酒緞①仕至吏部右侍郎卒謚恭簡閩書參諸志

周廣字克之宏治進士嘉靖初任福建按察使閩故多盗廣分部所屬伐其渠魁凡會讞獄齋戒禱神參伍之下咸得其情鎮守中官以廣初至啗之以金廣不省宣諸府藏比鎮守告窘取金還之鎮守憚服有中官督織造者横索民財有司莫能抗廣

校注：①緞

移檄禁遏終南京刑部侍郎書閩

朱豹字子文上海人嘉靖間知福州歷官有廉聲廨中有鵂鵅臨行豹幼子欲持以歸豹妻急止之曰爾父未嘗持一毫官物此鳥亦官物也可持歸耶其清操信於妻子如此書閩

蔡德進字士抑東莞人嘉靖間令古田愛民好士一本於誠苞苴不入有古廉吏風後改黔陽令古田縣志

熊廷相豐城人嘉靖間長樂典史時倭寇逼縣城廷相登陴守禦開門納老幼數千人修築濱淵湖民受其利萬曆府志

周煥金華人嘉靖己未知永福縣倭賊破城煥戰死
邑民春秋祀之永福縣志

李煒順德人嘉靖末知永福巡撫游震得欲枉道由
永福出兵煒曰游公兵驕所過騷動吾何惜以身
爲民捍患書上果大怒以軍法逮繫煒怡然就逮
百姓傾邑從之會御史陳萬言按閩事解乃返永福
縣志

邊維垣字師甫彭縣人隆慶間知福州簡靜敦愼有
清介之守郡人愛之萬曆府志

劉日升字扶生廬陵人萬曆進士選福州司理摘發

如神有大姓殺人而賄人代之約婦其女而壻其子日升廉得其狀置大姓于法惡少調人婦遇其夫扼吭斃之沉諸井令婦誣其叔獄久不決日升用好語誘婦使吐實得屍井中遂伏法又有婦殺夫而焚其舍以火爲解日升謂火死者口有灰取二屍一死一活焚之果驗有僧利其師財潛殺之誣他僧日升視其刀有匠名呼問之則其徒刀也論如法紳士某子爲中表所毒實假手於其婢而反誣其婦日升夢三毒蟲在案傍若有人呼楊六者詰之則藥果市之楊祿遂窮鞫抵罪嘗覩篆古

田道逢負傀儡者遽命縛之曰而盗魁也訊之果然人以問日升日升曰吾貌得之耳藩庫失藏金日升視藏中有題壁以問藏吏曰此老胥某手跡索其家金果在也其神明多類此日升操守廉嘗謂誤入一蔬一果見輿隸必三日作官終應天府尹

尹昔闕

土①繼祀字懋承歸安人萬歷辛丑進士令古田政尚寬厚修學宫浚城濠創橋渡增黄田驛夫額民得不困邑有鐵爐害民爲甚陳其弊悉除之縣志創於劉令曰暘繼祀繼之廣蒐博②採補所未備其功

校注：①王　②博

不下曰賜古田縣志

陳思謨河源人萬歷間知永福縣會菁民邱滿曹子貴先後倡亂思謨請兵殲之又以城外東北隅高瞰城內力請上官移城于內山之椒邑賴以固去之日至無宿舂百姓肖像祀之永福縣志

周順昌字景文吳縣人萬歷進士授福州推官捕治稅監高寀爪牙不少貸寀激民變劫辱巡撫袁一驥質其二子并質副使呂純如或議以順昌代順昌不可純如銜之後擢吏部主事轉員外郎假歸天啓①中死魏璫之難崇正初贈太常卿謚忠介明史

校注：①啓

陸文衡字坦持吳江人萬歷進士授工部主事天啓中出守福州時議立魏璫生祠文衡堅持不可卒不建故閩中闔省無璫祠由文衡格其議也崇正改元陞浙江參政吳江縣志

鄭維璉字德輝新昌人萬歷進士官吏部疏劾魏忠賢削奪爲民尋下獄讁戍崇正五年以僉都御史巡撫福建維璉至察吏安民禦倭弭盜竭力匡救至廢寢食明年紅夷攻閩霜山維璉檄鄭芝龍急擊之芝龍以粵寇未靖自引兵至福寧與戰後期不至紅夷突入中左焚戰艦傷官軍維璉乃還福

州趣發給漳泉募戰士犒有功授諸將方畧水陸竝進復乘小舟出奇擊賊諸將皆奮芝龍自福寧來亦誓死戰斬獲無算賊遁入大洋維璉上疏劾芝龍縱寇罪芝龍方有內援維璉復以黨東林爲政府所忌下部議罪亡何賊復犯石灣海澄同安諸處維璉皆擊走之先後捷上復自劾不能平賊爲芝龍所誤而吏議已下竟奪維璉官是時維璉方大集舟師自漳州調發諸軍至銅山與賊遇苦戰凡八晝夜大敗之生擒酋長數十人焚其舟艦器械畧盡捷聞上命只論將士功維璉破賊班師

還福州始知罷官上疏自明不報遂歸維璉撫閩三年勦山海賊大有功于閩乃爲政府以門戶讒抑中外惜之東林傳

楊德周字南仲寧波人崇正間任古田令甫下車郎榜縣門曰所不與民伸寃抑而任意低昂者誓不生還自是剔蠹弊鋤奸黠編審精覈追呼不擾時荒旱相仍征歛無藝撫字焦心凡百設施劑量而行之古田縣志

朱由榴宗室子崇正末知永福邑寇陳君陞焚刼由榴率民死戰被執不屈死闔門死于火者二十餘

于斯力字文言湖廣人崇正末由舉人任古田教諭性嚴正有諸生被株累邑令逼其具揭訛之斯力力爭邑令悔而釋之尋擢戶部主事甲申之變有人永福縣志

九章歌極悲憤後以他累瘐死古田縣志

國朝

王玉章號酉山萊陽人進士順治中以藩幕署連江縣事連俗爭競不勝輒服鉤吻數傾人產玉章力禁革之凡自毒者不爲申理澆風以息辛丑春朝議遷瀕海居民玉章不忍殘黎騷擾因節巡界諸

大吏供役以惠民督府重其爲人戒其下勿犯連江縣志

李岱生字千巖高密人順治戊戌進士康熙初知長樂縣潔已愛民時遷界議起瀕海人戶應調遷者有糧無地多逃散岱生力請于大府豁浮賦廣招徠民咸其德官滿受代去泣送者數千人高密縣志

鄧憲英字探菴上元人康熙間宰福清時廟學傾圮前令倡修未就憲英集紳士新之邑當孔道頻年軍興旁午民疲奔命用一派十誅求無已憲英首詳禁革後被劾鐫級去福清縣志

傅而保字公定河南人康熙丁卯知福清邑自遷界後地畝荒蕪而保懇請清丈覈其虚課民免于困

潘樹柟字孟扶仁和人康熙乙酉由進士知福清嚴明有風采催科行一條鞭法課辦而民不擾改下調知永豐福清縣志

林徵麟字厚庭澄海人康熙四十七年由舉人知古田潔已愛民公餘與邑士剖析大義終日無倦以堂寺淫祠爲書院以祀朱子後告養歸福清縣志

催科罷去時論惜之古田縣志

黄之雋字石牧華亭人康熙辛丑進士雍正甲辰督

學閩中鑒裁精審謝絕請託以興起古學自任每
郡試事畢輒合才彥校其詩古文詞口講指畫聞
者悅服後以左袒士子被論解官諸生醵金爲贖
不受去之日送者相屬於路車爲不行
高其倬字章之漢軍康熙甲戌進士雍正四年由雲
南巡撫進福建總督甫抵浙聞閩歲祲在道奏請
截江浙漕米二十萬由海運平糶以賑復發帑四
出採買廣儲倉禁囤積民不病饑鹽法自前歸官
辦後商人失業價漸昂貴其倬仍盡歸之商科條
備具課羨而直亦減先是康熙五十六年禁閩省

商船不許往南洋諸番市易其倬疏請弛禁畧曰開洋一途民之稍富者爲船主爲商人其貧者爲頭舵爲水手一船幾及百人一年往還一次多者得千餘金或數百金卽水手之類亦每人可得二三十金其本身既一年不食本地米糧又得銀而歸養其家下及手藝之人皆大有生業洋船一回開行設鋪又足養商賈之家且多有帶外國米歸者此開洋之利益也從前諸臣所慮者大約有三一云載米出洋臣查外國皆產米之處不資中國之米洋盜多刦米之人無買米之盜且洋盜皆在

沿海直洋洋船皆在横洋之内海内道路不同似盗米之説爲無足慮一云透漏消息與各外國查外國船到中國惟中國之船不許到外國若透漏消息彼國來此貿易之人豈不能相傳消息且廣東之洋船現俱許到外國獨福建之船不許豈廣東之船全無漏洩福建之船獨慮漏洩一云外國造船需用中國船料桅舵恐閩船賣與之查外國洋船甚大其夾①板船隻皆用整根之木而閩船皆用板片彼此木料不能通用至於桅舵閩省之大桅尚小於外國之頭桅舵之大小亦然何能相資

校注：①夾

爲用臣愚以爲洋船應行開禁至每船回省請酌量帶米而歸於閩省更屬有益　廷議如其所請併定例洋船自外夷回者帶米三百石至百石有差其倬性明恕政舉大綱不務苛細遇屬吏有恩禮其清節尤一時無比七年改兩江制府後徵拜戶部尚書道卒謚文良福州府志

趙國麟字仁圃號拙菴泰安人康熙己丑進士雍正六年任福建布政使日坐堂皇凡所屬疑獄州縣不能決者皆來訴立斷遣之閩俗女尚貞烈其弊至縛絲爲層臺女登就縊其父兄以是爲榮國麟

疏論禁戢之調河南布政尋擢福建巡撫民聞其至驩迎于道國麟崇正學每月必三次詣鼇峰書院闡宋五子書雖甚寒暑不輟一日講未畢麾下中軍某在坐鼾睡有聲國麟若弗聞人皆服其量時詔舉宏詞國麟以觀政進士陳兆崙原興化通判吳廷華薦廷華辭不赴國麟爲敘其所著三禮疑義郡人余甸官廉訪歸爲蜚語所中禍幾不測國麟力白其冤事得解晉禮部尚書文淵閣大學士閩人以國麟與張清恪伯行陳清端璸竝祀書院中泰安府志參陳兆崙撰行狀

吳廷華字中林號東壁仁和人康熙甲午舉人由中書舍人出任福州海防同知尋以原銜通判興化所至以經學飾吏事暹羅國入貢

上以遠人恩禮有加賜三品秩歸至閩使者禮頗倨廷華引春秋王人序在諸侯之上之義以折之使者愧服琉球歲修貢歸多帶中原上①物或請封禁之廷華引周禮環人野廬氏諸義謂柔遠之道封究非宜福州諸生某出妻其妻猶不嫁乞米於故夫家其姑訟于官制府高其倬下廷華議廷華引漢書朱買臣棄妻事爲斷衆論翕然嘗奉檄至臺

校注：①土

灣值諸羅奸民揭竿事起倉卒令弁皆束手廷華爲按形勢料兵民分督防守誅其魁卒以安集解官後相國趙國麟重其學爲敘其所著三禮疑義閩人士習禮者皆奉爲圭臬焉隱拙齋文鈔

王恕字中安安居人康熙辛丑進士選庶吉士乾隆五年累遷福建巡撫勤卹民隱培植士氣歲辛酉監臨鄉試向例闈中諸需用物分派鋪戶吏胥因緣爲奸民受重困恕屬諸司嚴督人吏有犯即治事必躬親毫末不擾諸民竝刊石永禁之弊遂絕郡有鼇峰書院恕親試諸生拔其尤異厚予廩餼

暇則親臨講明正學以文行相切劘復創考志書院教諸士之與童子試者一時士習丕變恕博雅仁厚以誠信感人不爲操切所至無赫赫之譽去後民益思之福州府志

喀爾吉善號澹園滿洲正黃旗人乾隆十二年由山東巡撫擢總督閩浙端重靜鎮有大臣體時臺灣生番跳梁授機宜平定之番人自此尤向化建寧匪類魏現漳州匪類蔡榮祖先後謀不軌事露擒其渠魁置之法脅從者概予末減全活無算畀加太子太保寵眷優隆十六年　賜御製詩及海疆制

闕額二十二年　御製詩及耆臣清德額以賜

以勞致疾　上聞　特遣御醫及子員外郎定敏

馳驛胗視卒謚莊恪　賜祭予廕祀賢良祠子定

長嗣歷封疆所至咸頌其善繼先志云家傳

潘思榘字絜方陽湖人雍正甲辰進士選庶吉士乾

隆十三年任福建巡撫時建寧奸民魏現嘯聚爲

亂捕繫二百餘人思榘與同官讞決奏戮五十人

餘斷遣如律不縱不寃爲政以籌民食亟賑䘏興

水利繕城垣爲先務福郡都會食繁米少思榘力

籌常平積貯請撥臺倉協助臺鳳二縣災奏請緩

額糧禁私運是年秋七月漳泉臺三郡旱繼復潮壞民田思渠多方賑䘏旋奉　旨截江浙漕運十五萬石運閩儲備民于是不饑十六年寧化清流建寧大水羅源寧德霞浦壽寧福安災尤甚思渠履畝分賑葬流尸葺壞屋親製文祭男婦之溺者痛哭引咎百姓皆哭失聲嘗濬福州西湖重築堤一千三百餘丈繕牐二座葺湖心開化寺徧植桃柳于堤爲利最鉅寧德亦有東西湖思渠先築東湖①得良田萬頃而福清之郎官港法海埔霞浦之長溪壩長泰之雙圳坡亦次第興舉暇則至鼇龍峰

校注：①得

書院督課有鼇峰講義若干卷多先儒所未發又購書籍加餐錢設都養贖黄道周經解板貯院中以資誦習思槼博物洽聞湛深經術公餘不廢著撰在閩著周易淺釋天玉初箋青囊佩觿地學要旨諸書又飭修福州府志以勞卒于官

上爲軫悼䘏典同一品例諭敏惠入京師浙江福建賢良祠福州府志

王裕璸山陰人乾隆二年知龍溪縣清絶苞苴尤慎庶獄不以毛鷙爲能以最屢調劇邑歷有聲績乾隆十八年以候官縣膺薦至京暴病卒邑人懷焉

福州府志龍溪①縣志合纂

戴永樸烏程人雍正癸卯舉人乾隆九年知長樂縣重濬文洽浦及濱瀾湖溉田七萬餘畝民德之立祠以祀長樂縣志

莊培因字本淳陽湖人乾隆甲戌進士第一歷官侍講學士丙子典試閩中得人稱盛二十三年來視學待士有禮被其容接者如春風取士尚經術校閱必躬自甲乙恒至漏盡以勞得疾或戒其宜少休培因曰吾敢以身故負官耶父卒訃至不勝悲哀疾益劇奉諱急歸至家一慟而卒歸愚文鈔

校注：①溪

曹①繩桂字匪石一字介巖新建人雍正庚戌進士乾隆元年官杭嘉湖道運漕米十萬石賑閩饑閩人歎呼二十七年累遷福建按察使閩俗殺人多賄人代償繩桂奏請嚴其科條弊遂絕又請械鬬處分及臺灣重案由道訊解諸疏皆報可擢布政使以勞卒繩桂父家甲爲龍溪令有善政繩桂復以厚德聞於官閩人受其澤者兩世卒之日童叟皆泣下隱拙齋文鈔

興化府

宋

校注：①曹

孫昭先淳熙間任興化主簿以抗直聞民有訟詣郡請求直于昭先郡守器之仙遊縣志

明

陳效字志學南陵人宏治十七年知府事時連歲大祲效躬行阡陌①拊循賑䘏纂府志復薦孝子劉閔于朝請爲郡訓導士民悅服之莆田縣志

葉鞾本姓樓字國光江都人嘉靖七年知府事器度明雅以文學飾吏事嘗創書院简諸生有文行者横經其間邑士少治易鞾以易旨合本義程傳刻之郡齋擢湖廣副使莆田縣志

校注：①陌

奚世亮黃州人嘉靖間任延平同知署興化篆倭寇圍城請援不至城陷死之延平府志

鐔鐙石門人嘉靖中任府同知郡守黃一道築石隄海功未卒解官去鐙成其役後守吳達挍①勘陡門涵洞以觀行亦屬鐙終之莆田縣志

陶謨字大顯嘉興人嘉靖十四年知莆田縣性澹泊嘗郊謁監司盛暑憩郵亭中亭卒進瓜果誡勿入偶留宿田家見田父治供帳召里胥讓之御史李元陽行部捕豪猾多牽連謨跡其尤者以復餘悉封還督學江以達校士年老文無奇者多黜謨力

校注：①校

爲陳請得免除籍者百餘人訟簡刑淸鞭朴不事時郡守吳逵達治體毎自謂不如也三年徵入爲御史後有李天榮者豐城人亦以平易近民稱良吏莆田縣志

吳逵字近光新淦人嘉靖十六年知府事淸介孤高攜一蒼頭自隨御史李鳳翔行縣頗以非刑撻人至死逵戒隷卒毋得肆㬥嘗修治南北洋陂洞斗門功甚偉秩滿以母老請蒼頭負一簏先行父老數百人擁入郡齋哭遮道不得發後擢四川按察司副使莆田縣志

潘忠松江人嘉靖三十二年由舉人知仙遊縣淡泊精敏嘗有達官與忠有生平交請廢刹田數百畝持不與其人徑請之當道牒縣予之忠具條不可狀事遂寢訟簡政寬民安之任滿擢南京大理寺評事仙遊縣志

陳瑞龍字體乾潮陽人嘉靖三十九年知府事時倭寇屢薄城瑞龍嚴督守陴凡縉紳齊民有丁徒力能勝兵者悉籍記之又令城下遊兵分更傳箭日夜坐籃①車或徒步巡警罰失守者已而毋卒官舍撫按以兵革未息留之仍以墨衰匝行城上尋亦

校注：①車

卒合殮皆賻之同年櫬歸士庶哭送者數百人莆田縣志

關玉成南海人隆慶元年由舉人知仙遊縣性至孝清介自持以催科不辦調邑人思之立碑東渡走馬山麓仙遊縣志

何南金泰興人萬歷三十六年以進士知莆田縣性倜儻有文名政暇遊智泉碧瀨諸勝多所題咏捐俸修江口橋拓而廣之行人德焉卒於官莆田縣志

顏佐進賢人萬歷三十七年由舉人宰仙遊修坊表建東山塔前署令殷宗器嘗捐置學田佐復續置

三十四石以資寒士卒於官祠祀明倫堂門右仙遊縣志

國朝

孫之昇字獻卿復州衛人順治初知仙遊縣練鄉兵固城守倡置常平義田租千餘石以備荒歉又置義學田爲膏火資擢歸德府同知仙遊縣志

鄭燠字哲修號蓉菴侯官人順治九年由舉人任仙遊教諭①修文廟造祭器建尊經閣葺明倫堂捐置東渡溪義渡租陞漳州府教授歷官主事仙遊縣志

沈顯卿順治十一年任仙遊典史適海寇圍城顯卿

校注：①諭

巡禦甚力明年城陷與知縣陳有虞都司王家楨同日死仙遊縣志

顧鏞吳縣人丁亥進士順治十四年由戶部郎知興化府政簡靜訟者隨牒剖決無留滯在郡三年民不知有吏擢廣東督學副使莆田縣志

白彥艮號淳菴武進人康熙間由進士知仙遊縣以敦教化課農桑爲首事縣署舊扁曰巖邑彥艮謂士秀民淳易治之邦何云巖也即撤去陞乾州知州未任卒仙遊縣志

沈起元字子大號敬亭太倉人康熙辛丑進士雍正

初由庶吉士改吏部員外郎出知興化府居官嚴肅而慈惠毀淫祠興水利鋤暴扶良士民德之其於振興文教尤篤課洞橋書院諸生評定甲乙無不悅服所投①士如黃城宋英鄭士仁陳時行皆一時文行兼優之士莆田有陳江薇者其父爲聘某姓女女家薄其貧也改適他氏江薇鳴於官起元召江薇面試之許其能文斷還其婚即公堂行合卺禮以旗鼓導之歸觀者如堵後江薇籍郡庠至今士林猶傳爲美談其它善政不勝枚舉後歷直隸布政使遷光祿寺卿告老垂橐而歸歸愚文鈔

校注：①拔

福建續志卷二十七終

名宦二

泉州府

唐

薛播寶鼎人開元天寶間兄弟七人並擢進士累授殿中侍御史遷武功萬年令溫敏而裕與人交有常李栖筠常袞崔祐甫並器之祐甫輔政拜中書舍人出爲汝州刺史建中間坐小累貶泉州刺史秦系客泉播頻往候歲時致羊酒得歐陽詹優禮之詹由是知名再遷河南尹禮部侍郎卒贈尚書

舊志參閩書

薛戎字元夫寶鼎人少有學術不求聞達居陽羨山江西觀察使李衡辟爲從事故相齊映代衡又留署府職罷歸福建觀察使柳冕表爲從事轉殿中侍御史會泉州缺刺史冕署戎權領州事是時姚南仲節制鄭滑從事馬總以直道爲監軍使薛盈珍誣奏貶泉州別駕冕附會權勢欲搆成總罪使戎按問曲成之戎不從別白其狀戎還自泉州冕盛氣據衙而見賓客戎歷東廂從容而入冕度勢未可屈徐起一揖而退又搆其罪以狀聞置戎于

佛寺環以武夫恣其侵辱如是累月誘令成總之罪竟不動搖杜祐鎮淮南知戎寃乃上表發書論冕戎難方解遂辭職歸後召拜侍御史歷浙江①察使府志

趙顒正乾元元年爲晉江縣令開晉江鑿溝通舟楫至城下民德之舊志參閩書

五代

王直道字伯三審知孫也居三山無戀功名意後周顯德二年胥敦仁舉以自代爲清溪令士民安之不數載遂掛冠與敦仁偕隱晨夕詩酒相娛名其

校注：①觀

居曰行樂（府志）

宋

宋文炳咸平四年爲安溪尉攝令始建學校教化以興邑人爲立生祠祀之（府志）

林從周海陽人景德進士授南安主簿日持手板與刺史侃侃辯曲直主計者聞其材檄泣劍州銀冶累官度支郎提點浙東西刑獄（府志）

李亢字君起南昌人皇祐中爲泉州司戶參軍郡將貪墨僚屬皆曲媚厚獻亢與州師曹某獨無所私奉將怒且憾憲使羅承按部至郡曰掾不從衆爲

人可知郎拜薦之府志

杜純字孝錫甄城人元祐中任泉州司法參軍泉有番舶之饒雜貨山積時官于州者私與爲市價十不償①一惟知州關詠與純無私買後事敗獄治多牽②繫惟關杜無與關猶以不察免且檄參對杜憤懑陳書部使者爲訟冤關得不坐府志

陳可大字齊賢仙遊人政和進士調泉州工曹兼右椎適龍巖解死罪盜七人可大明其無辜得不死時稱神明府志

傅佇字凝遠仙遊人重和進士授無棣主簿調南安

校注：①償　②牽

縣丞歲大饑民棄妻子者相屬佇請出常平倉錢設安養院食之民不失所明年歲豐悉訪所親歸之紹興中遷知晉江縣會治戰船佇躬督其役勞費半他邑而事獨先辦張浚聞于朝特減磨勘三年除茶司幹辦公事轉南劍州通判府志

程大昌字泰之休寧人紹興中試館職爲秘書省正字歷官權吏部尚書淳熙中方行中外迭更之制力請出外遂知泉州有惠政①江州賊沈師作亂戍將蕭統領戰死闔郡大震大昌趣統制裴師武討之賊遂遁去遷知建寧府徙知明州致仕卒府志

校注：①江

韓習字勝非潁昌人億之元孫也紹興間通判泉州攝郡事會樞密院起禁卒他戍卒憚遠涉既出城欲倒戈爲亂時劉寶提偏師赴漳浦習知其謀密以告寶假劉兵百餘設伏以俟其變亂卒甫入譙衙伏兵四起卒就擒戮其渠魁復遣往戍一郡以寧秩滿寓居于泉府志

黄彦輝字如晦莆田人宣和進士以奉議郎爲永春丞知縣洪旦德勝于才泉守趙鼎以旦與彦輝易任旦喜彦輝能代其煩彦輝待旦益恭紹興間權知晋①江縣會朝命海濱諸縣造戰船彦輝令主吏

校注：①晉

曰民賦有定不可加斂縣帑有所謂本錢者盡剗出以充其用縣例造九船其成獨先差知同安縣襄山表海寇盜陸梁申安撫司創築城壁周環六里安撫司奏保與減磨勘尋以使牒監納軍倉苗米剗除諸弊奸人不得逞乃撫拾專斗詿誤欲以污彥輝監司按覈無毫髮瑕疵可指遷潮州通判卒累贈大中大夫府志

余武鄉興化人紹興二十四年知南安縣愛民如子民德之恒禱祠廟祝勿遽去提點刑獄按郡民爭詣乞留武鄉以父老乞歸養府志

劉寶不知何許人紹興十五年山寇由汀虔浸及惠潮漳泉士民乞留寶收討餘黨于是詔本路帥司統領陳敏及汀州翟臯溫立漳州周皓盧貞所將兵二千七百十五人馬一百三十八匹改充殿前司左翼軍以陳敏爲統制兼統之皆聽寶節制寶分柵要害選教場于州北合諸軍教閱焉賊平郡以寧謐寶迴留敏彈壓府志

陳敏字元功石城人身長六尺餘精騎射有韜畧能御士得其懽心初率家丁入閩討賊兵帥薛弼擢爲漳泉巡檢時草寇跳梁山谷敏往來能巖漳浦

永春德化間勦蕩悉平尋募兵三千置左翼軍以敏爲統制漳州駐劄敏按諸郡要害凡十有三處悉分兵扼之盜發輙獲累功授右武大夫歷江淮部①統制卒贈少師宋史參府志

開封人沈鷙有謀淳熙中閩部土盜竊發孝宗親擢爲統制臨遣諭以久任在軍二十四年拊御訓齊有古良將風府志

周震紹熙三年知惠安縣有善政嘗以春月勸農至華林寺有詩云飛廉怒息海天明十里籃輿出勸耕隴麥低頭須雨意林花仰面笑春晴熙寮聯鑾

校注：①都

勸田事父老傳杯識至情及物無功慚竊祿豐年有願是忠誠舊志按南安縣志亦載是傳亦作紹熙三年知南安縣有善政云云及考舊志閩書職官部南安無周震姓名應係南安志之譌

趙崇度嘉定間提舉市舶先是海商貨至官競刮取名曰和買實不給一錢于是商舶滋少供貢缺絕崇度與郡守眞德秀同心剗洗前弊罷和買禁重征逾年舶至三倍故事歲以土物遺諸貴人下洎曹吏皆饜滿崇度曰吾不能朘脂膏以市寵榮悉罷之府志

當蔣嘉定間知同安縣事有惠政修明朱子之教

專祠以祀之其行事多取法焉府志

孫夢觀字守叔慶元府慈谿人寶慶進士歷官大宗正丞兼屯田郎中將作少監以言事忤當路者紹定中出知泉州兼提舉市舶重名節蠲租省罰有循良之譽丞相董槐召還帝問廉吏首以夢觀對遷司農少卿兼資善堂贊①讀後知建寧府郡人徐清叟蔡抗以爲有古循吏風得疾口授遺表不忘規諫遂卒其家僅敗屋數間而已宋史閩書合參

趙汝騰字茂實宋宗室寶慶間進士累官端明殿知泉州及南外宗正司事皆有善政朝廷賜田宅以

校注：①贊

旌其廉卒謚忠靖宋史參府志

鍾國秀上饒人咸淳元年知安溪縣始至卽留心教化修建學宮邑士慕之爲立祠府志

元

答剌真大興人與元主姻爲南安主簿又爲達魯花赤有惠政及民民德之後遷龍溪令陞海口總管歿于官歸葬南安籍焉從民意也墓在獅子山下今黄族卽其裔府志

明

李鳳大同人洪武中知泉州居官公清百凡興革民

所信服徵輸期會不事督責而辦疏通河渠以便民尤重祀典循民之聲爲明代賢守冠府志

董儀字尚質滁州人洪武中任泉州同知蒞官愛民禮賢下士郡稱賢佐卒于官貧不能歸櫬士民共葬於嶽祠之東府志

宋敏中濟寧人洪武元年知惠安縣先是邑民爲陳友定所殘暴敏中撫字得宜民以寧靖後卒於官府志

特執亮東平州人洪武中由儒士知同安縣事廉明公勤以禮讓導民不事刑罰民宜而安之府志

戴玠潮陽人永樂三年任安溪知縣興學校課農桑招復流移一邑稱治府志

尹宏字克寬歷城人正統間知泉州廉正公勤留心撫字旱禱輒雨歲以屢豐卒于官民爲肖像立祠祀之仍葬其衣冠于城東勒碑紀德歲時致祭塚下舊志參閩書

潘靖金華人正統二年知安溪縣新學校勸耕桑均徭役抑豪右邑大饑奏免稅糧九十餘石諭巨室出羡餘以賑貧乏多所全活招復流民百十餘戶事苟利民雖難不避雖小必爲吏民不敢欺亦不

忍欺深山扁老扶杖而出願一見焉後以入覲卒於京師民思之爲立碑以記遺愛祀名宦舊志參閩書

張巖上虞人景泰間知泉州府浚市河通舟楫毀僧尼廬舍爲社學郡豪王大觀不法巖諭使自新悉聽命會石左伯行部至再以屬巖大觀出不遜言巖杖殺之其子詣闕訟巖朝廷命按之人人言太守冤得釋移守荊州府志

黃結字資友東莞人①出舉人景泰間教授泉州雅意作人科條整肅泉士舊不習春秋結始以是經授徒多得雋兩預考官權貴以厚貲爲子關節且許

校注：①由

薦爲御史悉斥絶之九載赴銓曹考天下教授學行第一擢遼府右長史丁內艱後除岷府卒舊志參閩書

劉珣器永新人天順間以才德舉任同安縣丞時邑學久廢珣器適因公至省貸金市木浮海而還仍勸邑人義助遂重建之易木以石廊隘爲敞罍尊之屬悉鑄以銅竹籩木豆飾以册漆以至官學廨宇諸生號舍饌堂庖庾藏器之所靡不畢具其餘邑中建置經畫多出其手祀名宦祠舊志參閩書

蔣璿新會人成化初知晉江縣莅官勤慎事務利民

獄非重犯悉遣之囹圄一清常祿外毫無所取秩滿陞漳州府同知民懷其惠爲立去思碑府志

徐源巢縣人天順進士成化間以戶部郎出知泉州府創新開于橋南修金雞橋于南安人名其開與橋曰徐公府志

陳勉臨川人成化中進士以刑部郎出知泉郡捕海寇禁以水火葬者剔爬奸蠹庶民大悅府志

張鐸博羅人成化五年由監生知南安縣愛民禮士守法奉公省冗費均徭役懲武斷猾吏無所容奸民懷其德成化十年疏乞致仕匡行民不忍別攀

轅遮留鐙重違其意留數月而去府志

馬岱字伯瞻江都人成化進士初任戶曹識鑑精明及知泉州民有數世不葬岱諭以禮旬月葬者千計僧以尼爲下院岱罪其尤者餘以配平民內艱解任行李蕭然岱性剛峭好面折人過不避權貴多招怨憚守正嫉邪世人比于古矜府志

李晳字克明鄞人成化進士宏治間以刑部郎知泉州府好士愛民出于誠心而才足充之修郡縣學以作諸生葺端明祠以表先賢他如橋梁陂塘之政次第修舉府志

吳雲字民望華亭人成化間知晉江縣三載卒於官其治寬大平易要在有實惠于民而不爲一切之政蔡清銘其墓府志

康永韶祁門人成化間由監察御史謫知惠安爲人簡易不事修飾而剛果嚴密鋤强綏弱政事精明吏不敢欺丙申大饑永韶多方賑濟全活者衆歷任三年調知順昌縣歷禮部侍郎府志

張桓浮梁人由進士成化十八年任惠安縣有幹才未期年庶務畢舉興學校表先哲重人材暇則與二三名流周覽詩書俎豆間或登高眺遠把酒雅

歌蕭然若事外者蔡清稱其以磊落之資兼實用之才善興作從容辦理人不知費在任六年以太僕寺丞召舊志參閩書

羅憓桐廬人宏治間以舉人任泉郡同知與守李哲同時事無巨細協謀可否惟恐公家之需或缺間閻之情有所不堪張襄惠論泉二守稱五六十年間耳目所聞見僅得兩人憓與李哲也府志

鄭璀番禺人景泰舉人先授豐城縣宏治間知晉江縣平易廉恕推誠待物賊溫文進來逯璀討平之九載秩滿民詣闕再留三年陞杭州府通判府志

包溥字民敬鄞人宏治進士正德間知泉州公門如水庭鮮滯訟入覲道卒所遺圖書敝衣人稱包廉府志

葉信字中孚上虞人宏治中進士仕大理寺副爲逆瑾所誣陷矯詔杖闕下謫判濟州正德間再三遷爲泉守時鎮閹每行府守以下並易章服解組綬郊迎閹入據館守倅佐以下入班庭謁再屈膝拜俯伏閹從几旁徐起答之以次舉守又與佐屬左右侍得命迺退小不謹或拒所括輒得禍閒至被逮闕廷杖斃至信爲守而某閹至信四卒肩輿馳

甬不下導呵以入驛丞用故事唱門下①口泉州府進信大怒迴輿南停榜丞以十數丞不勝痛號呼祈免一館中無不洒然改色皆闔下揩迎信謝無狀明日遂去然猶索例輸千金於府佐佐白信取庫金滿千遣吏齎記與之闔又大恐叅謝不受於是諸旁府聞之稍稍梗闔闔勢大衰息始信為工郎時同舍郎某以墨闕信從之飲醉沃手先同舍郎次信信詫奉盆者易之曰是汚吾手同舍郎故善諸闔至是乃竟搆信自泉徙鑾徽竟貶信于思南府志

校注：①曰

朱文簡字元可樂清人正德六年由舉人授晉江教諭學行醇粹克稱師道待士子有恩當道及泉大夫無不愛且敬者陳琛贈之書曰廉潔可以激貪仁厚可以敦薄質素可以入誠恬退可以止競而又耽書若炙好賢若渴達有深識灑無俗韻未滿秩陞增城知縣名廉吏以不能徇時好致仕去舊志參閩書

陳逅常熟人由進士正德四年知惠安縣操持廉介蒞事精明省里甲之費日止綱錢十文抑豪猾剔蠹儆吏畏民懷以才調省屬行取爲監察御史言

事落職稍遷至福建僉事分巡福寧道嘉靖初年惠安大饑逅發穀三百石賑之復禁鄰邑閉糴惠民賴以全活至今頌焉府志

龔顏字粟夫吉水人正德間由舉人任安溪縣修縣志改廟學建書院以祀文公邑有虎患作文告城隍一月而殺三虎邑人神之嘗以軍功受賞林俊爲作平寇①府志

顧可久無錫人正德中進士好學工詩文初授行人疏諍南巡與張岳同時逮繫岳見其獄中時慷慨劉滂無悽惻聲心服之遂與定交嘉靖初起謫籍

校注：①譜

以戶部郎中出守泉州問岳何以治泉岳曰民心無常惟上所感可久喜曰譬之作詩詩因感而成聲政因俗而成理其爲治簡而有體明而不苛閑雅鎮定吏卒歛畏訓小民如子弟所措置皆中窾會岳稱其篤于自信有循吏風陳琛稱其善政善敎本仁而興理舊志參閩書

萬慶□□人嘉靖間由刑部郎出知泉州府廉勤爲本慈毅爲施剔吏蠹鋤豪奸節省民用調停民賦痾瘵悉拯尤留心庠序復學田葺學齋通學泮瀹汐用作士類嚴邑考以懲貪最殲逆酋以遏亂端

善政不可枚舉念郡志自嘉靖乙酉箕纂修後已歷四十餘年蒐羅掌故廣採舊聞聘傅夏器尤烈朱安期趙恒纂輯而以尚書黃光昇侍郎黃養蒙總其成於隆慶二年告竣名曰隆慶戊辰志府志

陳堯典號少華番禺人嘉靖間任泉州通判時與太守俞咨伯改建資壽寺爲城隍廟相度經理訪知寺左舊有亭額曰小山叢竹爲朱子親筆歷久亭廢宇亡亟謀興復之集材鳩工重建斯亭更名過化又購朱子遺像鏤于亭祀焉廣求朱子墨跡年餘集得小山叢竹四字鐫石揭諸亭以誌不朽自

爲文記之府志

唐堯賓華亭人嘉靖間教授郡庠博學好禮喜與諸生講論周視禮器及廟堂門途以次修治高泮水之梁表門外之屏設几案以資課試碣王忠文夫子泉詩以存先蹟諸費皆出己俸督學朱衡命主一峰書院教事著有浩然堂問答郡人王參政愼中爲序而行之秩滿擢上猶知縣舊志參閩書

朱綱字振甫曹縣人由進士嘉靖二十七年知晉江縣正身潔己推誠待下小民①疾告皆得單詞詳達日與諸生講道論文士知其正直莫敢以私干者

校注：①疾告

入覲不持一物秩滿擢監察御史累遷本省布政使府志

錢之選字舜臣常熟人嘉靖進士知晉江縣性聰敏善擿伏兩造片言而決尤彊毅有執不爲權勢所撓監司駐郡公費舊倚辦晉邑里甲稱累爲請七邑均之海寇有警捐俸募死士躬自操練寇聞遁去自奉修約嘗公出兩月餘計日蓄薪米衙戶封閉時進蔬肉則戶罅間一僮子尸之竟爲怨家所中調去士民留其衣冠祠之朝陽門外府志

譚啓大寧人嘉靖四十二年由進士知晉江縣節用

愛民聽斷公平定催徵爲十限使民得寬其力郡人洪司寇朝選會督四川學啓試劣等及至修身予禮甚恭後朝選爲巡撫勞堪誣害執送按察司獄啓爲副使詰獄中調之遂解綬歸士論益重焉府志

萬夔新建人嘉靖二年由進士知惠安縣始至興建學校振飭文教自後文士彬彬科目日盛實自夔倡之爲政持大體重先務一意撫字安靜不擾以才調閩縣人爲立去思碑行取擢監察御史府志

殷棨字汝範星子人嘉靖間知安溪縣興廢舉墜敏

于從政嘉靖十七年冬永安寇劫感化龍興等里督民兵禦之獲其二總三總祀名宦府志

姜袞南昌人嘉靖間知安溪縣有賊自同安來依仁劫掠袞督兵捕斬無遺府志

張養正泉州衛百戶嘉靖三十二年奉檄守興化青山備倭夷舟傍岸養正發五矢中其三明日夷悉衆登岸養正禦之後軍奔逃無援遂被害時年甫二十其僕守慶以護主先被賊砍死事聞陞襲二級附祀衛民祠府志

丁一中丹陽人以戶部郎謫延平倅隆慶元年陞同

知一中少受學于唐順之有文名來郡以文學飾治時引諸生講業性耿直不阿上官時朱炳如爲守一中佐之政簡年豐公暇相與登眺吟咏境內名山一中題鐫幾遍焉字畫遒樸有法人多藏之府志

羅名士光州人嘉靖進士隆慶中任晉江知縣愷悌廉明銳意拊循小民議革夫保之編徵銀給驛官雇其各舖各村之夫悉編籍簿除縣印票外凡佐貳首領府縣科房不得擅役一人其省事便民類如此任九月以憂去民甚惜之府志

區鶴鳴南海人隆慶五年以舉人署南安教諭愷悌作人士類愛敬署縣篆半載不名一錢興利釐弊毫不少假莫敢以私干者陞樂池知縣至假貸以行府志

邱浙南城人嘉靖進士萬歷中以刑部郎中守郡天性樸茂布衣蔬食待士紳有禮見小民嘔嘔然惟恐傷之遇事執持確不可奪永春令某恣而墨先令解綬乃以聞於上官郡中有妖魅憑于姓婦惑愚氓立命移其邱墓任滿不待郡中一錢擢山東副使歷官廣西按察使卒之日薄田數畝敝廬不

蔽風雨郡人思之與前守熊汝達合祀曰二賢太守祠府志

姜志禮字立之丹陽人萬歷進士知泉州府以正人心厚風俗爲務重倫常崇節誼尊高年尚有德引多士卹無告民有不率者從容教之教之不馴乃繩以法萬歷三十五年秋地震洛陽橋傾圮大梁折入于海故址漸湮志禮采石從海底結址二十三葺舊址三十五整補扶欄五百增兩翼鎮風塔各一折梁重易關①樓亭榭一新入覲擢廣東憲副民思其德爲建祠于洛江之上邑人何喬遠爲記

校注：①閣

府志

劉純仁字元之武進人萬曆進士授郡司理純仁夙有文名及蒞郡諸生多從問業純仁虛襟誨引不倦其治獄小大以情恥爲深刻當道甚器重焉以疾卒於官疾劇時屬邑致餽問猶手答峻郤其勵操如此祀名宦祠府志

應朝卿字行叔臨海人萬曆進士初授建安縣以賢能調晉江愷悌明敏小民盡得其情清節自勵不矜詞色歲饑發廩捐鏹多方賑恤災而不害積牘盈案剖決無滯猾胥不得夤緣擢監察御史歷官太

按察使府志

李待問南海人萬歷三十五年由進士知晉江縣有惠政嘗捐俸買甘舍頭後龜亭二處山場以爲義塚邑人數百年無髑髏之嘆實受其德當時琢石塑像祀于彌勒亭旁乾隆十二年邑令李元瑞新之二十年邑令千從濂推毀彌勒佛像移祀待問于亭正中府志

鄭繼芳字思誠南豐人萬歷三十八年以恩貢授晉江縣丞值海寇衝突訓練征輸樓櫓器械皆取辦於繼芳事輯而人弗擾卒於官民哀之爲立甘棠

碑邑紳何爕爲傳摘錄建昌府志

袁①崇友東莞人萬歷進士知南安持法方嚴邑數苦積逋猾胥攬戶相匿爲蠹牢蔓不可致詰崇友清其弊邑無逋負之累訟株連者不概逮讞片言折之人稱神明雖豪右勢要一不當于理法在必行嘉禾倉輸餉負運涉海多病民而無益于軍前令唐愛中罷之有欲議復者力條其害乃止屬中貴人諸道榷稅欲往永春開礦途必經縣治闔邑旁午崇友預議以南安附郡纔十里許郵役可省更番又壞地磽确市肆凉薄無可稅民大德之後中

校注：①袁

貴人由永春歸夜止縣界遙聞更鼓聲黎明擁人縣治崇友適以公事造郡民恐其歸見辱羣出拜迎中貴人意稍懌然終不釋憾會有藩司觀風過縣不能曲意阿承因稱疾解印綬邑父老子弟遮道伏轅不能行郡守趙子偁親臨慰留秩滿陞刑部主事邑人立祠於縣右府志

趙時用號霖雨揚州人萬歷進士知南安淡約自持甫下車有以綈儀通款者輒卻之爲政祛繁就簡摘發中肯掾吏隷胥不敢進一語課稅有法人自輸之而發廩賑卹均役停徵民無澤葵菑荒之嘆

修飭黌宫加意作人少司馬洪承疇民部傅啓光皆其首拔士也以治行優調閩縣內召諫垣遷奉常邑人立祠于九日山秦君亭左府志

劉宏道吳縣人由進士萬歷甲戌任惠安縣德器温良樂易讞獄稱明愛民禮士乃進諸生親立課程設饌給燈油以佐誦讀邑之文筆山對峙學宫爲人文所關遂累石增高迨滿二考擢給諫去士民爲建去思亭府志

鍾化民仁和人以萬歷庚辰進士授惠安縣慈祥恭儉糲食布袍無異寒士爲諸生手校文字民有土

田之訟必躬自按視挾一團飯一枯魚以行斷罪多從輕典接人詞氣和平而干謁者自不敢啓口政簡刑清三年入覲僅舊衣書籍兩篋蒼頭擔麻袋隨行人索視之則廨中所爨餘米及剩匏一片也後歷官巡撫河南舊志參閩書

葉蓁湖口人萬歷十五年以貢任惠安教諭學有淵源議論根據關閩濂洛一時翕然宗之以爲得江右正派間奇者屢滿飭躬勵行贄餽不苟所取嘗咏苜蓿長闌干之句自若也時黌宫傾圮倡義修葺門墍煥然諸生有難自給者捐俸置學田以優

之名節必務非公不以干請立課程勅規㯳矩諸生或抱抑未能昭雪毅然爲之直有持報至則讞謝去鄉飲酒禮奉行者故事視之蓁舉必覈人行必中禮邑人用是以勸去之日行橐中惟圖書數事而已子初春崇正戊辰進士知惠安縣氷蘖皭然一意拊循仁民造士釐弊更新士民德之祀名宦府志

廖同春字元叔泰和人萬歷間以舉人知安溪縣于諸糾紛摘發無匿邑中舞文巨猾弱肉強食者殫治之皆奪氣駭走以不能磬折棄官歸時其兒子

從行揹篋語人曰吾叔氏篋中有縑緗皆自里中充篚餱者非泉州物也府志

高金體字立之臨安人萬歷進士知安溪縣持官廉公嚴爲令民自死以擠人死及豪强納產以奪人產者必無輕宥鄰封勾發愼發以戒枉逮他如飭郵傳治道路葺城郭繕學宮百凡犂舉調繁侯官縣祀名宦府志

孫昌祖侯官人天啓舉人署安溪教諭慷慨有遠期與諸生以文章品行相勸勉月課定格必擇其尤者同筆硯集讌講學引經據典才兼詩賦奇趣騷

雅旋登進士安溪自設教以來所未嘗有也授嘉興府推官歸老于家卒祀名宦府志

李九華號滑疑新昌人崇正進士除令南安下車之日修舉廢墜善政聿新南安夙稱繁劇九華提綱挈領若無事然性敏練決獄如神相國張瑞圖九華座師也凡所請託皆弗聽催科有法纖悉必親吏胥無敢欺者邑志久缺復從公餘纂輯捐俸刊佈爲南邑典故之始他如奬士類剔蠹弊興水利修津梁皆有功德于民七年以考績擢兵部主事府志

賀良臣，江左人，崇正間任安溪典史，勤慎有守。十二年殁於王事，柩不能歸，葬于西門外社稷山旁，併設主于典史署土地祠內。府志

國朝

葉灼棠，字函公，六合人。順治十二年，以中翰隨定遠大將軍征閩，委署興泉道事。時瘡痍未起，灼棠務與民休息。未幾還京。十五年，復爲興泉兵備，謝絕竿牘，飲氷茹蘗。値歲饑，煮粥以啖饑民。盜賊充斥，灼棠領卒蒐捕，示醜數十人，駢戮以殉。戊午五月，海寇連數十艘廹犯內港，灼棠督師夾山而陣，城

①闔不閉寇知有備越日解去寇復潛窺上游逼湄洲嶼灼棠偵知預請督鎮檄調興化舟師截其後②自以泉標千人乘夜擊之斬俘甚衆兩郡遂定因條陳安泉十要禁除四害皆悉中時弊巡撫成勇③清疏入告允行逾年外艱去郡人投櫃一日滿百金固卻不受留賑貧民日衰絰扶杖行民攜老幼懷④酒枝追送數里著有興泉政畧六卷府志

王承祖陝西人順治間由進士知晉江縣廉能方正耿耿⑤白立安平海濱堤田崩壞民苦肆累承祖寬典清丈俾得修築有資時寇方熾貝子率大兵征

校注：①闔　②自　③備　④酒　⑤自

勦牧馬民間龜湖二十四鄉人有夜盜戰馬者貝子怒令道府以下各僉花押以亂民奏勦之承祖獨毅然曰頑抗徵輸是爲亂民此地徵輸不失豈可妄勦且戰馬被盜誰司牧圉而欲殺此無罪之民雖死不忍僉號也因涕泣固請得免又海寇竊踞安平及賊遁議者欲追民間通賊之罪屠殺之承祖亦力爭不可二事全活無數後陞職方主事歷都御史工部侍郎府志

叢蔭坤山東人順治十五年由舉人知晉江縣時當凋敝之餘大兵征勦軍需悉索孔亟殫力措備夷

癸不呼而民無煩擾竟以勞瘁卒于官百姓爲勒碑畫像祀名宦祠府志

祖澤茂號滋淵奉天廣寧人順治中由官生知南安縣時海上陸梁甲午冬寇掠南安城隳署圮虎患數告民大苦之澤茂即舊址築城酌諸里役計見年丁米扣全年供應之費以充工資勸民輸將趨事恐後累石庀材殫心經營四十餘日而城復完改舊堞外二爲一以舊戍者周遭炮臺樓櫓皆壯觀重修治署規制復新文廟明倫堂于兵戈蹂躪之餘急爲修葺百凡釐剔精稱幹材邑人尸祝之與

前明初建城者夏汝礪同祠祀焉府志

楊逢春字德溥平山衛人順治中以進士知惠安清介自持有積案漏網渠魁為人首發夜買吏餽金三百逢春怒擊吏頭破流血幾斃竟置寇于法萑苻懾服每試士衡文尤工士服藻鑑卒於官府志

蕭鳴鳳歸化人順治間以歲貢司訓惠安性質公忠海寇攻惠安城破被執鳴鳳服朝衣冠向闕八拜自縊于明倫堂府志

孫朝讓江南人由進士康熙間兩任泉州府堅與泉道公私無擾鎮靜自持與民休養其為政不在多

言而邑人思其德祀名宦府志

陸高平山陰人康熙元年任南安縣尉清慎自愛與物和平時以奉公下鄉不啜民間一粟署驛務尤體恤民艱不肯濫用一夫以厲民凡履任九年始終如一竟以勞瘁卒于官囊槖如洗自邑長及里民皆相率助之得以歸櫬府志

謝宸荃字亮工安肅進士康熙十一年知安溪縣凋敝之後百廢未舉宸荃留心經畫重修縣學併明倫堂東西廡又修城隍廟一邑煥然改觀府志

張仲舉海州人康熙中守泉州時海氛未除軍興旁

午民賴以全忽有白頭賊夜踰西北以進達旦而遁越日主兵者議勦西北半城坐以通賊仲舉堅持不可後又獲賊部蕭姓者牽引多人悉置不論止梟首惡民得安堵後陞興泉道府志

金懷玉江都人康熙間由進士任泉州推官時海氛未靖方事招徠歸附者接踵借民屋以處之所部卒多強梗未化懷玉躬自巡行遇生事擾民者懲治不稍貸後卒有修舊怨者懷玉語之曰爾輩荷洪恩不追既往足矣尚不忘舊事乎皆愧謝民乃獲安爲政不事苛刻以正風俗爲先公餘與諸生

講課文章而品第之士論咸歸尋以裁缺調補江

右志府

宰文麟古義人由進士康熙十四年知安溪縣倡興學校修建龍津橋有漳寇陳五顯者結夥于白花林討平之後卒於官志縣

沈朝聘奉天人康熙十六年知晉江縣性淡泊署內蠹構自甘時海氛竊發朝聘築靈水前埔日湖東石圍頭五寨日練鄉兵以爲犄角戊午賊至圍城發大砲射入城雉堞幾爲之壞朝聘以籧篨絡土石堵之砲不得入賊又爲地道穿入城朝聘以火

藥從石隙燒之如是累日援師至賊乃解圍賊斷新橋浮橋以去朝聘尅日修就勤勞赴事軍需無悞又大兵至供億浩繁民不堪命朝聘從容調理事得就而民亦安後以才能改調臺灣旋陞蘄州知州累官巡撫祀名宦府志

宋煜直隸人康熙十六年知南安縣時大兵進勦海氛煜內飭政治外給軍需倥傯立辦惡劄村落鄉率鄉總武舉李元烈追擒賊將李紫李復貴梟首戊午六月海賊攻南安多方誘降煜從城上叱罵城陷身率家兵巷戰力殫遇害越三日賊去百姓

環屍而哭見膚體如生共瘞于城東事聞贈按察
司僉事蔭一子府志

李鈺奉天人康熙十六年知安溪縣漳賊蔡寅率衆數千寇縣民心洶洶鈺與防守王某率軍民保禦里人林超北素曉陣法適在城中見賊行死門謂無能爲也隨機制應賊百計不能克遂引去次年戊午四月賊又至四面環攻欲持久以困儆督練兵壯力捍夜間毎陴一燈數陴一燎守之女墻上横以巨石累小石于下賊稍近以砲石飛擊之賊梟將架雲梯臨城大石火炮齊發斃之於西門城

隅即令弁兵王天奇鄉壯劉猛縋出砍壞雲梯併殺通賊之許潛賊又積松梢于西門鳳應宮欲以凌城鈺同駐防甯某急引兵弁吳申吳國泰張義吳士等分道出大小東門與戰賊稍却開大西門縱民撤運松梢入城是時賊各道把截絕我救援乃以蠟書令李斗從間道求援于郡得提督兵取道南安翁山有翁山鄉壯為官軍嚮導從翁格抵安賊戰失利遁去計被圍二十八日賊黨猖獗連歲攻城而邑中生靈無害者鈺保障之力也府志

秦漢松新安人康熙二十三年以教諭陞惠安縣恬

淡剛方不可屈折時遷界新復田多淹沒于海潮

賦累民苦漢松追徵有法民不見擾有假命越訴

上官檄駁嚴切漢松執法申牘曰石硯可磨此案

難翻後卒于官囊橐蕭然府志

陳善字幼木江寧人康熙二十四年以教諭陞惠安

縣老成精練不徇權勢有奸民誣訟其族且加以

非罪善擒其惡遣戍之衆大允服爲政以實心不

求虚譽尋陞御史去邑人思之府志

徐名覲江寧人康熙二十四年知同安縣因時爲政

綜核名實蠹胥干法之徒不得逞志修葺聖廟興

義學敦師課士綽有規模未幾去官人甚惜之府志

高拱乾號九臨榆林衛人康熙二十九年任泉州府郡南安平一帶自辛丑播遷後田地多蕪按舊册征輸民苦糧累拱乾躬歷田畝逐一勘丈查其無着者申請題豁民累以甦安平士民建祠龍山寺前與前邑令王承祖並祀焉後陞臺灣道歷官布政使府志

張召華字實君華容人康熙乙丑進士三十一年知晉江縣實心愛民而聽斷明敏民有鬻子輸逋者捐俸贖還之有嫌壻貧而悔婚者代出聘幣且資

其生計有父訴子不養者其子行賄求解庭鞫時出貲畀其父曰可以養爾餘年矣扑其子邑人稱快有桀黠賈人其父以不孝訟鞫時天方寒其父襲新衣入而賈人故㡽衣露肘隕寒咭狀佯呼其父詈之曰吾不忍覩而子之寒乃以不孝妄控不重扑何以教慈呼胥持大杖覩者方駭愕召華睨賈人顔色揚揚忽叱之曰而見父將受大杖而猶可忍耶不孝奚辭以大杖重懲之觀者歡躍稱神有守瓜園而斃者昏夜莫知誰爲集鄉民於社廟袒裼驗之一人膚體敗傷詰之立服他讞事多類

此皆江人文素盛賓禮其俊秀加以訓誨自此童子試盈萬人癸酉分校得人最多如蘇壎戴鉩皆知名士革除重耗禱雨捕蝗無不立應以母老請終養士民攀留不獲則爲供其食用伐石紀德去之日送至洛陽橋數萬人府志

阮文字① 漳浦人康熙庚午舉人倜儻有大畧天下莫不知有阮子章者奉 旨賑濟漳泉招撫海寇陳尚義於盡山花鳥得之擢授陸涼州知州宰相李文貞公光地薦其有文武才改水師參將以廉能著聲臺廈又用薦授福州副將未任而卒希二

校注：①子章

堂集

徐之霖鑲藍旗官學生康熈三十三年任泉州府通判郡北舊有小山叢竹亭明通判陳堯典重建鏤朱子像于亭祀之兵燹之後寸椽片礫蕩然無存其地侵作民居石額爲營兵轉售像亦碎而爲三委置五賢祠壁隙之霖銳志興復清其舊基捐俸重建亭既成則移刻像命匠補綴仍祀于亭中復輾轉窮詰石額所在藏者乃還故物爲循舊址而楹豎之是秋泉士雋于鄉者數倍往昔咸謂其振興文教之功踰年復于亭左營造講堂標曰誠正

堂亭之後後搆書舍前後六間爲士子肄業之所額曰瞻紫堂右築六角小亭檢殘簡額曰敬字亭前後植竹滴翠盈堦祠門外仍建坊于通衢標曰朱子講院自爲文記之侍講陳介石爲文勒石祀坊祀于瞻紫堂府志

李延基字介持奉天鑲藍旗籍宛平人康熙三十二年知南安縣精敏有幹才發摘奸伏剸決如流人不能欺其爲政主於抑强扶弱境內稱治留心地方利弊修廢舉墜不稍因循築鵬溪之堤障東坊三都諸水迴繞邑治前與西陂水滙前洲達龍江

以蓄地脉資灌溉造塔堤上勒石紀之他如萬石陂金鷄橋富民樓龍鬚井諸遺蹟廢者興之湮者浚之復新明倫堂還學署于舊所縣署後纍土爲山形如負扆以屏蔽邑治塡黄祠巷雙井以免發洩于是數十年風會寖上官安其職民樂其業在任十餘年吏畏民安百廢具舉間以其暇陟九日泛金溪尋諸勝蹟後擢綿州牧調黄平州遷水口分司九日山庵中原有延基像將去命撤之曰吾在此諸豪族不吾便也不撤且索我于金溪之淵然延基既去誦其德政者無異詞府志

康兆元奉天人康熙四十三年任泉州府督糧通判自奉儉約嘗自言佐貳末職無能展報 國恩惟隨分自盡以求無愧而已徵收倉糧盈餘不入買米為炊署邑事革除耗羨纖毫無染讞鞫大案平情推訊咸得眞情士或有至公庭者不令屈膝曰吾重士士寧不自重耶上官稔其廉能往往署屬邑篆乃以運解本色賠累不能稱償鬱悒卒于邸舍府志

劉宏基字恒齋臨桂人由舉人于康熙四十六年知晉江縣寬厚居心慈祥字人憫邑之貧窮催徵常

寬限期不事敲扑聽訟得情應杖者量減其數以計典不及解任百姓迎于通衢爭舁之旅不行賈不市呼聲動地擁集萬餘人舁至道府各署前叩首乞留三日而不得請則有百餘人跋涉赴省至督撫懇留如前俱慰之而歸老幼男婦絡繹至公館輸給薪米紳士刊德政詩紀焉民郊送數十里灑泣而別府志

劉侃字晉陶沂水人康熙庚辰進士四十九年知泉州府實心勤政不避權勢重修文廟及諸先賢祠又補樹蔡虛齋坊表置祀業遺其後裔刊小學實

義須之書院以教士朔望躬詣訓誨焉哀矜民命勒石府堂側錄宋儒謹刑語垂示將來以卓異陞閩轉運使士民懷之立祠小山叢竹之東祀焉數年後侃因公過泉閤郡民設香案歡迎咸稱有召南素絲之操云府志

李承祖建昌人康熙四十七年知南安縣廉公子諒風采可畏愛吏惕民懷循聲大著爲人安詳而有風力有軍吏借軍門名下民間恣索民弗堪羣噪而攻之控于庭承祖曰軍門盛德素愛民寧有此下人所爲耳速歸無譁當爲汝白之懷其詞赴轅

事廼釋在任三年陞主事去與前令李延基並推①良吏有前李後李之稱云府志

陳國柱號砥菴漢陽人康熙四十六年由貢士任同安縣清正自守賄不能誘吏不能欺正賦外毫無所取人欽其廉捐俸建文昌祠及書院于射圃地士民懷之府志

曾之傳號石巖永新人康熙五十一年以舉人知安溪縣清介勤慎事必便民下車即自言曰吾其使案牘無煩乎按編戶為清釐累催科不迫民得餘帑督捕弭盜邑少犬吠復修學宮明倫堂城隍廟

校注：①推

城垣倒塌六十餘丈俱不需民間一錢捐建考亭書院充租輪祀政暇則與諸生論文蒞任數載恬淡而政事自簡時相國李光地歸里見而加禮之後卒官民祀于考亭書院府志

熊有能金谿人康熙五十三年任泉州府司獄秉心慈祥捐湯水草薦以卹囚囚有病死及貧民不能殮者輒施給棺木爲埋瘞尤憐恤惸獨嘗空囊賑之二鬴不繼敝衣徒步晏如也以老病歸人追思之府志

李長庚臨漳人康熙五十八年以進士知惠安縣政

治嚴明時邑棍橫行長吏置之法黨與稍散未幾臺灣告警人心搖動乃日夜嚴刁斗修保甲復調集漁舟接濟軍需民間不擾暇則集生童月課及歲科兩試俱躬爲甲乙眞才悉拔列有螺陽課士錄府志

穆廷栻字符公山海衛人康熙中武進士五十四年任福建陸路提督懸扁於署曰天理國法人情嚴紀綱飭部伍程功能勤訓練仁慈惻怛發乎已而孚乎人辦脩備至兵戢民安六十年臺灣朱一貴倡亂大兵進討內地戒嚴廷栻從容坐鎮約束營

伍稽查匪類民不知兵絃歌之聲溢于街衢暇則遍讀羣書有儒者氣象自奉儉約爨無精糧食無重味囊無餘財一切甘苦與軍士共之故人深戴其德卒於官舍兵民悲泣勒石紀德建祠祀之節陽仙洲碑記

鄭夢元從化人雍正元年以舉首來知惠安縣性仁厚毋用刑矜恤民命重者從輕輕者從省鞭笞不過數十時年饑寬其追呼賑恤有法臺灣御史疏薦之以母老乞歸府志

劉浴棗强人任府同知雍正十二年署南安縣雅持

淸①操以安靜爲政無所矯飾接人以禮不爲峻絕辦犯之容亦不可干以私後以命案事已成讞廉得室氏毒害狀起屍果自井出更爲爰書以進卒以前後異讞被議浛勅刑法正風化不顧考成俾逆婦無漏網死者不含寃時論歸之府志

蔡祚熹字君晦漳浦人雍正二年由歲貢司訓安溪性恬淡敬謹修潔自持晨夕詣廟堂焚香灑掃丁祭牲饌必親檢視務②期豐潔月會諸生課藝居官數年非公未嘗一至宰室去之日士送數十里外涕泣而别從祀名宦府志

校注：①清　②務

張無咎字暘齋萊州府人雍正三年由部郎知泉州府潔清鎮靜每月會諸生課文手爲評隲值歲饑開倉賑救越年又饑惠邑更甚捐俸賑濟分别有法全活甚衆後以盤倉失額解任百姓樂輸代補負擔相續塡滿廳堂得復職調任雲南去之日送者盈郊後歷山西按察使府志

湯啓聲江都人康熙丙子舉人雍正二年知南安縣熟諳吏事聽事原情酌理從容剖析人自帖服或願出自處分者聽之性簡素一袍一韉或經數載以事下民間不飭厨傳矮屋數椽時飧一盂供頓

不煩其約已便民如此前令某徵輸戶書增減執照多敢少繳乾沒無數民有輸而帑仍缺事發上下騷然啓聲查對收照所欠悉清一無重科以循績調臺灣去府志

蘇本潔常熟人雍正五年知晉江縣哀矜民命讞獄反覆詳盡惟恐失入憫貧民乏地營葬捐俸買地一區以爲義塋爲勒石以杜爭端民頌其德府志

王時翔鎮洋人由生員保舉雍正七年知晉江縣下車集士於明倫堂諄諄誡諭勉以砥躬勵行聽訟準情度理凡稍可原者訓誨使之自新不輕施敲

朴邑人德之（府志）

趙琳正白旗監生雍正七年知安溪縣風裁峻整革除蠹弊胥吏無所逞其奸清操不苟嘗自書楹帖云爾意莫欺三尺法我心不要一文錢（府志）

唐孝本武進人康熙庚子舉人雍正九年知同安縣丁外艱十三年再任建縣署義學清學租為諸生膏火復建朝元門築南門外東西二溪堤岸保障民居至今賴之（府志）

胡格江夏人由舉人雍正十一年知同安縣有能聲十三年調知晉江縣催科不擾治事維勤每聽訟

稔知桀黠者多强詞奪理而謹愿者讋于威吶吶不能出諸口獨喚至案前霽顏溫詞以卬俾得從容達情然後徐理其曲直片言而決民稱不冤有巨惡柯疇膂力絶人淫掠鄉村罪案纍纍兵役往捕屢被兔①脫格偵知其藏處密約營員兵役屯於十里外而自同安備郝琮直入其家擒之兵至環繞赴縣監斃數十年大憝獲除民頌其績乾隆六年再任賢聲益著十一年陞本府同知歷延平顏州知府府志

曹鑾全州人雍正丁未進士十二年知晉江縣明達

校注：①免

果決聽斷不待煩言兩造輸服邑有先賢裔孫女貧苦不能自存典富家爲婢及長向贖勒靳不與鑾訊實欲治富家以壓良爲婢之條槍地求寬請免其典價以贖罪乃爲出粧資擇士人配之人謌其德十三年署惠安縣繼知南安縣均有惠政府志

王①植諸城人雍正十三年知安溪縣廉潔自持募建義學以教育諸生鋤暴抑强尤嚴弭盜賊匪遠竄外境民有夜不閉戶之謠乾隆七年陞本府西倉同知府志

陳疇九字汝雍陸豐人康熙庚子舉人乾隆元年署

校注：①王

安海通判除奸暴惠孤㷀剖決如流案無留牘斥贖鍰以避嫌疑表貞女以維風化自正賦羨廉外一絲一粒未嘗有所取稽海船安靜無擾徵糴米雞犬不驚季試生童遠近雲集評騭鼓勵士心競奮臨發紳士雲集各贈以詩府志

藍應襄大埔人雍正壬子舉人乾隆三年署安溪縣甫下車米價高騰即開倉平糶邑人賴之才具明敏決判如流尤加意作人振興文教恤民重士以清廉著聲去之日父老遮道遠送不忍遽釋府志

張宗純長安人提督侯雲翼之裔乾隆八年由貢生

知泉州府志潔行芳飲氷茹檗振興文教撫綏窮民一切冤獄多所昭雪在任三載不爲赫赫之名而民樂其生從其化士類尤深感激調任部郎倉儲有缺爭爲輸補紳士賦詩紀德曰溫陵輿誦府志

書成鑲黃旗人乾隆十二年知泉州府安靜宜民未幾陞臺灣道值泉州歲歉米價騰貴臺灣民相約禁港穀船不通書成曰何忍任泉民獨饑亟下令凡載穀米至泉州各船悉放行無阻于是糧艘絡繹市價以平丁父艱由泉州回籍負送者數千人府志

伊①靖阿正紅旗人乾隆十二年知泉州府慈愛煦濡視民如傷縉紳賢士以至山人墨客皆加禮焉考試力拔孤寒凡貴胄富家概絕弊竇士論歸之府志

王裕璸大同籍山陰人先知惠安南安縣有惠政乾隆十三年調晉江縣剛正精明人莫敢干以私嚴禁吏役需索皆戢戢奉法遇事卓然有主不為浮議所移案牘皆出手裁無所假手每讞獄曲直立分一切虛誑之詞不敢妄瀆訟牒以減繼調閩縣去尋保舉知府未入覲卒于官民追思之府志

辛竟可元城舉人乾隆十五年知安溪縣和易慈祥

校注：①伊

愛民禮士邑有義學膏火不贍即募置租穀以充

又捐修明倫堂旋調古田縣府志

福建續志卷二十八終

福建續志卷二十九

名宦三

漳州府

唐

許天正汝南人總章①已巳陳政出鎮泉潮天正副焉政沒子元光襲職凡所申請必與諮論而後行元光居祖母喪以天正代領泉潮事平惠虔撫之寇置堡三十六所嶺海輯寧陞中奉大夫兼嶺南行軍團練副使天正博學能文軍政之暇未嘗釋卷歷官副使宣威將軍兼𨻶府記室卒葬香洲之欄

校注：①己巳

馬頭宋時追封昭應侯府志

鍾紹京贛人開元初直鳳閣以討韋氏功拜中書侍郎參知政事明日進中書令越國公後與劉幽求俱以怨望得罪再貶懷恩尉嘗賦詩中峰巖增梁山十二峰爲三十六開元十五年復其官府志

宋

沈造字次仲縉雲人知漳浦有善政時海寇將入境聞造政聲悉引去漳浦縣志

趙偕夫魏王德隆之後嘉定間以進士任漳州司法參軍有惠政捐俸營廳署清源劉元剛爲之記府志

魏郁字周文南平人建炎中補漳州尉適洞蠻竊發朝命招撫之郁被檄先往數日朝命不至蠻以爲誑已使立雨中窘辱之毅然不少屈後洞蠻得命悅甚厚宴之餽以白金五百良馬二匹郁不受府志

元

張泉逸延祐中爲漳州路總管寬以恤民嚴以馭吏尤以興學校爲已任事簡民安翕然向化府志

陳文積福寧人至正間任長泰主簿公平勤慎守已愛民常脩邑城以固保障御史王天智有新城記長泰縣志

明

白壽嶧縣人洪武中以監生知漳州府剛介廉平政尚簡要脩學校廣學額文風爲之一變去後漳人思之府志

梁玉監利人洪武十四年舉賢良方正任漳州府同知廉介精勤嘗脩文廟鑄祭器以征倭勞疾卒於官貧不能歸知府劉孟雍爲營葬名第山子孫寓籍龍溪龍溪縣志

阮思聰海寧人洪武十三年舉方正知長泰廉而有守明而不苛抑强扶弱尊賢勸善脩壇祠設橋梁

賦役均平訟簡民安府志

楊通綏寧人洪武二十七年知南靖平賦役興學校毀淫祠以創公廨不派取於民既去民思之南靖縣志

梁頎吉水人永樂十八年以進士知漳浦惠愛百姓禮賢下士公暇講學以淑生徒怡然如家人父子人感慕之漳浦縣志

陳炳杭州人洪武初舉經學九年任長泰縣丞安靜不擾通易書二經親與諸生講論多所啓益時抽軍丁民多懼匿炳處之至公民無不服長泰縣志

章參平陽人洪武舉人任長泰教諭教以忠信爲先

攝縣事盡毀境内淫祠闢堂齋捐俸建龍津泰亭二書院立學田以贍貧士府志

趙鏴華亭人永樂三年知長泰剛毅嚴明姦頑歛手賦不及貧逃竄者率復其業卒於官長泰縣志

陳懋上高人永樂十二年知長泰慈祥愷悌訟者以理解之使自消釋葺壞補遺不勞民力歷官三年治教脩行時謂得牧民之體府志

林廷眞象山人正統二年知南靖不避權貴四年入覲過揚子江颶風大作同濟八十人皆沒於水惟廷眞與其從者二人得免祀名宦祠長泰縣志

劉鐸字振文麗水人成化八年知長泰廉明練達政尚寬簡勸課農桑留心學校疏治陂塘葺壇廟廨舍朔望詣神廟以蠹政害民自誓歷任九載始終如一府志

王臣字獻可安福人宏治初知漳浦縣英厲有爲人不敢干以私重建學宮戟門城隍威惠二廟決東南陂障數十疏滌河渠修五鳳橋來往無病涉者漳浦縣志

黃芳字仲實崖州人正德進士授編修改寧國府推官出爲漳州府同知建議立先賢王東湖祠作歌

諭民行藍田呂氏鄉約作詩勸諸生進德修業芳
邃①於理學不以文藝凌人官至侍郎府志

趙佩字鳴玉嘉興人正德十年知長泰有政聲貧不
能入覲百姓醵金爲費卻不受及再任以老乞歸
百姓餽金倍於前拒之益堅衆爲立卻金亭府志

羅幹字定本永豐人倫子正德十四年以舉人知平
和時縣治始建百度未飭幹悉心經理條緒井井
以勞卒民咸哀之

張鵬洪雅人進士嘉靖元年由御史出知漳州吏事
明敏剖決如流修建府署及表忠祠暇則課士不

校注：①邃

轍卒於官人皆惜之府志

陸金吳江人進士嘉靖七年知漳州初至以計擒妖賊黃①日金等竄寄莊寺租百餘石尤以廉著去之日行李蕭然府志

顧②四科字齊賢嘉靖進士十九年知漳州府訟者諭以理使自釋不輕敲扑及妄罰一人待士大夫有禮與百姓有恩嘗有七不肯七不曾之諭林魁云公不起海兵以傷民命不糴海糧以累民財不出官票以透番貨不弛番禁以滋海寇不縱捕盜以禍貧民不報失保以累無辜不多准狀以助刁風所謂七不肯也不杖殺一人不索民一錢不為已事役民一夫不假詞訟罰民抵贖不派里甲毫髮供應不辱一士一生儒以傷士氣不累良家婦女出官以虧禮

校注：①黃　②顧

化所謂七不合也

陸陝西提學副使民祠祀之府志

盧璧字國賢盱眙人嘉靖進士二十九年知漳州府居官廉潔莅事嚴明承公私冗濫之後痛加省約尤好奬進孤寒崇尚行誼葺威惠廟清侵沒祭租以供費繕城隍廟及各祠宇政暇修郡志親自編簒民至今思之府志

桂嘉孝成都人進士嘉靖三十八年知漳州值饒寇來犯嘉孝造守城兵器改窩舖爲敵樓悉心防禦城賴以全擢兩浙運使府志

陸體仁蘭溪人嘉靖二十七年授漳州府管糧通判

愷悌廉潔追徵常平鎮海倉米不受常例署龍溪漳浦二縣鍰贖盡歸公帑知府盧璧深敬禮之府志

黃直字以方金谿人嘉靖進士任漳州府推官恤貧弱懲奸猾民德之嘗署長泰漳浦兩縣攝學官置射①圃立文公祠建講堂齋舍經費皆取之淫祠而勞②不逮民每朔望莅學與諸生講義理日中乃退以讒罷理漳人士作鳴冤錄事得白二邑士民贈之金悉委以脩學改判沔陽未行復以建儲事直諫得罪放還天下壯之府志

鄭祿字宗慶縉雲人嘉靖十年以舉人知漳浦爲政

校注：①射　②勞

以愛養民力變化風俗敦節行崇名教爲急禧故浙中名士尤精於學庸政暇輒進諸生口授之凡斷獄必依經義有弟訟兄者禧曰事輕倫重乃爲陳父子兄弟之親令自感愧邑自析置詔安苦賦重傷言於上官得減陞安慶府通判漳浦縣志

王用文建德人嘉靖二十七年知長泰强敏善記事無巨細經目不忘聽訟明決豪右猾莫敢犯任三年未嘗遺一吏胥至鄉去之日橐裝如洗

張傑夫新會人進士嘉靖三十一年知長泰爲政務與民休息邑奸民魏某等謀據城爲不軌傑夫偵

知之嚴爲之備奸徒知事洩亡去邑賴以安府志

黄持衡字平叔番禺舉人嘉靖三十年任平和教諭時文教未興持衡闡明經學耳提面命月常數試尤以禮義自檢諸士咸相勸爲善官至府同知平和縣志

房寰字中伯德清人隆慶進士萬曆元年知漳浦卓犖有吏才仕族子弟多干紀寰廉得其尤者置於法邑多劇盜悉捕渠魁窮治之盜以屏跡時有權璫召商之令所在騷然寰抗言不可大府不能奪竟罷榷尤加意學校考試宿弊一清任五載擢監

察御史府志

侯嘉祐橫州舉人隆慶四年知長泰舊例邑令私費多取辦於民嘉祐悉除之稽按錢穀置侵蠹尤甚者於法聽訟必原其情微瑕細故釋不問十邑訟者皆乞詣長泰以旱禱得羸疾卒俸金數鋌而已士民哭泣罷市建惠民祠祀之初嘉祐因歲旱穀貴倣古社倉法創捐俸金爲糴本士民出貲佐之及歿貧甚邑人賣粟爲贈其三妾哭曰公爲民市穀而忍自以爲利困辭不受士民乃以爲建祠費府志

陸宏字汝充長洲舉人隆慶五年知平和廉介慈惠革舊例除火耗一絲一粟未嘗取於民以憂去行裝莫辦平和縣志

韓擢博羅人萬歷進士二十七年知漳州明爽果決時內監高宷榷稅算及雞豚擢力奪其議七郡賴以晏然捐俸造文昌橋陞四川副使府志

鄭堯章東莞舉人萬歷十四年任清軍同知居官廉惠莅漳五載初終一節擢刑部員外郎漳南士庶咸追慕焉府志

龍文明永新人萬歷進士十七年任漳州府推官署

郡事建四門社學立義倉清屯政核戎伍政聲卓然陞刑部主事歷官山東副使府志

王猷字在吾慈谿人進士萬歷二十七年知漳浦以邑形勝發源摩頂山地脈崩壞前令楊材修築未就徵贖鍰竣之內監設雲霄鎮稅爲竭澤計猷以去就爭之事遂寢妖僧從普符呪害人立斃之獄修學校及智信二社學建城樓公署橋梁陞南京工部去民祠祀之府志

蔣英字瞻屺嘉善人萬歷進士四十一年知漳浦聽訟得情不徇干請邑有斷腸草服之輒殺人英令

輸贖鍰者薙草一時遂絶歲饑請發賑復捐俸煑粥全活甚衆以艱去士民思之府志

方應時字以中遂安舉人萬歷間知長泰才識開敏尤嚴於鋤奸雖權貴無少避脩雉堞濬陂塘築石岡山暇則集諸生明倫堂課督之供筆扎①飲食士爭自矜奮遷肇慶同知民爲立祠尸祝焉府志

蔣艮鼎武進人進士萬歷中知長泰公廉有威剸煩治劇吏不敢欺治未週歲廢脩隳舉調龍溪以憂歸囊橐蕭然漳人祠祀之府志

管橋南陵人進士萬歷間知長泰革無名陋規免麻

校注：①札

户新文廟及朱文公祠疏陂渠清屯糧寺租時礦使暴横橋力爲裁抑攝龍溪令風清弊絶尋擢監察御史民爲立祠長泰縣志

楊守一泰和舉人萬歷中知平和性沉毅明敏訊決如流胥吏不能爲奸廉巨猾爲民害者置之法境内肅然諸如嚴圖賴之禁寢丈量之議清官地之税皆政之善者遷別駕去民爲建祀焉府志

孫汝達字上之德興人萬歷中知平和清浮糧均户籍絶徵收火耗歲荒輙發倉以賑邑有礦峒封禁之以息禍幾當道薦其賢再任六年民德之爲立

祠府志

藍士龍字起潛金谿舉人萬曆中知平和政尚簡肅訟者不遣隸勾追聽兩造自至而斷決之催科絶包收飛詭之弊陞河東運副稱貸以行府志

夏宏海陽舉人萬曆中知詔安以興起斯文爲已任建文昌閣扁其堂曰正學置義塚三所恤貧窮賑鰥寡政尚寛簡去後人多思之詔安縣志

黎天祚東莞舉人萬曆間知詔安卻例金行保甲建南山塔時海寇陸梁邑以有備得全邑人祠祀之詔安縣志

閩立宜山人舉人萬曆間知詔安興教化省刑獄卻常例革鑄行禁誣扳嚴保甲修道路築津梁美績著聞擢知和曲州府志

龍國祿字廉孺桂平人萬曆進士知海澄縣顏其齋曰如水採礦事起中璫高寀入閩威權旁震國祿分庭倨見嚴威澄民之爲璫用者寀軒車高大國祿下令縣中悉低狹其柵門使不便於行寀氣奪以調去父老相率詣臺乞留不得送者塞途數百里乃返祀名宦祠海澄縣志

姚之蘭字汝芳桐城人萬曆進士知海澄縣邑故有

禾平莊田屬澄而龍治其賦隔屬滋弊又鎮海倉者衛故隸浦而密邇澄軍儲上納歲徵諸澄澄民苦賠累前令龍國祿陳其害未得請之蘭申請益力於是莊賦歸澄倉糧改折積年重負始獲息肩九郡自普賢草尾一帶旱苦積鹵令濬渠於祖山通石碼河淡潮以匯於澗而達諸泮池刱置學田供費之餘以贍貧士丁外艱去後歷杭汀二郡守卒祀名宦

黎憲臣號淳宇南昌舉人萬歷間授平和教諭築文峰石塔及雲龍精舍文昌閣又建尊經閣敬一箴

亭其去也士民立祠祀之平和縣志

歐陽松安福人萬歷間任詔安訓導有學行與諸生遊必取古人有行誼者以相規勸貧者卻其脩脯月周之學使檄取劣生松不以應自言某不能以職教人其有劣則某罪非諸生罪學使以爲長者褒嘉之府志

劉斯球字大容南昌人萬歷進士天啓二年知海澄修學宫港生二城易以石未幾寇逼近郊斯球鎮之以靜寇遁去築障水濠置銃砲待敵後人銃城砲臺實創其制擢給事中以忤旨奪官府志

鄒人昌字參廉麻城人萬歷進士天啓二年知平和聽斷立剖胥吏無敢詆諆所有贖鍰盡以鐲貧民陞刑部主事民攀留載道府志

黄鳴治莆田人天啓三年任詔安訓導多出從諸生遊或至其家借書讀竟日乃還諸生貧不能供脯贄者或具以來輒卻之惟名義所在必侃然正色雖權貴人不避也卒於官弟子哀思之詔安縣志

金麗澤不知何許人崇正末知漳州府廉靜有爲廖淡脩聚衆作亂蹂躪漳平寧洋龍巖間民大騷麗澤率兵與參將顏榮搗其巢斬之丙戌　大師入

漳麗澤與漳南道傅雲龍龍溪知縣涂世名同日死之府志

劉養正字念衡大邑人崇正進士授漳州府推官署詔安事時盜賊繁興一日逼縣養正登埤諭之賊投戈去下令城內外樹木柵夜必親巡修演武亭復民兵調練有法凡例應得者不以自私卒充爲兵餉遇事剖決如流庭無寃獄民以神明頌之府志

涂世名字仲嘉新城人天啓舉人崇正末知龍溪大師入漳世名被執死焉長子常吉僕黃錫黃羊王亭蔣三同日俱殉漳人士素德世名醵金三百

餘兩槻乃得歸世名偉幹脩髯善飲談古今事慷慨激烈卒成其志居官清介自持父老稱說之有泣下者龍溪縣志

鈕應斗嘉興人崇正進士知漳浦年二十餘敏於吏治歲荒捐金市粟減糶平錢法除叛民鼎革後還里杜門不出府志

文可龖涪州人崇正中知長泰家素裕攜貲之官歲祲出以賑粥莩者葬之逐戲劇禁師巫抑權貴凡無藝之征悉除之值御史行部有權貴以私憾密投謗揭御史詰之詞色俱厲可龖侃侃爭辨解印

綏去民大譟御史問狀召可黼入改容謝之期年卒於官巷哭如喪考妣府志

余應桂字二幾都昌人萬歷進士初令龍巖後調海澄邑多寇警相度要害築溪尾大泥兩砲臺繚以周垣如城而於中禁關聯絡之沿溪砌石爲腰城長二百餘丈各置砲孔賊艘入發擊之輙沉溺由是相戒不敢犯性明敏善剖決事無大小皆立斷擢御史去後巡按湖廣以論張獻忠不宜撫下獄府志

郗文初蘄水人崇正十五年知長泰浚濠壘堞勸富

人出粟實倉製兵器召募壯勇智謀之士以備守禦順治壬辰海寇圍城四十九日泰卒保全者文初先事綢繆之力也長泰縣志

阮應辰字箕畢臨山人天啓進士歷官漳南總兵時盜賊充斥梁山洞寇尤劇將攻城應辰率宇①備何南璽疾趨八十里至苦竹與賊戰或以寇鋒銳宜稍避之應辰喟然曰此吾死所也奮身突陣與南璽俱死焉賊感其義不攻城而退且以屍授應辰姪載歸授命錄

國朝

校注：①守

楊捷字元凱原籍楊州先世仕遼因家焉遂爲義州人以功歷九江總兵隨征福建江南提督山東皆有功而於漳績尤著順治甲午海寇肆逆捷以左都督充福建右路總兵官所當無敵抵漳浦逆聞奔竄是時漳屬郡縣城率被寇拆毀捷駐漳浦築城民賴以安康熙戊午逆復煽據厦島蹂躪漳泉復奉　命督師入閩時姚制府啓聖在漳羽書旁午趣援捷以不先安泉而即援漳將有腹背受敵之虞遂長驅復惠安縣解泉之圍疾馳至漳與啓

聖商破敵策是冬克江東橋萬松關巳未春寇距

險立巢捷絶其要道俟其困帥師擊之逆潰焚舟
擒僞將斬馘無算庚申二月賊分據扼要立十九
寨相連絡要援以拒我師捷出奇計破之令首尾
牽制難以四應乃會師攻復海澄復三路進剿厦
島擊沉賊艦斬馘不勝計閩逆既平　温旨調還
提督江南授昭武將軍捷用兵如神馭下威惠兼
濟而於民尤加意撫循故所至將卒用命而民人
乂安漳人爲像祀之漳浦民尤感其恩祀於懷德
書院曾孫景素巡海汀漳龍道府志
利在三高要貢生康熙九年知龍溪時糧額虚懸積

弊無可鈎稽在三通計一邑田畝按數勻派又遷界之後各邑寺田浮餉令甲免徵而前令獨以內治墾田詳報抵額在三爲行勻餉法民困大蘇龍溪縣志

魏明德鑲藍旗人康熙十六年知龍溪旋調軍前十八年再任性寬簡遇事敢爲時軍需夫役刻難猝辦明德按籍鈎稽豪右無敢骫法者役均而民不擾軍士占民居請諸大帥立爲清還士民咸倚賴之龍溪縣志

線應綵正藍旗人康熙二十四年知龍溪時寇亂初

平規制未備應繇捐俸建縣學明倫堂及新倉義倉邑民甫離兵革爲休息噢咻之祀懷德祠龍溪縣志

曹家甲字爲質號安峰新建人康熙丁丑進士四十一年知龍溪對簿不事鈎距各得其情訟庭閒寂邑賦舊有包納之弊吏役率中飽而官民均受其害家甲催科不用差役復爲減耗之半民樂輸無負逋者月課士及童子試必躬定甲乙俗多停柩不葬爲購北廂江東日照巖義塚三所親定向指掩暴骸無算工竣日有海燕數千繞廨翔鳴人以爲澤枯之瑞邑東有嚮水橋久圮爲砌以石作亭

橋東以慰行者去之日民若失慈父攀轅數十里後以子繩柱任福建布政使贈如其官龍溪縣志

劉良璧衡陽人雍正甲辰進士九年知龍溪公正明決案無留牘脩南西北三門城樓建威鎮閣造騰龍山石塔以調去民至今思之龍溪縣志

申景雲吳縣人雍正十三年知龍溪愷悌宜民衆稱召父時有饋以盆蘭者發泥視之乃金也卻不受卒於官囊不名一錢邑人士賻之乃得歸龍溪縣志

李芬正藍旗漢軍舉人乾隆三年知龍溪旋調去五年再任値歲歉勸諭平糶以甦饑民開濬城濠使

水不壅遏尤長於摘發猾吏無敢詆諆調同安主

民大書樂只君子以送其行龍溪縣志

延平府

五代

林揆僞閩王延政時爲永順場官南唐保大中陞場

爲順昌縣揆知縣事當干戈擾攘之餘政尚簡易

民德之府志

宋

程博文樂平人元豐間知州事政尚寬平以僧牒募

民鑿黯淡之險行舟無患歷官司農少卿閩書

王𤩽字元玉明州人以福建轉運司主管領知沙縣歷歲最久多善政沙縣志

葉光處州人紹興間以奉議郎知沙縣政尚寛厚嚴於鋤奸除害其去也民立祠于靈衛廟閩書

黄去疾邵武人咸淳間知將樂䣊龜山書院政暇與士子講習訂正龜山年譜卒官返櫬經邑之儒林堡值大風雨遂葬焉閩書

趙時賞字宗白和州宗室也居太平州咸淳元年登進士第累官知宣州旌德縣文天祥開府南劍奏辟時賞參議軍事兼江西招討使空坑之敗被執

不屈死之府志

劉沐字淵伯廬陵人文天祥起兵辟補宣教郎条督府機宜天祥歸南劍沐收部來會改授大府寺簿空坑兵敗被執與其仲子同日死焉季子復從天祥死嶺南府志

呂武太平州人初爲步卒文天祥出使應募從行偕脫鎮江之難沿淮東走海道賴武力爲多天祥開府南劍武以武功補官遣之結約州縣起兵相應道阻復崎嶇數千里即天祥於汀梅以環衛官將數千人出江西死於横逆一軍揮涕而葬之武忠

鯁出天性不避强禦而好面折人過觸忌諱故及
於禍府志

明

俞廷芳麗水人洪武間知府事政尚簡易蠲役教士
有惠德去後人思之府志

周政館陶人洪武間知順昌縣興學重農下不忍欺
府志

張登濟南人永樂間知順昌縣公勤廉仁吏民畏服
未期卒官行槖蕭然府志

徐中鄞縣人正統間知南平縣慈惠廉明不施箠楚

一毫不取於民民甚悅服閩書

鄭時字宗良舒城人成化間知府事嚴明慈惠事無不集而吏罔售奸上下安之官至刑部尚書閩書

三範字子儀開州人成化間知府事忠厚坦易恤民好士郡中風俗利病罔不周知手定徑①役品第貧富適均斷獄明允無滯官至湖廣布政使閩書

易賜廣昌人成化間以舉人知沙縣廉於守已寬以愛人鄉人賈沙者干之執法不貸閩書

何士麟蒼梧人進士宏治間知將樂廉明有爲政知大體先務育才摭采邑志百廢俱興秩肅擢刑部

校注：①徭

主事閩書

朱叔綸江陰人宏治間知尤溪縣慈惻不苛待士有禮愛民誠而讞訟慎府志

劉燦臨川人舉人宏治十一年知永安縣居官廉謹精於聽訟不肯撓法狥人重建儒學修橋梁道路百廢俱舉陞池州通判永安縣志

田秋字汝力思南人正德甲戌進士任推官純篤持正治獄不冤在郡二載以憂去閩書

胡綸桂林人正德間舉人任尤溪知縣遇亢旱晨夕拜庭中徒跣出祈大雨隨注以憂去貧至不能奔

喪閩書

余爌樂平人嘉靖間進士任府同知持正不阿政務大體遷郡學於西郊尋擢按察司僉事府志

曾子欽泰和人舉人嘉靖間陞延平同知署府事欽剖决無留獄吏不得爲奸視水口鹽政苞苴不行擢員外郎閩書

薛宗愷字子修海陽進士嘉靖六年知將樂縣厚重簡默以介自守政事不務苛刻而井然有條吏畏民服後擢都諫以直言卒士論惜之閩書

徐勳長洲人嘉靖間知永安縣清慎有才察民欲惡

與爲興罷時有龔渤海之稱卒於官府志

鄧瀾鄱陽舉人嘉靖間知將樂縣坦易寬簡改建學官創修橋道禱旱而雨降祭河而風息以調去閩書

潘龍南海人嘉靖間知尤溪慈仁儉約平獄訟均徭役捐冗差民作去思錄以紀之府志

朱衡萬安人進士嘉靖間知尤溪縣介然自守好惡與革悉當民心調知婺源民不忍其去立去思碑後督學閩中府志

洪俊遂溪人嘉靖中將樂主簿廉靜寡欲邑多虎患又水壞橋道俊教民立穽虎樁復甃橋建石墩卒

於官知縣薛宗鎧檢其囊篋蕭然爲之流涕太息闕書

徐久德上饒人由選貢授府推官愛民禮士兼署守令篆值歲荒發粟賑貸遷南京工部主事郡人建祠置田祀之府志

羅心堯德化人萬曆間以進士任府推官修書院建社學定錢法勸課士有政聲闕書

傅宗皐豐城人萬曆間以進士知將樂廉靜果斷除新法以便民尤嚴禁盜賊至於夜戶不閉召入爲御史闕書

張應樞鄞縣人萬歷中以貢授沙縣丞廉以自牧兩署邑篆及署尤溪永安皆有治狀陞上猶知縣（闕誌）

張守讓番禺人萬歷中舉人知永安縣廉介簡直撫良民興社學尤嚴積蠹剔除殆盡陞大理寺評事（府志）

徐輅海寧人舉人萬歷五年知永安縣里甲不敢持一菜至庭三年革弊清軍節省民財以千計被讒去（府志）

李如鴻巖州人天啓間由舉人令永安重士農撫商旅均徭役勸徵輸考績為天下最轉山西忻州守

府志

國朝

王道新山東人由進士歷侍御以抗疏轉閩守道駐延平時驛站無夫久役坊民極力設法蠲免大兵過延駐郡養馬民心洶洶道新調度有方兵過無擾陳閩民疲苦十條疏上未下以浮議去官橐蕭然府志

傅登瀛字蓬洲蓋州人康熙三年知沙縣事首革加派之弊民感之時歸誠弁兵屯境上爲量地以居民得不擾以養歸邑人立祠祀焉沙縣志

王汝棐松陽人康熙乙未進士分巡延建邵道寬以惠民恭以禮士發奸剔蠹凜若神明德威所至人不敢犯府志

胡寶琳字海槎歙縣人雍正己酉由廪生保舉歷刑部郎中精於律例鍊於事故手立爰書胥成鐵案堂官倚重之後守邵武於讞獄多所平反上官委以會鞫諸案悉稱明允調繁延平治法如邵武時乾隆十三年春正月鄰邵奸民魏現聚衆謀不軌寶琳炯知之即率將吏擒獲焉事乃定白於上官殲厥渠魁脅從者概予末減省釋全活甚衆葬輿

卓異擢山東鹽運使去之日士民遮道攀留不獲追送至數十里不絶至今猶謳思之文鈔

建寧府

宋

王伸字彥發邵武人進士知建州以治最聞官至司農卿閩書

鮑祗紹聖間知建州明決如神吏民信服既去民像祀於大中寺閩書

張銖紹興十四年知建州修築城郭留意學校明年乞祠去閩書

范𤪌字舜文豐城人政和進士紹興間知甌寧縣平心率物吏民愛之太守魏矼以治狀聞召對便殿問何以得民曰臣知爲陛下愛赤子耳歷官右司郎中以秦檜不合出知南劒州閩書

汪應辰字聖錫玉山人爲秘書省正字以言事忤秦檜出通判建州有政聲浙江通志

陳洪字禹範南安人登嘉定甲戌第通判建寧攝府事兵燹之餘痡加撙節郡計以裕眞德秀薦其才可大用府志

徐應辰處州人知政和縣首興學校設聖賢像東西

爲齋四以處生徒稽糧儲之①八以養之眞文忠公爲記府志

程璵字子立休寧人嘉熙進士知建寧府有善政府志

李耆明字子誠建安主簿平反延平獄法當改秩耆明曰豈以賞故使前鞫者坐罪也秉性剛廉自號冰壺居士有文集閩書

元

徐屬至正間爲建安尹徙縣治於崇化坊通判廳之故址多惠政府志

唐兀伯顏字靖齋大同人至正末尹崇安理軍治民

校注：①入

有戡亂功明初徵至京師以老乞歸仍居崇安清慎不改老稚敬愛之稱爲故侯府志

直寶字朝用蒙古人任政和縣達魯花赤廉公有爲律己嚴而待物恕八路疑獄行省必以屬無弗允者後調南平官至南臺監察御史閩書

明

李思中荆門人洪武間知甌寧縣慎刑罰均賦役民愛之如父母以憂去府志

陳宗源祁門人永樂間任建陽縣典史處事公平九年如一日秩滿當遷邑民懇留事聞陞本縣知縣

閩書

張光啓建昌人宣德間知建陽縣鋤强去暴吏不敢欺篤意斯文士心悅服府志

周原慶字永新麗水人宣德間以人材薦知浦城縣公忠清介囹圄空虛陞刑部郎中

胡欽河間人正統間知建安縣廉能有威時沙尤寇作大兵征勦欽給饋餉躬撫捕民賴以安陞延平知府以卓異賜勑褒美官至陝西布政使閩書

張端嘉善人成化間知建安縣興學撫民政教兼舉有中貴經縣恃勢索賄端力抗不與卒於官民頌

之不衰府志

周季邦江西人進士成化間知建安縣廉明剛介政先窮民待士有禮以直忤上官調去閩書

汪律字用和樂平人進士成化間知建陽縣五載有循績以治行第一擢御史府志

戚雄字世英金華進士正德間知建陽縣平易近民鋤强扶善遷學置田凡公私常費一切省便調南海令尋擢御史閩書

張萱字德輝上海進士正德間知政和縣首均徭役攢造丁料積弊悉除修城池葺學宫創養賢堂於

文廟之北遷茶陵知州府志

胡汝礪字直夫泰和人嘉靖間知建安縣澣衣蔬食愛民如子雅意學校所聽斷得情即釋去士民誦之閩書

蔡金梧州舉人嘉靖間知甌寧縣不畏强禦不虐無告嚴拒餽遺貧甚至種園蔬以自給閩書

徐文沔開化進士嘉靖間知甌寧縣以文學飾吏事以撫字督催科拯困窮抑豪右守以廉靜持以撟謙稱一時循吏甌寧縣志

朱默字時言太倉進士嘉靖間知建陽縣修葺學宮

創講經堂及號房數十間以居肄業之士以憂去建陽縣志

張謙字子益慈谿進士嘉靖間以刑部郎謫建陽縣尉知縣事剔政蠹屏吏姦抑豪强正士習爲一時賢令閩書

呂光洵新昌進士嘉靖間知崇安縣年少御事如老吏在任六月諸廢俱舉以内艱去官至南京工部尚書祀名宦崇安縣志

邢址當塗舉人嘉靖間知浦城縣敦禮耆碩洞悉民間利弊約法不爽捐俸修學官御史李鳳翔爲記

其事府志

徐時濟字汝霖鉛山人嘉靖間任經歷年少練達苦節自勵歲荒捐貲以賑當道交薦之以艱去郡志

蔣科泰州進士萬歷五年知建寧府廉公莊重自奉甚薄秋毫無取於民戒屬官毋濫罰讀興學禮士著政聲府志

汪元標字承景新安進士萬歷間知建陽縣多德政後陞閩省右布政道經潭邑老幼焚香迎者塞道建陽縣志

徐晬然崑山人萬歷初以貢士任建陽縣主簿廉勤

仁恕以儒術飾吏治訟者咸願質成焉陞中江知縣去日士民揮淚送之府志

任儁鄞人萬歷間知浦城縣折獄明允隆學校恤孤寒祠廟壇壝多所建立以最調候官縣浦城縣志

沈鼎科字鉉臣江陰進士崇正間知建陽縣秉性廉介杜關節絕餽遺每節期壽日輙大書敬謝餽儀四字於門值大造嚴革陋規歸槖蕭然建陽縣志

郭之祥字宇山吉水進士崇正間知崇安縣在任七載清介如一捐貲修學校及祠宇橋梁時考選翰林外任者皆得與之祥中選士林榮之崇安縣志

劉若金字雲密安福進士崇正間知浦城縣風規嚴整禁賭戢盜於害類則㪺循之四民樂業歷官巡撫都御史浦城縣志

國朝

李葆貞字守一廣寧人順治三年知浦城縣時流寇嘯聚葆貞嚴戒備冒矢石賊黨悉平大兵過境有流言邑民謀不軌者爲力爭得釋復脩學宫纂邑乘捐學田以給士濬池泉以禦災縣治城垣以次脩舉陞三衢同知浦城縣志

魏昌字重光利津進士順治間知甌寧縣寬厚廉平

澹泊自甘於催科中寓撫字課諸生文面加品評娓娓不倦以艱去府志

耿佐明杞縣進士順治間知甌寧縣秉心藹吉雅有清操撓撓見諸生諄諄以敦本爲訓其所識拔者先後皆獲雋人服其衡鑒卒於官甌寧縣志

李元琪德州人康熙四十五年知浦城縣廉明强毅奸蠹屏跡浦俗命案屍親肆掠㑻家琪嚴戢之弊乃絶捐俸移學宮於皇華山麓士民均誦之浦城縣志

趙孔起長山人雍正三年知浦城縣首造士以培元氣諸生赴省試各分俸爲行資貧士遭糧不令差

役勾攝其尤貧者代輸之嚴禁鼠竊幾於夜戶不閉浦城縣志

邵武府

宋

江適陳留人知光澤縣嘗定經界於民無所擾民感戴之府志

戴式之號石屏天台人紹興中爲教授有學行人士化之尤工於詩閩書

楊獬淳熙中知軍事朱子嘗涉其境謂獬之政事可觀士民交口誦之乃文學士非俗吏也閩書

徐元德永嘉人淳熙末爲邵武軍教授建祠祀李忠定公綱俾鄉人有所觀感興起朱子爲記稱重之府志

江鈿知泰寧縣事值寇亂鈿率兵討平之閩書

錢衢字守道錢塘人開禧初知建寧事神治民克盡其誠增修學校士風以振建寧縣志

葉宲字仲圭建安人嘗從李果齋學有文行淳祐末知軍州事作郡乘買田築祠祀朱子於郡泮復錄田若干頃祠朱子於光澤以果齋配其他政績亦多類是府志

段震午字能可漢陽人淳祐間爲建寧丞舉職業剔蠹弊振廢墜有遺愛在民更以文學稱書閩

元

陸文英携李人至正間邵武尹政淡民和嘗新廟學後以薦陞都轉運鹽使司經歷府志

朱萬初號潛虛江西人至正間光澤縣尹政淡民和境内寧謐光澤縣志

明

章文旭武進人洪武初通判廉潔有幹才時承元末凋弊之餘凡學校公署橋梁百廢具舉府志

常理湘陰人洪武中推官存心廉恕用刑不濫而獄無滯囚閩書

林孔孫山東人洪武中知光澤縣興學校崇教化課農桑脩廢墜政平訟理民賴以安府志

王可宗溧陽人洪武間知泰寧縣革積年蠹弊民賴以安秩滿耆老詣闕懇留許還職民祠祀之泰寧縣志

李復觀饒州人永樂中知邵武縣以文學飾吏事不假鞭扑而民信服及去猶思慕之府志

周英字子傑合浦人永樂間知泰寧縣愛民訓士政尚寛平去之日民遮道不忍舍閩書

傅礪錢塘人永樂中任邵武縣丞清謹精勤有政績後陞建寧令亦以廉能稱府志

李協中臨潁人洪武五年任建寧稟性温厚撫字有方斷決明敏庭無留訟吏不敢欺民懷其惠終於官人思慕之閩書

劉仕傑蒲臺人性質剛毅以廉介自守無所阿附均賦愛民軍需不勞而辦爲吏民所信服終於官閩書

高鑑高郵州人以蔭襲邵武衛都指揮使熟武略嚴操守愛恤軍士不輕差遣軍士戴之若慈母子陞襲職平上杭漳州諸盜皆有功府志

陳宗諫東鄉人萬歷間知光澤縣慈祥清潔一絲一粟不取於民至禦水災賑饑饉尤多覆露拊循之術去之日士民涕泣以從閩書

譚際可仁化人萬歷二十四年以貢士知泰寧縣樂育青衿乳哺赤子不受餽遺以不阿被調入共惜之府志

國朝

姚宸中字寰邸常熟人順治間知光澤縣邑罹兵燹之後民多負逋宸中力請緩征以蘇民困復簡訟獄寬徭役人至今思之光澤縣志

陳于逵號岳樓臨湘進士康熙九年知建寧縣葺陋規賑饑民葺學宮城池修邑乘以憂去建寧縣志

王吉字枚臣安福人康熙九年以進士任光澤縣減丁壯浮額豁夫役厥累繕學宮書院建先賢祠百廢俱舉光澤縣志

畢友宜字凌峰蘄水進士康熙二十八年知建寧縣清介和易與民休息有古卧治風其榜署門云却五夜之懷金對影無慚暗室伴兩階之舞鶴焚香可告上蒼建寧縣志

王授位廣陵人康熙五十一年任邵武同知性耿介

一執法不阿攝光澤篆纙蠹胥以法吏無敢詆諆者均斗斛輕耗羨旱禱雨立應旋卒人立祠祀之光澤縣志

皇甫文聘字斯来桐廬進士康熙五十九年知建寧縣修文廟建朱子祠置學田居官若寒素建寧縣志

吳堂字介石華容人康熙庚辰進士知光澤縣立文社以養士民社以養民邑淸苗糧有多推火收私割諸弊爲均平之時鉛山有警瑩嚴守備邑賴以安遷開州知州光澤縣志

謝紹仁字希純銅陵人知光澤縣邑饑發賑全活萬

餘人雍正十三年奉文清丈軍田紹仁力爲請免

陞戶部主事人爲立祠與前令王授位竝祀光澤縣志

福建續志卷二十九終

福建續志卷三十

名宦四

汀州府

宋

危建侯邵武人元豐進士知寧化縣不任刑罰專以德化民民懷之生子多以危名者府志

鄒括泰寧人紹聖中進士知寧化建學訓士待人以恩信去之日民立祠以祀府志

鄭構致和中任寧化黃土砦巡檢有平寇功府志

趙時錧宋宗室寧化當紹定兵燹之後邑治爲墟時

錞爲宰築城修學創縣治葺民廬士民誦之府志

明

劉亨鄭州人洪武間令上杭新學校建壇壝在任五年逃亡悉集薦胡時邱子瞻時稱得人府志

黄敏洪武中爲汀州衛指揮僉事廣賊謝士眞寇邑敏率軍勦捕賊遁走復築城分軍守禦府志

伍希閔安福進士御史驥之子成化間分巡漳南道駐上杭時賊劉昂溫留生邱隆等聚衆猖獗希閔招撫之降者千餘人立二團營處之昂等勢孤皆就縛餘黨解散旋以憂去宏治五年賊劉廷用復

聚衆來刦南贛巡撫金澤薦希閔才堪任募驍勇

李福瑛鄧維端勦之寇悉平府志

趙智江寧人成化九年署歸化教諭時學宮初建士未習禮智教以進退揖讓日進諸生授經講解未

二年有登賢書者府志

程材歙縣人宏治間進士授汀州推官嘗與巡按御史據法爭一囚御史曰我不知法耶材抗論不已

御史忽悟曰推官言是也幾悮殺一人矣舉廉卓

授御史府志

王環新昌人知永定縣時邑草創環興利除害有惠

政府志

向陞武平所百戶正德四年賊曾惟茂等攻城刼掠陞募兵轉戰多所擒獲賊又進據焦頭壩掛坑等處陞擁衆先登誅斬無算死於陣事聞世襲其子爲本所副千戶府志

周檻安福舉人正德間令寧化適賊攻邑身詣諭之賊挾之去不爲動賊義而歸之臨去謂賊爾輩所虜皆良家子女忍困之乎賊悉還焉歸而繕城隍固守禦賊遂平府志

潘時宜永豐舉人嘉靖中令寧化修縣治創書院設

學田士氣振興府志

查仲道字文夫寧州人以謫知汀州有惠政卒於官民立祠祀焉府志

劉宗寅字子肅江西萬安人署連城縣事邑苦饑寇宗寅兩定其亂歲饑捐賑民賴以甦府志

陳添祥沂門舉人嘉靖末令寧化值流賊攻縣添祥守禦有方屢擊敗之府志

毛子翼餘姚舉人隆慶四年判汀州州華包攬平斗斛聽民散納以羡餘推給貧士府志

桑大協常州人隆慶間令清流釐正戶口申豁至三

千丁有奇府志

劉玉成號谷溪太倉州人萬歷初以進士授汀州司理不事鈎棘訟簡刑清以最內召尋復出守汀州喜接引後進士風丕變人比之文翁歷官湖廣叅政府志

萬振孫合肥人萬歷間以進士守汀州加意學校建龍山學舍以課士學使按部振孫請加九學科額四十名捐俸增貢院號舍汀人士至今思之府志

陳正蒙字穉開歸善進士萬歷中知歸化縣清廉慈愛禁蠹役鄒餽遺捐俸構文與書院卒於官貧不

能殲鬪者莫不流涕府志

周憲章江陰人萬歷間令歸化懲猾胥清耗羨多所修建皆捐俸爲之府志

沈應奎字伯和武進舉人萬歷間守汀清介剛正除莠安良境内大治祀李少師綱文丞相天祥以自勵闢陂濬泉課士修廢以循卓稱税璫高寀將自汀入粵應奎大書榜示欲率吏民擊之璫懼不敢入境有霹靂巖蓮峰靈隱洞諸咏府志

聶尚恒字久吾新淦人萬歷間令寧化政簡刑清不阿權要①得民兼精醫每公事旁午疾首環候胗

校注：①甚

視一一周給無倦色又時遣使至其家問痊否若親子弟焉　國朝崇祀醫廟府志

蔣有馨長洲舉人令清流拒連邑飛派浮糧設倉廒移驛地增城樓民感德之府志

朱大典金華進士任給諫疏觸魏璫調外天啓六年任漳南道駐上杭值水災民乏食大典捐俸賑饑民賴以甦公餘令營伍訓習兵法軍容大整明年流寇出劫邑以有備得全府志

何守成分水舉人知永定縣剏學田建義倉舊增三千餘丁力爲請止有前有王父後有許①毋貿哉何

校注：①母

侯二公接武之謠府志

徐日隆郎西人崇正中爲寧化令值中立寇作懸賞格購盗不一月皆就擒寧民爭醵金償所捐賞格日隆麾辭不得乃解供楚餉

祝禧武平所千戶崇正辛未廣寇據永平寨禱力戰死百戶王國耀邱泰俱殉焉府志

陶志學武平所百戶藍塘之戰與其子鈐百戶徐治王道垣俱力戰死府志

羅萬藻字文止臨川舉人崇正末知上杭縣時寇賊充斥兵餉無額暫支河税旋上司檄解軍心騷然

萬藻為力請得免解鄉兵賴廷漢等十三人刦來蘇坐擒置獄其黨練勝龍擁衆幾二百人有號狠頭星者謀內應之變起倉卒萬藻斃其渠魁餘黨悉散民賴安堵府志

國朝

周亮工祥符進士順治間以本省參政駐節上杭時山海交警亮工日夜登陴戒嚴撫慰軍卒中軍呂吉橫肆亮工廉知其狀捕置之法葺巡道衙門供應尤加意造士雖羽書旁午猶汲汲於人才省旌口士民無不流涕攀留者府志

許賓字于王福州人浙江督學𥪕子清流訓導講學明倫尤汲引善類孜孜如不及被容接者如坐春風以卓異歷御史府志

許廷鑅字子遜吳縣舉人雍正間知武平縣吏事明敏不事鉤距而人無敢詆欺者工詩古文詞精騎射人士沐其教如坐春風中忘其爲長吏之堂也以累罷空手而歸乾隆辛酉中丞王恕延主鼇峰講席邑人聞之有不遠千里裹糧問業者歸愚文鈔

史圖歸安人由乾隆丙辰庶常出知上杭絶苞苴清訟獄嚴戢盜賊境内肅清歲稔捐俸糴江廣粟以

賑饑尤汲引士類躬爲督課奬進之文風爲之一變卒於官士民尸祝焉縣志

張文偉襄平人令長汀除漕弊陋規修文廟拓齋廡蒐輯邑乘以廣文獻獄無大小聽斷必以情亦無留牘自奉淸苦攝郡司馬篆扣退運米以甦民困縣志

福寧府

宋

楊志字存誠龍溪進士嘉定間令長溪百廢俱舉大者如御楊梅嶺建金波橋民咸思之判廣州卒府志

林子勳字翼之永康人淳祐中知福安縣時縣初建諸凡草創子勳經理有條居官以廉謹聞府志

詹槧字德寬崇安人嘉熙中進士令福安有婦陳氏死非命槧覆驗得竹刃於腹寃乃直遷瑞州法曹府志

元

林天賜至正中知福安縣時有盜魁邱寧久肆剽掠天賜以計擒之值歲饑詢民疾苦以慈惠聞府志

明

黄溥字孟周洪武四年知寧德縣建學校禮師儒爲

政以廉平著府志

鄭齊江山人永樂中令福安興學校均徭役恤鰥寡去後人思之府志

劉廣衡萬安人以御史撫閩浙景泰間壽寧鄭懷茂亂廣衡與副使沈訥討平之議請設縣民思其功立祠以祀子裔孫玉相繼官閩副使府志

沈訥吳縣人景泰間任按察司副使督理銀塲討台山冦中鎗飲矢戰益力卒殲醜類民德之與劉廣衡俱祀報功祠府志

胡庭芳字子蘭東莞人監生景泰間知福寧縣廉慎

恤民加意學校公暇集諸生講課入覲卒府志

何喬新字廷秀廣昌進士成化中以建寧道按部福寧奏復縣爲州建王伯顏祠勘恤福寧水災歷官刑部尚書謚文肅府志

馬迪字惠吉仁和人成化十六年任州同修舉廢墜凡便民者無不爲善詩篆所至多留題府志

馬時中字希德潮陽人成化中知福安縣政尚簡要勸農桑興學校俱有成效人多稱之府志

蔣輝全州舉人以邵武同知署州事均民徭役貧富不偏民德之府志

楊澤天台進士以憲副行部至州修學宫集諸生講論若師友祀朱子於般若庵葺王伯顔祠府志

李時東莞舉人宏治十六年知州事慈祥樂易正德戊辰入覲藩臬科金以賂閹瑾不應臬復欲罰民清軍道時陰主民勿往役臬怒時曰政體自下而上事宜由州覈後竟寢府志

李長字復之縉雲進士授戶科給事中正德十四年以直言謫州判蒞政廉明人不敢干以私署縣篆旌善鋤奸時稱神明府志

鄭嘉祥字應麟南海人正德間任寧德典史剛直不阿

歷官六載多所贊畫尊師儒重學校士民頌之府志

羅幹永豐人倫子正德舉人知寧德縣剛介果毅以教化爲先朔望謁廟升堂進諸生講學示以修巳安人之要在官三年法立令行人不敢干府志

葉禰嘉靖八年知寧德縣儲穀以防饑購田以贍士建書院表章陳石堂韓古遺諸君子改白鶴故道擢知合州府志

夏汝礪字維金融縣人以南安令擢知州事開義井培雉堞有能聲改官時方鑿泮池架石橋其上猶給直而後行府志

舒春芳鄱陽進士分巡建寧聞倭警兼程至州募客兵萬餘躬甲冑與三洲大金等倭戰於赤岸橋復聚鐵製銃以金錢爲的中即與之兵益精倭復攻城火箭齊發賊宵遁府志

徐作號念吾南昌進士以叅政巡州政尚簡靜城東西隅近山賊得憑高窺伺作建敵樓蔽之至今賴焉府志

徐甫宰山陰人嘉靖己未以舉人令武平奉檄覈餉全州適倭入寇州牧柴某病篤以印屬甫宰率民守城簡勇士爲遊兵與渠酋大戰金字山賊盡殪

會夜賊攻東南甫宰令急備西北賊果從西北梯城守兵投巨石以擊賊遁去已而倭大至合圍攻城登北埤下石如雨甫宰守益嚴發砲擊賊死甚多乃焚東郊而去州得以全後以勦武平山寇功擢僉事府志

按甫宰見前志汀州名宦因事不同故存之

羅文靖號次山南昌人萬歷中以舉人知州事操履廉潔政尚寬恕州故有里役銀五百素爲官吏乾没文靖首革之去之日行李蕭然民爲立祠府志

史起欽號敬所鄞縣進士萬歷中知州事年少敏達

於瘡痍甫定之時以寬仁濟之興衰起廢修公署學校濬城河置學田建文昌閣秩滿擢常州郡丞府志

楊繼時錢塘人萬歷間知福安縣折獄如流剔蠹殆盡修學校置學田擴泮池尋以艱去士民愛之府志

金汝礪字順德平湖進士萬歷間知福安縣擴東北城造西門壩絕內璫徵求坑治之害殲盜魁直寃枉增應試額立賑貧田在任七年如一日及去士民立祠以祀府志

利灌博羅人以歲貢任寧德訓導時倭變後城郭邱

墟寄居山寺風雨凄其晏如也同官胡德邁疾卒

醫藥殯葬傾貲以助終兩府教授府志

舒應元號及吾南昌舉人萬歷中知寧德縣留心建

置凡學廟祠壇城垣縣治煥然一新復置學田以

資月課著有寧德縣志寧陽政紀府志

鄒用章宜黃人萬歷中以舉人知寧德縣邑北有溪

每山水迅發徒涉者苦之用章捐金造橋民爲建

碑頌德又建鄒侯茇憩坊於北郊

劉若伺順德人弱冠登賢書萬歷中知壽寧縣鯁直

不避權貴時邊餉孔亟上官飛檄如雨若伺以壽

邑凋殘寧受下考去日行李蕭然士民送者泣下府志

張元新會人萬歷中以舉人知壽寧縣增修義學躬自督課凡貧生有不能喪葬者出俸金賻之聽斷明允邑無冤民府志

區懷素高明舉人崇正十一年知壽寧縣捐俸修城後山寇之變邑賴以寧府志

洪祖烈字定遠吳江人萬歷武進士授金山衛把總陞汀州守備有捍禦功崇正間歷官京營神樞參將加後軍都督未幾留都陷祖烈從唐王走浦城

順治三年　大兵收閩至莆城祖烈被執見　貝勒不跪諭之降答曰負國不忠辱先不孝忠孝兩虧何用生爲　貝勒問以餉曰有餉即戰何至於此百姓欲爲代輸祖烈不可曰何忍以我故重累汝等且爲奇男子而從敵人求活乎嚼舌大駡令牽出斬之祖烈奮身奪刀自刺胸死同時死者鄭爲虹等十餘人沈彤吳江縣志

國朝

戴廷輝字子山東萊人以太學生隨　王師入閩授寧德縣嚴明仁恕辨枉擊奸招集流亡獎勵學校

捐粥賑饑市牛種以給窮民民懷之祀名宦府志

金光緒字九光德州人順治六年知寧德縣時因海寇民多逃亡光緒招徠勸諭歸農者衆九年謝事去民皆感泣府志

李郎龍字子潛雄縣人順治己丑進士知寧德縣丙申海寇猖獗郎龍守禦備具寇不敢近民賴以安府志

張禮號寶山榆林衛人順治初以遊擊駐寧德時山海交訌剽掠無寧日禮設奇扼險屢挫①賊鋒賊懼宵遁邑賴以安平居恤民愛士有儒將風府志

校注：①賊

周士元監利人康熙三十三年任總兵樹松木浚城濠建義學置義冢至今頌之府志

蔣國榮奉天鑲藍旗人康熙三十八年知福安縣秋大水哀鴻滿目國榮賑恤安集民無流亡府志

閻達禹遼東人康熙二十七年知寧德縣修明倫堂置義田以給士貧者延師教之府志

余震號海如進賢人康熙三十年知寧德縣隆學校恤窮民時防兵肆虐繩以法無敢爲暴既去士民建祠立坊於西門外府志

嚴德泳烏程人康熙五十年知福安縣建啓聖祠興

紫陽書院先是白石司渡夫及里胥考綱滋弊德泳即詳革之以最擢戶部主事府志

程豫四川人康熙四十二年知寧德縣減免綱銀民丁無派累之苦弛海禁許捕魚民賴以生去之日環聚號泣祖送數十里府志

尹鑅字和鸞貴州舉人康熙五十七年知壽寧縣察民疾苦裁革徵派之累性慈祥不事鞭扑民感之無許訟者囹圄爲空在任九年清操不渝府志

方伯宇戴濱潁州進士由湘潭令調知壽寧性嚴肅人無敢干以私先是里長催徵名曰排年受累最

苦佰改滾單法吏胥無所容其奸民甚德之府志

顏光昕號宜庵亳州人雍正元年總兵開羅漢山涓址以備旱潦歲荒運米以賑尤加恤戍臺兵人懷之府志

潘毓賢雍正間任寧德縣丞駐防周墩轄七里三十餘村俗以泌冷多棄地毓賢教民樹麥給以麥種不責其償數年麰麥盈野至今賴之府志

馬大紀字冀周上元舉人雍正十一年任壽寧縣報豁浮糧千戶在任十一年囹圄空虛去官之日行

李蕭條府志

潘質原字德載濟寧州人任壽寧縣修城池建文昌祠造東西木柵邑有兵米與民糧混吏胥因緣爲奸質原爲剔其弊民至今賴之府志

冷岐輝嘉定人雍正十二年以舉人知州事適州陞爲府附郡設霞浦縣即管縣事經理一切公廨壇宇及建設章程皆井井有條時有冷慈父之稱擢順天治中府志

路以周招遠人雍正十二年以舉人知福安縣繕文廟建尊經閣修學志培西郊水壩去之日人爲立碑建亭曰路公亭府志

傅維祖鄞縣舉人乾隆四年知福鼎縣時邑初建凡公署學宮祠壇廟宇草創經畫具有條理府志

藍應襲大埔舉人乾隆六年知霞浦縣事廉能有聲尤雅意作人童子試拔其尤者延師教之皆有成就府志

吳鵬字程遠南安副榜任福安教諭謙和古樸喜文章以文質者方飯投箸立正士林戴之府志

周天福亳州人乾隆九年知寧德縣戢暴除奸重儒興學建鶴峰書院文昌閣和義門西湖橋士民祀之遺愛祠府志

丁佐信字南屏儀徵人由庶吉士改知壽寧縣下車修　文廟築治前石橋鑿灘河開衢路振興學校暇則與士論文在任三年調鳳山再補南平卒於官府志

蕭克昌咸陽舉人乾隆二十年知福安縣潔已愛民捐膏火以造士復修理學宮城垣橋道靡不畢舉奉調入閩以勞卒士民哀之府志

康天墀龍溪人乾隆辛酉舉人屢秉鐸能盡其職二十一年陞福寧教授毋日親至　文廟灑掃祭則備物盡志嘗捐浚泮池鑿石豎櫺星門攝縣學改

建五王祠重新兩學木主課士論文終日不倦卒於官囊無餘貲府志

臺灣府

國朝

李麒光無錫人康熙丙辰進士二十三年知諸羅縣事時縣治初設人未向學麒光選童子之俊者禮之親爲辨難士被容接如坐春風在任踰年首創臺灣郡志未竣以憂去三十五年副使高拱乾因其稾纂成之府志

張尹嶂縣人歲貢生康熙二十九年知諸羅縣以憂

去服閩補漳浦再調諸羅見邑治新造多曠土招徠墾闢撫綏有方流民歸者如市三十一年蝗珥日巡行阡陌閒竭誠祭禳蝗不爲害莅任四年未嘗輕笞一人慢辱一士居無赫赫之名去後嘗令人思遷河南彰德同知邑人肖其像於郡治竹溪寺府志

王仕俊鑲紅旗監生康熙四十三年知臺灣縣前任陳清端瑸①倡修 文廟以內召未竣仕俊踵成之復建義學延師課士斷訟精明多平反故令李中素因浥爛②倉穀羈③留家屬賠補事逾十載仕俊代

校注：①瑸　②爛　③羈

爲補①苴旅櫬得歸莅任四年以勞卒於官臺灣縣志

黄叔璥字玉圃大興人康熙己丑進士六十一年新設巡臺御史叔璥首膺是命安集措置多得當者有赤②嵌筆談番俗六考採摭最富後之脩郡志者率取資焉府志

王作梅河内人康熙己丑進士雍正二年任海防同知時廈門有商艘往來彭島與臺灣小船偷運接盤米穀名曰短擺作梅廉知急捕之併發官弁交通狀提標哨船二十餘艘絡繹來臺貿易號爲白備哨凡出入海口不由查驗作梅詳請禁革他若

校注：①補苴　②嵌

客頭勾引偷渡久成錮弊作梅擒首惡痛懲之積習爲改民愛之傳頌不衰府志

夏之芳字荔園號筠莊高郵人雍正癸卯進士官御史六年巡視臺灣兼理學政以澄敘官方振興文教爲已任歲科兩試至公且明按巡南北路雞犬不驚性廉介絶苞苴接物樂易冲和絶少崖岸尤爲僚屬所敬服著有海天玉尺二編府志

林天木字荔山潮州人雍正癸卯進士官兵科掌印給事中十一年巡察臺灣取士以品行爲先接撿屬嚴而和人敬愛之府志

方邦基字樂只號松亭仁和人雍正庚戌進士調知鳳山縣請減重賦免浮糧民番感之有貧不能娶者妻母欲令其女改適訟於縣爲擇吉捐貲使得完娶民婦被祟爲禱於神忽雷震怪走入地掘之得猴子髑髏有血濡縷怪遂絶丁艱歸服闋陞臺灣同知華陋規禁胥役需索凡商船驗畢即放行尋遷知府改建公署平放兵糧廉敏著聞渡海遭風溺於水于①卹贈朝議大夫布政使司參議　賜祭葬臺灣縣志

覺羅佰修鑲紅旗人以御史巡臺雍正十年北路大

校注：①予

甲西社番肆逆趨赴軍營籌畫餉運以軍功議敘
晉內閣學士兼禮部侍郎

楊二酉字學山太原人雍正癸丑進士以御史巡臺
奏建海東書院以造士南門內秀峰塔亦其所規
畫也府志

張湄字鷺洲錢塘人雍正癸丑進士由編修改御史
巡臺灣嚴稽吕籍校士公明所著有珊枝集瀛壖
百咏府志

曾曰瑛字芝田南昌人乾隆十一年調臺灣淡水同
知攝彰化篆建義學以教人士擢汀州知府郡有

龍山書院鞠爲茂草曰瑛捐俸繕葺復纂府志籍教場隄百廢俱舉每廵行各邑設旌善懲惡二簿籍其姓名獎戒有差士習民風爲之丕變調知臺灣府值天旱①步禱烈日中旬餘得雨而曰瑛遂病歿卒民哀思之香草齋文鈔

永春州

唐

王顗字還古唐大中間爲桃林塲長有惠政盛均記曰鶯𨓏未還祿爲親屈莫邪會試犀象無全閩書

顗仁郁歸德塲人爲本塲長時政荒民散仁郁撫之

校注：①旱

一年磯負至二年田萊闢三年民足用有詩百篇宛轉回曲歷道人情邑人途歌巷頌之號長官詩其諭農詩曰夜半呼兒趁曉耕羸牛無力漸艱行時人不識農家苦將謂田中穀自生閩書

宋

林滂開寶三年知永春縣縣溪自卓埔而上湍流駛激盤阜紆蹙不利裝載滂鑿去馬甲山門滑石西涵四險灘大爲民便閩書

歐慶字貽孫乾德人以彭州軍事推官知縣事故與中書令鄧文懿同邑同時文懿貴顯於朝慶爲州

縣吏所至上官多鄧故舊絶口不道終其去人不知其爲鄧友也作吏廉貧以厚德名於里歐陽文忠文集

閩書合纂

傅誠字叔汝嘗師朱子淳熙進士授永春尉力辨陳介珪寃納告憲臺求去寃卒得直侍郎黄艾使北奉辟爲屬遷太常博士與真德秀交好寧宗朝論對頗鯁切暴卒殿下人盡惜之閩大紀

明

王忠上海人洪武三十三年爲永春丞勤吏事①蠲稅糧均傜役奏革額辦叚疋民德之閩書

校注：①蠲

王貞永嘉人洪武九年任德化謹身正己一淸如水涖民如撫嬰孺待士如接賔客一時風化淳穆好娛情山水公餘援琴賦詩悠然自得閩書

溫琇新會人永樂中知永春寬而愛人勸農興學均役平賦嘗奏減歲造皮張士民德之閩書

杜住西安人宣德間知永春蒞政之日首詢民疾苦先學校重教化延碩士以教諸生政事精敏吏畏民懷卒官無長物閩書

葉珠上饒人知永春地舊有桃源驛明初罷凡送迎廩餼之需一切責辦里甲時議以永德二縣田糧

幫貼水口晉安康店等驛遣官督併民幾變跌嘆

曰昔之牧長君王忠溫琇錢宗顯輩皆能減民歲

辦惠此一方予何弗能力忤當道上疏乞休當道

感動乃除之閩書參舊邑志

陳宗全廣東人宣德十年知德化縣明恕廉介先教

後刑未幾邑中大治閩書

胡濳字孔昭績溪人宏治間知德化縣居官三年廉

潔自持凡水利橋梁廨舍悉捐俸倡修訟者常勸

化之使自省鞭撲不施囚繫不及老幼以艱去縣志

徐衡常山人嘉靖中爲永春訓導柴鑣同時甚爲所

重陳琛稱其以垂白之年孜孜進學而時出所得以淑士閩書

許仁字元夫仁和人嘉靖七年知德化縣毀淫祠創社學設學租築射圃復教場甃壇壝濬丁溪修春波樓繕廨署建名宦鄉賢祠置漏澤園養濟院多著政績後改調同安縣志

劉三錫廬陵舉人嘉靖間知永春遭寇亂之後首詢民瘼痛自節約上供之外一切常例悉罷之署篆晉江為當道器重以艱歸民遮送信宿慰而遣之服闋陞本府通判邑人喜躍奔迎於家竟見高臥不

起閩書參舊邑志

梁道凝鄖西人知永春才諝明敏情僞至前瞭然洞矚邑有鉛礦聚衆蓄奸覩請封閉莫敢撓者歲隸役不得下鄉署晉江南安皆有異績以憂去閩書參舊邑志

胡惟立高安人舉人嘉靖間知德化縣廉介自持常賦外不取加耗勤慎蒞事案無留牘輕徭役恤困窮卒於官邑人懷之縣志

緒東山號三南馬平人嘉靖舉人知德化縣訟清政簡建丁溪書院日進諸生而教之置學田爲廩膳

資構駕雲亭復古義社邑士民祠於龍潯山之麓縣志

張大綱字立卿龍川人嘉靖間知德化縣前令鄧景武築城新就大綱復營建使堅厚適永春賊呂尚四薄城綱親督戰悉擒斬之尤惠愛百姓作興人文創建書院於龍潯山之麓縣志

泰霑崑山人隆慶舉人知德化縣遷學宮於城外大洋山之陽費不煩而事集諸生德之與緒東山並祠閩書叅縣志

丁永祚南昌舉人知德化縣豁鹽稅絕關提抑豪強

邑民尚氣涵濡漸化之不怒而威闢邑南門建樓其上調福清歷官湖廣副使縣志

俞喬休寧人嘉靖舉人知大田縣公廉有威山寇竊發盡力防禦邑賴以全卒於官縣志

蘇黎庶番禺人嘉靖舉人知大田縣時當兵燹之後招撫安輯賑民課士完城塹創敵樓政治化流行部使者疏其賢超擢廣西平樂府同知田種台文集

林大儁字惺非隆安人萬歷舉人知德化縣建獅雷塔濬丁溪故道勤督課口授耳提人士歸之縣志

桂振宇號蓋我石埭人知德化縣慈惠和易勸民藝

麥而給以糧教民醫療而濟以藥修學宮鑿泮池剏寅賓館築春臺置遺愛祠葺城隍甃龍津鳴鳳二橋成巽方塔百廢俱舉復釐剔侵沒學田以資膏火諸生王秉乾貧不能婚資金代聘楊經沒貧無以殮爲棺衾而葬之縣志

諸大木號巽齋餘姚人萬歷舉人知大田縣清伍符省郵傳飭坊市崇學宮繕祠宇完城塹建遺愛祠百廢俱舉縣志

王永吉號鐵山高郵人萬歷進士知大田縣有能聲邑有鄉紳田姓者嘗宴前令於園中席未及半令

忽瞶瞶不能語急扶回死矣田姓遂繫獄久不決永吉廉得其情因邀恤刑同至其園折毀垣墻於中得毒蛇盈數石永吉曰砌古則陰沴積當有蛇虺窟穴其中涎墜餚中誤食之無不立斃者前令之死由此也獄遂得解後仕至尚書讀律佩觽

盧敬號穗溪東莞人大田主簿署縣事猝有賊至挺身與戰賊被創而遁旋復駐境上敬與典史孫熙禎日馳數十里與戰敗之邑賴以寧田種台文集

魏謙字益之慈谿人萬歷乙亥爲大田尉有機智每盜賊竊發用計擒之四境以安縣志

國朝

黃琮江寧人順治三年知德化縣寇莊廷書張益薄城城中食盡茹草守將棄城遁琮不屈死之縣志

鄭名普寧進士知永春時當兵燹城邑邱墟名勞來備至民賴以安公署倉庫次第修葺以憂去

鄭功勳字震寰正黃旗人知永春縣修邑志嚴保甲弭盜省刑邑大治復建朱子祠文昌閣以培士氣陞西隆知州續縣志

許其誼字子正陜西人進士知永春不避權勢剔蠹愛民設義學以造士時提弁爪牙入永抽稅力請

禁華之邑賴以安漳寇犯境率兵民擣其穴平之續縣志

王世爵榆林人以千總駐防德化順治十四年與寇

林忠戰於螺坑力盡死之縣志

王欽祖閩縣人康熙十八年任德化教諭慷慨好義

在庠寒士多所推解捐俸百餘金修　文廟重建

龍津橋士論高之縣志

葉振甲字彰祖慈谿舉人康熙二十一年宰大田葺

文廟修邑志時議增鹽課及採辦楠木振甲力爲

民請命事得寢以最擢工部主事

于翰翊字雙郵正黃旗人知永春嚴保甲清胥籍詳增學額四名①指置義塚修各關隘葺東嶽廟民德之續邑志

范正輅字載聽鄞縣人康熙丙午舉人知德化縣禁溺女勸種植建義學設常平倉葺賓陽北鎮二樓繕堂廡置寅賓館築橋梁修邑乘以勞卒於官縣志

王一導字惕齋黃岡人康熙丁丑進士四十年知德化縣邑舊有節禮砝價例銀八百餘金里甲派供多至蕩産一導捐除之聽斷平允案無留牘任一年以艱去縣志

校注：①捐

張廉臨桂人康熙四十七年以舉人知大田縣時寇盜猖獗一鎮以靜鋤強扶弱民獲安堵邑人祠祀之

王調元字燮公義州人康熙四十八年知德化縣明倫堂圮捐俸修建奸匪陳五顯抄略鄉村立收捕之境賴以寧縣志

俞兆岳海寧人康熙五十二年以明經知大田縣為政持大體恩威互用人畏愛之調臺灣知縣下車與神誓以廉正自矢每巡行村落詢民疾苦如家人父子有所訊鞫辭色懇摯民不忍匿其情歷官

至吏部侍郎永春臺灣二志合纂

熊艮輔蒼谿人康熙已卯舉人知德化縣建櫺星門及雲龍橋時永春奸民陳謀嘯聚山谷督鄉兵勦捕民得不擾縣志

游祿勉字季迪永福人以貢授大田訓導修明倫堂學舍儀門泮橋著有田陽詩文草四卷陞上杭教諭卒子紹安任南安太守贈如其官福州府志

力子侗號知庵候官人康熙五十四年教諭德化修學宮置祭器手輯聖廟祀典四卷縣志

徐有經字松陽西和人拔貢乾隆十六年任大田修

學宫葺書院繕城隍廟建迎恩亭鎮東橋以勞卒

杜昌丁字松風青浦人雍正七年以副貢知浦城縣

盡革無名科歛宿弊一清勤課士優禮其賢者以

最擢永春知州纂縣志築衛城壩建貢士院增闢

書院學舍牧永二十七年政久化成民安其業卒

於官貧無以殮州人士爭賻之櫬乃得歸增補浦城縣志

龍巖州

明

趙榮祖淮安人洪武三年由都督府掾知龍巖縣幹

濟通敏爲政以安民爲務興利革弊百廢俱舉民

蒙其惠卒於官州志

伍星奎合浦舉人成化間知龍巖縣興學校立鄉賢祠建南門樓設預備倉於各鄉邑人思之州志

林濟民字廷泰海陽人弱冠時母病篤強命娶婦入門而母卒哀毀踰禮及葬廬於墓服闋始合卺鄉邦稱之領成化丙午鄉薦授龍巖教諭以身率人陞贛榆知縣有廉惠稱州志

徐鳳岐字文明武義人正德間知漳平縣邑初未有城宏治間流寇洊至屢爲民梗至是寇復壓境鳳岐力禦之寇遁乃築城垣甃以甎石民賴以安又

於城南龍江造舟爲梁以濟行旅治行卓然續傳

謝思木字汝仁耒陽舉人正德十六年知龍巖縣嚴毅廉明百廢俱舉尤加意學校常市穀三千七百餘石立義倉卒於官州志

施信餘姚人嘉靖二年由舉人知漳平有德澤及民越數百年而士民戴之與後令劉鑄並祀漳平縣志

吳守忠高安人萬歷十七年由舉人知龍巖縣至則革里班宿累時奉文分析漳平得業米七百八十石有奇米去丁存巖民病之乃力爲請命丁隨糧配將莊戶另爲一圖一體著籍當差尤嚴禁服毒

造蠱諸惡習民風一變州志

朱泰正字道子海鹽人萬歷進士四十五年知龍巖縣歲饑發賑廉倡亂者置之法邑大水漲沒城堞泰正立水中祈丐撤邑扁付洪流雨遂止發贖鍰一千二百有奇分賑災民築城牆修龍津橋後調漳浦未幾擢雲南道御史州志

彭堈南昌舉人萬歷四十五年知漳平縣爲政以緩徵息訟爲本精聽斷絕苞苴毋有災祲不憚爲民請命以最調上杭

余應桂字二磯都昌人萬歷進士天啓中知龍巖縣

廉介有守善造士尤精於剔蠹剷奸凡苛稅及額外耗費一切報罷建砥中樓修龍津橋饑民率衆攫金應桂治其渠魁餘皆屏跡因以便宜出倉儲賑濟所活無算尋調海登擢監察御史州志

何九雲晉江舉人崇正間漳平教諭捐俸建陳布衣祠購廛稅以供歲祀又於東山寺側構堂講學置學田毎釋奠必親務豐潔前後居官者鮮有其匹登癸未進士官翰林州志

國朝

沈穆杭州人漳平訓導善造士被其容接者如坐春

風時鼎革之初悍卒遇人士無狀令長防弁率睥睨巨室諸子衿惴惴不自保卒獲全者穆撐持卵翼之力居多州志

查繼純海寧人康熙十九年知漳平縣操履端潔涖治精勤興利革弊民愛服之中蜚語去士民攀號如失怙恃當道廉其寃事得白州志

沈荃湖州人知寧洋縣修建　文廟殿堂門廡一新復繕城樓開北門之閉塞以通民前縣蕭亮有祠爲弁兵所踞荃捐俸建弁署及營房祠得以復又造橋梁興書院修邑乘百廢俱舉州志

福建續志卷三十一

選舉一　薦辟　武科　武功　任子附

閩於八紘爲東南維穹嵒秀聳磅礴衍麗又地瀕大海噓吸靈潮日月吐納扶輿奇淑詭異之氣必有蒸爲殊材足爲天下用者披籍而稽其數誌其人非獨增方域之光亦以徵世運之盛衰也古者舉選或求之辟薦或升自膠序或蒐諸科第爲途不同要之輔理成化率于是焉得之故當其盛也上有側席繾綣勤求之心其登之也公用之不枉其所守是以天下之士感激

奮庸爭自效於功名而各竭乎才德之所能至
庶績就理榮名無窮及其衰也擇之不精任焉
弗當吏道多端苟安持禄升降之際豈細故哉
我
朝人文蔚起立賢無方取士仍元仁宗鄉會試之
制以經義羅眾材而博士弟子高等歲入成均
間又
詔舉博學鴻詞特科孝廉方正諸召辟以甄蒐俊乂
是故魁奕之選卓越之英奕①不翩翩景征騰騰
雲漢而數年以來

校注：①莫

聖天子復鑒古定制令試士兼賦唐律風雅之聲咏歌皇澤雖瀕海偏疆陶化染學賢能徵辟之書日新月異蔚然國華蓋自唐虞三代簪俊賓賢之典未有盛於斯時者也觀閩之人才而天下之治可知矣因紹前志爲續選舉志

博學宏詞科

康熙已未年前志未載今補入

吳任臣浙江仁和縣學生原籍興化府莆田縣人召試欽授翰林院檢討

乾隆丙辰年

洪世澤泉州府南安縣廩生丁巳補試欽授翰林院庶吉士散館授檢討

按丙辰宏詞科行於丙辰會試後而薦舉在前且以類敘故先之旣書登第二人并附載福建徵士九人於薦辟內以備考云

進士自雍正癸丑乙卯鄉會科以前前志已載

乾隆元年丙辰科金德瑛榜

林其茂山陰知縣有傳　吳浣安昌黎知縣

嚴以治常山知縣　江正超新陽知縣俱候官

鄭鼒汲縣知縣長樂　陳九齡銅陵知縣福清

陳材餘干知縣連江　卓斯義桂陽知縣

吳孫逢刑部主事俱莆田　羅岳桂天柱知縣

李清芳欽賜進士歷官兵部侍郎俱泉州府學　林簡士國子監典溥①晉江

黄瑶觀　孫嶐　李玉鳴湖廣道御史俱安溪

林雙鯉龍溪　蔡新翰林院編修歷官刑部侍郎

陳杓俱漳浦　劉繼綸高苑知縣寧化

李青選潭澤知縣上杭　賴壽堂通渭知縣永春州

乾隆二年丁巳科于敏中榜

林枝春榜眼翰林編修歷任通政司副使有傳　黄元俊房縣知縣

林維雍翰林院庶吉士改營山知縣俱閩縣　鄭漢履漳州府教授

吳憲青履泰子知縣候官　林元德臺灣府教授

校注：①簿

黃元寬新安知縣長樂　孫遵延魁姪崇義知縣

連江　翁文達　魏夢燭俱古田

王商霖　郭賡武安順知縣　曾式晃①炳姪符升弟俱晉江

唐桂生西隆知州安溪　巫近漢樂昌知縣有傳寧化

李際隆鎬弟知府　李鎬俱歸化　賴能發永寧知縣上杭

闕文樂陵知縣　廖瑛冀亭孫江西按察使司

廖鴻章冀亭子翰林院檢討俱永定

乾隆四年己未科莊有恭榜

夏金章大荔知縣　林光鋒俱閩縣　林學鳴滕縣知縣

楊珪華亭知縣俱候官　林調燮靈壽知縣長②樂

校注：①炳　②樂

葉有詞福清　孫拱極翰林院庶吉士　吳元春通海知縣俱連江

富介齡晉江　洪科捷翰林院庶吉士南安

王士龤臺灣府教授　出科聯翰林院編修俱惠安

李復發山丹知縣　官獻瑶司經局洗馬廣西陝西學政俱安溪

黃可潤易州知州龍溪　許元瑛南靖

林鴻浦城　伍文運鎮州知州清流

謝家樹臺灣府教授歸化　孔雲平利知縣上杭

方連潤武平

乾隆七年壬戌科金甡榜

林京石埭知縣　黃守儛餘杭知縣俱閩縣

卓道巽建寧府教授　鍾林樹平山知縣　施萬春俱候官

陳善福清　吳鵬南翰林院編修吏科給事中連江

鄭學政羅源　郭楨　葉標元乾陵知縣俱古田

唐山　黃起臺俱莆田　陳桂洲翰林院編修廣東廣西學政順天府丞南安

王其華濕縣知縣　郭邁奉節知縣同安

謝天祿　蔡雲從翰林院編修俱漳浦

許本巽南靖　李清時翰林院編修山東巡撫

李際泰新河知縣俱安溪　張斯泉建雄知縣連城

乾隆十年乙丑科錢維城榜

張甄陶捷春子翰林院編修改高要知縣　廖淮吉州知州俱閩縣

林瑞泉彰化縣知縣　林天澍俱福清　池光遠福寧府教授

柯偉生　余漢章俱晉江　林翼池來鳳縣知縣同安

蔡滙翰林院庶吉士　林開鎬　朱帝簡俱漳浦

王紫綍長汀　伍起璧寧化　蕭超武平

盧澍霞浦

乾隆十三年戊辰科梁國治榜

謝璥道承于戶部主事閩縣　楊方壽知縣

吳志縉俱連江　劉承業鉛山知縣同安

陳科捷翰林院編修吏科給事中晉江　李宗文翰林院編修工部侍郎

陳廷科翼城縣知縣　潘思光杞縣郟縣俱知縣

安溪

黃寬崇縣知縣龍溪

倪立品海澄　葉鏞順昌　朱仕琇翰林院庶吉士建寧

裘炳修崇安　周紹縉寧化　王謙益樂陵知縣永春州

范森福寧知縣大田

乾隆十六年辛未科吳鴻榜

何逢僖吏部侍郎布　李元通若采子樂平知縣

葉觀國左贊善廣西學政俱閩縣　黃元吉翰林院庶吉士

張繩武從化知縣　陳榮椿漳州府教授俱侯官

宋若霖保山知縣莆田　黃濤長樂知縣同安

廖飛鵬汲縣知縣龍溪　蔡如襄福寧府教授

曾　萼恩平知縣　何子祥浦江知縣俱平和

陳天堦繁昌知縣詔安　周青雲永春州

乾隆十七年壬申

恩科秦大士榜

曾起鵬溥弟枝江知縣　林守鹿俱閩縣　鍾兆相藁城知縣候官

陳　瀾南　知縣長樂　林恭範昴子咸陽知縣福清

張文郁永福　翁方綱左中允莆田　曾元景興化府教授晉江

洪應心南安　藍彩琳龍溪　范元颺滎陽知縣沙縣

鄭天錦連山知縣甌寧　李發源南江知縣長汀

廖連三永定　朱　陽翰林院編修改通海知縣漳平

乾隆十九年甲戌科莊培因榜

鄭天策閩縣　莊琬福清　黃惠永福

王世濬安陽知縣晉江　潘思穆

陳宗達俱安溪　鄭蒲　莊元翰林院庶吉士俱

龍溪　葉廷推海澄　江觀南靖

劉希周長泰　陳丹心詔安　謝純欽南平

曾忠崇陽知縣沙縣

乾隆二十二年丁丑科蔡以臺榜

李宗寶國華孫翰林院編修　陳一德翰林院庶吉士俱

閩縣　吳士奇　何思聰俱候官

楊鳳騰賀縣知縣連江　莊拔萃

尤乘青興化府教授俱晉江　傅應晴

洪世銓俱南安　李本昕安溪　林名世詔安

李夢登　林衡瑞俱上杭　王克捷諸羅

曾西元德化

乾隆二十五年庚辰科畢沅榜

孟超然翰林院庶吉士改吏部員外　廖玉麟淮姪俱閩縣

林人櫆孝豐知縣　蔣奕湛福寧府教授俱候官

黃世樞禮部主事古田　張光憲翰林院編修晉江

吳煥采南安　藍應元翰林院檢討漳浦

羅　均邵武

乾隆二十六年辛巳

恩科王杰榜

楊鍾嶽鳳騰子未殿試連江　翁霈霖莆田

林　曇惠安　陳元錫○○　許青龍南靖

官志涵翰林院庶吉士南平　袁維豐上杭

林光照霞浦

乾隆二十八年癸未科秦大成榜

陳　爕吏部主事　魏宸瑞辛巳會試中式俱閩縣

李廷欽翰林院庶吉士　陳宏衢　陳肇森俱侯官

陳欽元　林振采瓊粜千長樂　張兆鼇侯遴

危履亨南平　胡紹基內閣中書汀州府府學

顏　璹永春州

乾隆三十一年丙戌科張書勳榜

翁若梅　董文駒俱閩縣　楊鍾嶽戶部主事

吳通源餘杭知縣俱連江　馮鼎高長樂

黃世模屏南　林兆鯤翰林院庶吉士莆田

王　炯南安　楊聯榜長汀　陳汝元歸化

莊文進鳳山

舉人

乾隆元年丙辰

恩科蔡雲從榜

福州府

王琰（高淳知縣）　翁焯　林志

陳鹿耀（俱府學）　高鴻謨　高蔚起

黃元俊（丁巳進士）　陳朝楷　黃登魁

何恒潮　李若青　林廷對

何必興（榜姓黃）　陳朝棟（扶風知縣）　陳廷鳳（俱閩縣）

郭趙璧　薛大鈞　林澄源

陳鳴瓊（榜姓許）　林召華　曾從義

曾之銑　李　璋　吳憲青丁巳進士

李開春俱候官　葉標元壬戌進士　翁文達丁巳進士

陳登元俱古田　林國樑屏南　曾一貫

潘文望俱長樂　王洪宗連江　游彤均羅源

林宗樾泉州府教授　林　廣　江冰藻

王文耀　吳光祖　陳國材

薛　坌　張　達俱福清

興化府

鄒　維　林　昱　陳壽世

黃芳遠俱府學　黃超羣壬戌進士　吳元渭俱莆田

孫國器僊遊

泉州府

黃爲楫　王　貴俱府學　王瑞瑛

王元栻　陳國豪　萬承儀

詹心旦俱晉江　吳世重　黃　燦

葉天挺　梁得捷俱南安　周高爵

鄭高鵬　王士鼇己未進士俱惠安

劉學道　林孝基俱同安　張正曜

陳廷科戊辰進士　梁開芳僊遊教諭　葉爲重

林宏元　李鍾問　李清遠俱安溪

漳州府

陳德厚府學　郭成郭龍溪　蔡雲從壬戌進士

高廷璧　蔡濉乙丑進士　湯鳴鶴俱漳浦

鄭玉文　許如汾俱南靖　王鍾玉長泰

沈聯登　吳葉安俱詔安

延平府

揭學朱府學　姜揄沙縣　林植魁永安

建寧府

錢王臣府學　陳文鏡　楊珪璋俱建安

彭文震崇安　祖德洪刑部員外浦城

邵武府

甯士璋　張名標　甯鳳儀俱府學

曾晉邵武

汀州府

邱安禮　江鳳清候官教諭　謝光晉俱府學

王紫紳乙丑進士長汀　邱光成寧化

謝家樹己未進士　王文光永春學正　李際隆丁巳進士俱歸化

童宏宗　張斯泉壬戌進士俱連城

袁綬上杭　劉登　方連澗己未進士武平

廖鴻章丁巳進士　賴壽堂壽寧教諭　江龍池

盧　鈞俱永定

永春州

顏　瑛　　溫廷選古田教諭　　曾重登僊遊教諭俱德化

乾隆三年戊午科出科聯榜

福州府

鄭鵬萬　　王日光　　毛用錫

石一孝俱府學　　林　斌　　林夢彩

謝　琱　　陳其詩　　林　杰俱閩縣

鄧尚潮　　謝　環　　鍾林樹壬戌進士

薛元訓　　陳　善壬戌進士俱侯官

陳雨若　林調爕己未進士　林振品寧德教諭俱長樂

孫繩武福清　孫拱極己未進士連江

陳萬椿古田　周大訓屏南　陳志樑閩清

林之桂永福

興化府

林兆鵬　柯榮宗　陳　誠壺關知縣俱府學

唐一山壬戌進士　林麗生俱莆田

泉州府

潘士華　李清熏　洪世潤

黃士錦俱府學　郭大燕　伍大壯

楊攀桂　林廷章　萬志成

楊卓園　林其俊俱晉江　李憲章

洪鐘　黃廷光俱南安　出科聯己未進士惠安

劉承業戊辰進士　魏瑚　楊國文

張允和　陳國盛　劉先登

陳元章俱同安　陳宗達甲戌進士　李本昕丁丑進士

李瑞珍俱安溪

漳州府

楊邦憲　林中榮俱龍溪　林生枝

黃士芳　宋志宏　鄭鍾岳俱漳浦

錢廷欽　邱起佐俱海澄　許長洽

顔表旌俱南靖　馬瑞蘭　董士馥俱長泰

黃金三　賴上進俱平和　葉文煜詔安

延平府

李嗣芳將樂　吳正元沙縣

建寧府

吳文堯建安　謝瑰奇　林鳳俱甌寧

劉坦　陳崑俱建陽

邵武府

李篤生邵武縣　饒于德光澤　徐翀

官偉建寧府教授　葉起鷽俱建寧

梁協彬俱泰寧

汀州府

伍起璧乙丑進士府學　李俫犍爲知縣寧化

余國縉上杭　蕭超乙丑進士武平

臺灣府

陳輝　王賓俱臺灣縣

永春州

王謙益戊辰進士　鄭成中　黃際培

魏大任俱州學　李志昱　曾西元建寧教諭俱德化

范　森 戊辰進士 大田

乾隆六年辛酉科邱鵬飛榜

福州府

鄧　浩　王　化　陳裕連

葛勝朝 柱邦弟 陳啓元　陳鳳池

江文宮 莆田教諭 魏成三 俱府學 陳劍光

黄守僎 壬戌進士 何鵬程　鄭兆亨 南安教諭

林　京 壬戌進士 林飛鴻　陳文○ 順昌教諭

蕭日昴 榜姓江 李　選　林之翰

李翼運 俱閩縣 邱鵬飛　張正卿

陳棠　葛廷元大梁子　林長仁晉華弟

曾溥　羅正春俱候官　陳士樞

陳瀾壬申進士俱長樂　吳林寬

林成吉　王登甲　林恭範昂子壬申進士俱

福清

吳元龍　吳鵬南元春弟壬戌進士

孫纘洪樞子俱連江　游彤麟羅源　郭植壬戌進士

孫正盛古田

興化府

陳時泉　陳藻俱府學　林仰高永福教諭

盧琰　林清標源子俱莆田　陳居祿南安教諭

泉州府

莊登雲 府學　李　經 永福教諭　高岸登 俱晉江

洪善祥 科捷侄　徐時深　洪式金 科捷姪

陳桂洲 壬戌進士　洪世淵 科捷姪俱南安　王其華 壬戌進士

吳　進 俱惠安　劉紅棻　陳明觀 閩清教諭

陳應瑞 俱同安　陳科捷 萬葉孫戊辰進士

潘思光 戊辰進士　李宗文 清植子戊辰進士

白大成　官翰琦 獻瑶弟俱安溪

漳州府

郭宏謀 府學　黄　寬 戊辰進士　康天墀 孟侯孫福寧府教授

俱龍溪　周會恕祖篤子海澄　李有章

簡世培俱南靖　陳秀洪平和　林開士詔安

延平府

鄭天寵府學　蕭文光順昌　黃嘉鯤永安

建寧府

陳翰墨建安　嚴　重鋒孫甌寧　祖德源浦城

邵武府

朱敏求　羅　炳邵武　席　桂光澤

謝奇榦建寧

汀州府

范　灝長汀　張賢聘寧化　余觀漢歸化

李夢苡　曾　暄俱武平　張國樑

廖　琦冀亨孫　熊　山松溪教諭俱永定

福寧府

盧　澍乙丑進士霞浦

臺灣府

陳聯榜府學　李如松鳳山

永春州

葉允升　陳　經俱州學

龍巖州

程渭湖漳平

福建續志卷三十一終

選舉二

乾隆九年甲子科朱仕琇榜

福州府

何逢僖辛未進士　謝際泰將樂教諭　周美基

張甄陶乙丑進士俱府學　王階升勑子

葛光祖　李惠華　趙步青

王朝屏刑部員外郎　洪　漢　陳紳基○城知縣

陳　暹　方鼎成　薛　潮

陳廷對俱閩縣　王　熙　謝人驥清流教諭

韓純　劉元鍾兆基子　林捷春

蔣潤燦　劉經文　何思聰丁丑進士

林在淮　何思齊　林從直俱候官

程天樞榜姓林　李良錡　胡錫爵

林恭箴　林天澍乙丑進士俱福清

楊方壽戊辰進士　孫讓拱極子鳳山教諭

吳志綰戊辰進士　吳志颺　陳鳳舉

吳應昇　章春泰　吳樹稷俱連江

興化府

王恒　曾洪範俱府學

泉州府

洪士輔詔安教諭　王尚璉　潘思穆甲戌進士

龔必颸　陳蘭洲　張　苞俱府學

方　翀　鄭　拭　蘇　俊俱晉江

張時霖　洪世涵　戴標春

吳懷玉俱南安　蕭際恩長樂教諭　林鴻章

何重文俱惠安　林應震漳浦教諭　周鶴山

陳錫範　陳寧世俱同安　李清標安溪

漳州府

賴國達府學　郭　澤　蔡國香俱龍溪

林斗魁　程日炌　陸鍾宏

劉如陽俱漳浦　林陽珠　郭日高俱海澄

李欽毅　楊新基俱長泰　賴襲

游友夏俱平和

延平府

張逢泰　翁晟俱南平　呂天芹順昌

謝宏基

建寧府

朱秀建安　傅光裔國子監學正建陽

李青震　劉廷榻俱浦城

邵武府

鄧　瓚府學　朱仕琇戊辰進士建寧

汀州府

盧九雲府學　周紹縉戊辰進士　巫道純永福教諭俱寧化

周天德武平

福寧府

危興梅福鼎

臺灣府

張簡拔諸羅　黃師琬彰化

永春州

林功　王有源　邱景雲

顏璹俱州學

乾隆十二年丁卯科黃元吉榜

福州府

黃金聲　謝文若　葉觀國辛未進士俱府學

翁登崖州知州　張捷春　楊璉

黃文袞俱閩縣　黃元吉辛未進士　蔣廷璟

劉欽擢融縣知縣　陳天經福山知縣　張繩武辛未進士

鄭文　薩登尹郴縣知縣　莊上昌

鄧公芾　林人樾嵩基子庚辰進士

翁禮光　張南輝俱候官河瓊襄陽知縣長樂

黃中濊福清　陳學泗　周應陽俱連江

趙舜年古田　徐作梅屏南　黃惠甲戌進士永福

興化府

俞雲府學　翁方綱壬申進士　戴一鵬

何焜煌瑞昌知縣俱莆田

泉州府

陳灐　王蔚　陳上升

陳有捷俱府學　林國蘭　施者仁

尤番青丁丑進士　黃瑞江　陳金鸞清流教諭

王鳴鳳　陳昻　張錫酉

施寧世俱晉江　張際盛　黃維嶽

傅應時丁丑進士　吳元華　王家寶俱南安

陳兆勲內閣中書　出調元俱惠安　曾九喬建陽教諭

許我生　林清元教諭　鄭殿佐長樂教諭俱安溪

漳州府

黃其琮府學　王思齊　林印俱龍溪

林獻之　姚文山　蔡如襄辛未進士俱漳浦

楊有年長泰　何瞻湯　何子祥辛未進士俱平和

延平府

何琇　席液俱南平　葉鍾順天中式戊辰進士

順昌

建寧府

鄭錦雲府學　高翹望建安

邵武府

謝恩臨　童璘　吳澍俱府學

陳翊　廖瑱　曾瀾俱邵武

梅泉光溪教諭光澤　金舟建寧

汀州府

伍裔藩寧化　余起清流　范泰元

鄧中美龍溪教諭　李輯瑞　薛捷春龍溪教諭俱上杭

臺灣府

陳名標府學　林垂芳

永春州

周青寘辛未進士　鄭鴻儒　連　達俱德化

乾隆十五年庚午科藍彩琳榜

福州府

李元通辛未進士　程朝進　齊　潮

石國任安溪教諭　龔一發順天中式俱府學

鄭天策甲戌進士　林守鹿壬申進士　嚴華國建陽教諭

薛宸翰漳平教諭　陳熾癸未進士　鄭汝聲

何朝炳永安教諭　鄭朝爵俱閩縣　鍾兆相壬申進士

鄭念榮邵武府教授　吳士奇丁丑進士　李筠華

陳朝麟　陳榮榕辛未進士俱候官

林翼猷　陳光輝　陳梅俱長樂

何大任福清　林○賡連江　王陽開

張文郁壬申進士俱永福

興化府

李鳴珂　翁霈霖辛巳進士　鄭帝眷

宋若霖辛未進士府學　宋帝賚

朱志達貴州知縣俱莆田　張觀光

鄭文輝俱僊遊

泉州府

何增元　蔡式金　蘇尚斌俱府學

余克家　王青鵬　陳金宣

秦允升　倪邦翰　曾朝陽俱晉江

洪世儀　洪世溥　洪應心壬申進士

施寅亮沙縣教諭　洪世蓉　洪瑞

洪世佺丁丑進士　洪開泰　黃鯤俱南安

莊世芳惠安　陳琪玕　黃濤順天中式辛未進士

俱同安

漳州府

何奏成臺灣教諭　林鉦　林楨俱府學

廖飛鵬辛未進士　藍彩琳壬申進士　藍應元庚辰進士

蔡超內閣中書俱漳浦　康光國海澄

許爭奇　許安邦俱南靖　詹恒

徐士玉俱長泰　曾蕚辛未進士平和

陳天堦辛未進士詔安

延平府

饒象仁　楊有光河南中式壬申進士俱南平

楊篤祿將樂　邢輝遠永安

建寧府

李懋建　劉廷[illegible]俱建安

汀州府

廖連三壬申進士　盧爾穀　袁漢表俱府學

鄒秉鈞　李含芳　王國寧俱上杭

福寧府

危典樞霞浦

臺灣府

卓肇昌　林大鵬俱鳳山

永春州

郭震東　鄭秉鈞俱德化

龍巖州

張兆蓮　吳麟俱州學　朱陽順天中式壬申進士

漳平

乾隆十七年壬申

恩科蔡廷芳榜

福州府

黃長茂詔安教諭　葉觀海山東知縣　曾起鵬壬申進士

魏宸瑞辛巳會試中式癸未進士俱府學　董文騊

林長瀅　薛觀光　李寅亮長泰教諭

王簡艮　何承宦俱閩縣　張晃

林自遠俱候官　王思猷　江拱旒

池騰蛟俱長樂　林廸光　莊行恭孝義知縣

莊琠甲戌進士俱福清　瞿儕鶴連江

陳琛古田　劉德崇儒遊教諭　陳璧樹俱閩清

興化府

鄭鵬搏　彭霖雨　郭夢羿

龔植三海澄教諭俱府學　方廷光

陳一超　朱南金晉江教諭俱莆田

泉州府

張　錦　楊潮海　吳如珪

吳雅觀俱府學　蔡庭芳　洪　琨

何鼎鋐　王　珏　曾元文

倪邦良　王朝魁　顏炳濟

柯者仁　朱　蓮　曾元景壬申進士

陳繩武俱晉江　黃子敦　尤懷時

洪世澔俱南安　陳高鑄惠安　黃中必

石　輝俱安溪

漳州府

葉鴻業海澄 謝若愚 陳英育海澄

劉希孟長泰 曾異撰 何章俱平和

陳丹心甲戌進士 林名世俱詔安

延平府

任紹皐 許遇璉 曾忠甲戌進士

林大蓬俱府學 謝純欽甲戌進士 危履亨癸未進士俱南平

蕭元極順昌 范元飈壬申進士沙縣

謝大典尤溪

建寧府

曹國遇建安 鄭天錫壬申進士甌寧

邵武府

李榮憲府學　謝家纘建寧　謝聖恩泰寧

汀州府

李發源壬申進士　鍾青選俱長汀　雷定淳

張其份俱寧化　李合芳上杭　賴世芳

盧觀源　張金堡俱永定

福寧府

王　阮府學

臺灣府

林昂霄府學　唐　謙鳳山

永春州

李　吉德化

龍巖州

吳之映州學

乾隆十八年癸酉科駱天衢榜

福州府

潘泰開　林恭策俱府學　張日暄

李宗寶國華孫丁丑進士　李謙光

吳學韓　林儀鳳枝春子夢彩姪景寧知縣

何恒漢　陳科捷　莊大圭派〇孫紹子

林廷基本姓江　林一鵬枝春姪夢彩子俱閩縣

黃　佾長茂弟　陳夢得　陳時邁

莊　紹　吳春元　張伯謨臺灣教諭

蔣奕湛晟孫廸子庚辰進士俱候官　陳　鼐

林大成長汀教諭　鄭觀嶶　陳鍾華俱長樂

薛訓焯福清　黃光中　吳通源

邵德占俱連江

興化府

周洪森莆田　張永清僊遊

泉州府

陳國琛　王名夏俱府學　鄭煥
陳瑞超　黃世德　蘇廷相
李長庚　黃中　江文習之煒子
莊拔萃丁丑進士俱晉江　吳煥彩庚辰進士
陳大光　郭之垣　洪松俱南安
駱天衢　陳逵　陳國璜俱惠安
劉瀚思睿子同安　朱璣安溪　劉煥宗

漳州府

郭于青龍溪　江觀甲戌進士漳浦
葉文馥廷推姪海澄　莊焯　許大才俱南靖

盧金奏　劉希周甲戌進士長泰

陳先聲建寧教諭平和

延平府

陳篤慶王道孫府學　汪淳　黃彤雲俱南平

葉銘大田教諭　陳樹梅　羅鶴齡俱順昌

建寧府

孫振豪泰寧教諭府學　葉日上甌寧

李正春崇安　劉廷梧刑部主事浦城

邵武府

黃鏞　熊鑑　周旋俱邵武

張翼翔 永春州學正 光澤　邱堂 建寧

汀州府

羅承霨 長汀　雷維泰　伍運隆 俱寧化

鄭克信 清流　李夢登 丁丑進士　邱觀宸

薛鍾英 俱上杭

臺灣府

謝其仁 鳳山　王克捷 商霖子 諸羅

永春州

李秉時 州學

龍巖州

葉廷推甲戌進士　何人麒俱州學

乾隆二十一年丙子科楊鳳騰榜

福州府

鄭際熙開極曾孫烈孫　陳　普　林任祿

陳士誠俱府學　鄭九叙　翁振綱基子清流教諭

劉紹鄴　王大甲安策子　林一彪枝春子夢彩姪儀鳳

弟　陳士彪　陳一德丁丑進士

陳　光俱閩縣　羅吉人永春州學正　林芳春

葛一貫　王蔚淡　翁　登政和教諭

陳成謨軒翥孫　林紫鳳廷對子　趙廷獻俱候官

董紹安　陳欽元籍河南順天中式癸未進士

曾柏天長汀教諭俱長樂　林高福清

楊鳳騰丁丑進士連江　黄世樞世楧弟庚辰進士

古田

興化府

石林賜　李廷恩　陳學古

林元琛　朱文選俱莆田

泉州府

劉志賢　池鳳毛　張以立

陳施俱府學　陳澤山　張光憲廷煌孫庚辰進士

陳治資　弟　楊經　陳聯捷萬策孫冕世子科捷

黃世簪　陳相宜俱晉江

王耿　侯懷遠　洪世瀚科捷子世澤弟俱

南安　林曇惠安　葉世俊

林發春俱同安　陳元錫　蔡學簡

高有珌俱安溪

漳州府

陳日煜　蔡式廓　王沆俱府學

吳元瑞開業子　盧自強　呂鼎玉俱龍溪

陳其英　蔡本仗新子濰姪　莊登峯士元子俱漳浦

陳奕泗　江　漳　蘇　曦俱海澄

許標榜　許體乾　吳選鎏俱南安

陳于道聲子長泰　吳鳴皐平和

延平府

李芳妍　施上炯俱府學　黄維甫

范　金俱沙縣

建寧府

黎　昂甌寧

邵武府

梅　標　劉　松　楊　燦

饒鵬飛俱邵武　謝德芳建寧　梁大煓泰寧

汀州府

胡紹基癸未進士府學　邱三錫長汀

周天祐　袁維豐　林衡瑞

張允文　鄒岐鳴俱上杭　吳琮玉武平

張鵬南永定

福寧府

林光照辛巳進士府學　吳士鏡福鼎

臺灣府

穆帝賚府學　郭文進鳳山

永春州

呂廷儀　陳彪　傅時謀俱州學

龍巖州

鄭大星

乾隆二十四年巳卯科孟超然榜

福州府

嚴振廸　鄭學海　薛日曜

陳正裔　薛銘　李波

孟超然庚辰進士　郭之蓉　廖玉麟癸未進士

陳振烈　馬日燦　許志俱閩縣

陳肇森癸未進士　薛龍光同安教諭　蔡士標
王潮　馬金章　林桂
楊成鼎本姓莊　林立京　張廷恩
高振翮　李廷欽癸未進士　許崇楷
羅前蔭同安教諭祖籍遼東原任福建鹽運使羅衍孫　謝正
黃致中　謝生晉俱候官　王韶鈞
林振采璦糓子癸未進士　陳海若武平教諭
陳鍾　蔣巖高　鄭邦柱籍浙江桐鄉俱長樂
方龍鑲　陳芳祁　翁登泰俱福清
陳起撟　陳大鼎俱連江　黃洪詩羅源

徐尚紫古田

興化府

林曦　劉雄萬閩縣教諭　陳棟隆俱府學

卓健　周銳俱莆田

泉州府

張道南　王爾位俱晉江　吳翀

葉學朱俱南安　戴雲起　陳煥世漳平訓導

王其緒俱惠安　杜梅同安　彭模

李鍾儀俱安溪

漳州府

商必達榜姓徐 王有嘉府學 劉鳳山

陳義和俱龍溪 陳振梅 鄭高萃俱漳浦

許達猷南靖 戴志世長泰 黃開基平和

延平府

何玉麒府學 陳　瑞順昌

建寧府

王永譽 黃允芃俱建安

邵武府

羅　均庚辰進士 饒　烱俱府學 王　礰邵武

江其梧泰寧

汀州府

葛日升府學　許爲恭　葉中賢俱長汀

林升鼇清流　伊恒瓚寧化　謝燿武平

福寧府

鄭輝霞浦

臺灣府

楊對時府學　白紫雲彰化

永春州

尤正春　孫芳時　林作舟俱州學

乾隆二十五年庚辰恩科張克綏榜

福州府

鄭際唐開極曾孫　高飛騰　張蔚南

陳宏獨鳳池子癸未進士　李廷模

周品金　葉青　紀兆麟

謝瑾俱府學　林思至　鄭爲廸

鄭萬春　翁若梅俱閩縣　李玉樹

葛玉峯大梁孫　魏球　李翔鳳振聲子

陳士彪俱候官　陳化龍　馮鼎高

陳錫極俱長樂　林國華　陳雲錄俱福清

周拱宸懋勳孫　楊鍾嶽鳳騰子辛巳會試中式

李望俱連江　黃世模屏南　徐世燦閩清

興化府

林劢府學　姚式金　陳占選

黃厚　陳殿扳俱莆田　黃兆瑞

李雲冠俱僊遊

泉州府

施世瑚府學　張克綏　吳朝景

莊撝　倪廷琬　吳道南

黃開泰廷賢孫俱晉江　柯菁莪　葉紹光俱南安

郭承統惠安　莊光前明星弟同安　余邦彥

王宗庇安溪

漳州府

柯維喬　許青龍辛巳進士　吳璟俱府學

蔡本俶新了漳浦　顏志遠　江啓澄

陳天民　江晏　甘鼇海澄

陳步月南靖　朱象乾　曾人麟

賴長春平和

延平府

宫志涵辛巳進士府學　沈長齡

陳銜俱沙縣　鄭成文永安　蕭廷炳尤溪

邵武府

楊肃佑府學 杜師敎邵武

汀州府

劉文賢寧化 張培機歸化 林繼錦連城

郭鍾岳上杭 王廷賢武平 鄭輝

沈揆熙俱永定

福寧府

吳杰 徐鴻業俱府學 王孫恭福鼎

臺灣府

張源仁克綏姪 施廷封俱府學

永春州

章夏時　周鳳翔青雲姪俱州學

龍巖州

陳麟州學　廖開誌寧洋

乾隆二十七年壬午科賴濤榜

福州府

林澤　齊球　葉夢苓

施楠　李珍　張兆榮

鄭夢蘭　何若蘭俱府學　李學龍

蔡廷舉　張日燻　何其卓

林正輝　陳天琳　孫朝屏

張岱宗世燦子　吳斯勃　張颺揚

郭文海　蔡鎮俱閩縣　林光國

林金雷　郭夢清　洪煥章

葉聲遠　張鏻俱侯官　陳曾浩

陳疇俱長樂　藍元翰　黃榜俱古田

興化府

黃潼鯉　陳爲餘　黃碧海俱府學

陳承曾　林兆鯤　林玉墀

陳天行俱莆田　林奮　張兆鼇癸未進士俱僊遊

泉州府

王遂　施標芳　紀芾俱府學

劉錫魁　張元晟　蔡鍾世俱晉江

黃升　黃朝荷　黃珩俱南安

蔡蘭芳　楊蒸之　李廓俱惠安

胡祠宗　莊明呈俱同安　白祖亢

姚紫翰俱安溪

漳州府

陳時叙　王廷珪俱漳浦　蘇士英

李虬俱海澄　賴文多　楊見龍俱平和

延平府

賴濤府學　林斑南平　鄧驤永安

建寧府

萬首元府學　謝功贊建安　鄭灼崇安

邵武府

高倬邵武　李天炎建寧

汀州府

張撰府學　楊聯榜長汀　陳汝元歸化

鄒時行　陳東注　傅涵洋

何楨　張萬選俱上杭　盧守道

江煥俱永定

福寧府

盧淮霞浦　范念恕壽寧

臺灣府

張源德　蔡霞舉臺灣

永春州

徐天球　溫彥三德化

乾隆三十年

聖駕南巡

欽賜舉人一名

蔡長源

乾隆三十年乙酉科王國鑑

福州府

陳　陽府學　金　章　翁金鼎

林正卿　李光雲　張學灝

黃　淦　鄭廷炳　施廷梴

陳鴻基　郭可敬　張應三俱閩縣

林崑瓊　陳朝覲　楊夢捷

林喬蔭　劉逢春　郭煜煊

林澍蕃　林正煥　范源璥

林龍章　許兆雷　魏紫
郭殿傳　張邦光俱侯官　柯爲桂
梁上泰俱長樂　孫議　余翰
王輝山俱連江　黄鳴謙羅源　張炳永福
興化府
湯志　陳宗海　陳洪範
宋有輝俱府學　柯獻琛　歐振聲俱莆田
泉州府
黄謙萬　傅增藻　張植發
葉廷梅　陳邁倫　陳艮猷

李昇雲俱府學　蔡常雲　蔣天培

張殿鼎　林帝簡　黄耀彩俱晉江

傅繼芳南安　龔廷耀　莊膺瑞

莊紉蘭俱惠安　薛起鳳同安　王國鑒安溪

漳州府

陳嘉謨　姚金聰俱龍溪　蔡蘭馩漳浦

游廷佐　曾兆鼇　朱倬章俱平和

延平府

鄧元迺府學　王景陶將樂　劉英

賴爾述俱永安

建寧府

雷元運（建安）

汀州府

曹維宗（府學）　馬殿翼（長汀）　包夢魁

張國寶（俱上杭）　沈鴻儒　黃裳吉（俱永定）

邵武府

余春林（府學）　江雲蓮（泰寧）

福寧府

游嵩　吳策馨（俱霞浦）

臺灣府

王振聲 府學　楊道成 鳳山

永春州

王建中　陳爲樑　孫自超

孫文烑 俱永春　蘇調羹 德化

按舉人據歷科試錄備載間有順天及他籍中式在本省試錄外者如翁中允方綱寄籍順天楊進士有光寄籍河南凡此類勢難備查其郡邑志乘中有可稽者即書餘槩從闕

福建續志卷三十二終

選舉三

貢生（所載恩貢、拔貢、副榜貢、優貢、歲貢，自乾隆元年起至三十年止，凡載前志者不贅）

福州府

府學陳思周（十五年）　張茂爵（十六年）　李　凱（俱二十六年恩貢）

張甄陶（乙丑進士）　葉觀國（辛未進士，俱六年拔貢）

薛斯枚　陳宏衢（癸未進士，俱十八年拔貢）

林光興　楊金華（俱三十年拔貢）

陳騰蛟（辛酉）　黃長茂（甲子）　王紹基（庚午）

陳　鐸（庚午）　鄭夢蘭（壬申）　鍾　秀（庚辰）

陳喦 庚辰副榜　方廷珪 庚辰　程鵬

張嘉璧 乙酉俱副榜　陳大典 三年　龔一發 十二年庚年舉人

郭文煥 三十年俱優貢　黃文亨 元年　梁廷光 二年

吳延和 三年　葉向日 四年　徐奎 五年

陳秉時 六年　江文選 七年　何芳振 八年

陳匡國 九年　魏作楫 十年行人司行人

鄭紹開 十一年　薛德梅 十二年　陳振緒 十三年

嚴枝華 十四年　張廷機 十五年　鄭紫蘭 十六年

曾應捷 十七年　林聖淵 十八年　林甡 十九年

李挺 二十年　鄧紹皐 二十一年　林祖 二十二年

董　捷二十三年　李天桴二十四年　劉德明二十五年
陳上鑣二十六年　方一清二十七年　何恒坦二十八年
董高飛二十九年　方　城三十年俱歲貢
閩縣歐元揚十五年　程　庸十六年　林人相二十六年俱恩貢
陳繼善六年　孟超然十八年庚辰進士
李光雲三十年乙酉舉人俱拔貢　林天澍乙丑進士
林維應　鄭天策甲戌進士　何　嵩
田振蓀　何蔚然　陳　球乙酉副榜俱
李振漢　陳一德丁丑進士俱十八年
郭貢許二十七年　張鳳翼三十年俱優貢　葛士珮二年

朱雲蔚四年　趙樹錦六年　鄭觀成八年

周雲鵬十年　李　機十二年　何肇琛十四年

林騰龍十六年　林天碩十八年　廖承祖二十年

鄭　廸二十二年　董　培二十四年　楊枝水二十六年

王國華二十八年　周正學三十年俱歲貢

侯官薛龍光己卯舉人十五年　林伯居十六年

陳丹華二十六年俱恩貢　林人槐庚辰進士六年

李大烈十八年　蔡羲元三十年知縣俱拔貢

翁　晃　趙廷獻　林志超榜姓龔

林天培辛酉　高世倬壬申　王升鳳丙子

鄧金聲丙子 余位躬庚辰 陸士彥庚辰

高藍珍庚辰副榜俱 郭蔚三年 林守仁二十七年

余九峯三十年俱優貢 林積中二年 林鋒四年

劉大侃六年 陳作楫八年 陳朝麟十年舉人庚午

李麟十二年 陳化龍十四年 徐君美十六年

林春波十八年 林岱二十年 葛企望二十二年

林龍友二十四年 劉藜光二十六年 鄭永基二十八年

鄭筠三十年俱歲貢 張明三丙子副榜

長樂陳念高元年 林必遇十五年 林有堅十六年

高廷鎬二十六年俱恩貢 林煥光六年

陳化龍十八年庚辰舉人　曹琢章三十年俱拔貢
林昂霄丙辰　陳九鼎丙辰　陳永書戊午
王思猷丁卯壬申舉人　林振釆丁卯癸未進士　陳元琛壬申
鄭天錫癸酉　陳謙光丙子　陳道極
陳洽乙酉俱副榜　林梓二年　陳駟四年
鄭光緒六年　林起八年　陳琛十年
池士美十二年　陳天明十四年　楊文奎十六年
林香如十八年　陳三江二十年　陳居廊二十二年
鄭純智二十四年　戴振鳳二十六年　周日庠二十八年
陳逵鴻三十年俱歲貢

福清周在茲十五年　陳鼎績十六年　林世義二十六年俱恩貢

方樹模六年　何鴻鈞十八年　翁夢登二十年俱拔貢

林長楠　劉士文　莊璇甲子甲戌進士

黃中臧辛酉　林士景　林花發俱副榜

林方苞三年優貢　念玉二年　鄭陳梅四年

葉金銑六年　鄭永錫八年　鍾濟時十年

陳日新十二年　鄭煜十四年　陳廣十六年

黃煥十八年　薛士瑾二十年　何廣二十二年

吳詔二十四年　林有聲二十六年　林正科二十八年

陳鵬程三十年俱歲貢

連江楊志艮十五年　林大觀十六年　鄭士游二十六年俱恩貢

楊鳳騰六年丁丑進士　陳湧雲十八年　孫桂三十年俱拔貢

楊兆騰辛酉　黃鍾岳甲子　謝道洗丙子俱副榜

孫澄二年　吳如皐四年　張元域六年

林天民八年　趙季植十年　黃朝天十二年

楊友梅十四年　鄭耀宗十六年　邱亨十八年

林棉二十年　林桂擎二十二年　陳調超二十四年

章廷書二十六年　林洙浩二十八年　章廷楷三十年俱歲貢

羅源鄭瑛十五年　陳有源十六年　張純二十六年俱恩貢

林鳴祥三十年拔貢　陳鼎銘乙酉副榜　游彤麟六年辛酉舉人

尤　愼二年　林遇恩四年　黃祖澧六年

黃隆光八年　游　淮十年　陳士宏十二年

丁　慧十四年　胡志英十六年　林光瑛十八年

吳長斌二十年　黃則孝二十二年　游廷鍵二十四年

游形升二十六年　王池羽二十八年　林夢松三十年俱歲貢

古田陳輝祖十五年恩貢　丁必燦六年

黃世楷三十年俱拔貢　卓于祚　楊必燦俱副榜

藍敬思四年　李日炳八年　林日乂十二年

余元昂十六年　丁繼祖二十年　陳　縉二十四年

翁文緒二十八年俱歲貢

屏南丁登元　陳學翰十六年俱　余作楫二十六年俱恩貢

陳大炳六年　周尚黼三十年俱拔貢　丁大成丁卯

陳元綬丙子俱副榜　江起蛟二年　藍枝叢六年

林從龍十年　張啓電十四年　黃澄清十八年

卓于岡二十二年　周學海二十六年　韋長三十年俱歲貢

閩清許省三十五年　劉世翙十六年　林時化二十六年俱恩貢

劉夢成六年　陳香德十八年　劉士俊三十年俱拔貢

劉廷嵩十五年優貢　許智二年　許大經四年

劉沛然六年　楊天錦八年　劉士騏十年

劉士傑十二年　陳懷十四年　劉廷棟十六年

許開璦十八年　黃巖二十年　劉青雲二十二年

劉植苑二十四年　翁天祥二十六年　唐啓聰二十八年

黃邵方三十年俱歲貢

永福黃元泌十五年　黃啓瑗十六年　魏開熙二十六年俱恩貢

黃啓晃六年　林紹裕十八年　薛長齡二十年俱拔貢

謝典丙子副榜　彭瀛二年　黃天然四年

鄭標六年　程雲鵬八年　柯玠十年

黃位十二年　江濤十四年　王希聖十六年

魏鴻恩十八年　林濬二十四年　鮑登龍二十二年

鄭春鐸二十四年　黃鼎二十六年　魏開烈二十八年

柯日蘄三十年俱歲貢

興化府

府學林子周十五年　林峇十六年　黃甲二十六年俱恩貢

吳岐　鄭王臣俱六年丙子副榜蘭州知府

李裕翀三十年俱拔貢　曾斯盛元年　林太發二年

劉大脩三年　鄭春英四年　林捧日五年

鮑元輔六年　方夢元七年　彭植八年

陳說九年　鄭懷臣十年　嚴燦十一年

林念祖十二年　符天球十三年　林震芾十四年

林元琰十五年　宋廷爵十六年　王心朝十七年

詹宏烈十八年　方梅十九年　林國樑二十年

程際春二十一年　林日棟二十二年　林景楊二十三年

林元桂二十四年　鄭雲霄二十五年　陳桂林二十六年

陳從吾二十七年　鄭植二十八年　阮化龍二十九年

郭韜三十年俱歲貢

莆田黃邁琮十五年　朱澎十六年　陳京二十六年俱恩貢

朱南金六年甲子副榜壬申舉人拔充恩貢復登拔貢副榜者即注拔副於某貢姓名之下不再列名他皆倣此

陳拱斗乙酉副榜　陳承曾十八年壬午舉人

林霈二十年平和訓導俱拔貢　黃鐘甲午

宋斯興　葉鳳池　陳純熙

陳夢雲 吳熵二年 林化鯉四年

朱文春六年 林三重八年 游蓋臣十年

鄭可峻十二年 陳景崧十四年 朱宏烈十六年

陳敬仁十八年 林基二十年 陳先春二十二年

戴聯飛二十四年 鄭元臣二十六年 徐昺曦二十八年俱歲貢

優遊鄭春光十五年 黃春芳十六年 吳奎二十六年俱恩貢

陳居祿六年辛酉舉人 林斗南三十年武平訓導俱拔貢

鄭逢泰丁卯 鄭紹鵬俱副榜 陳題橋優貢

林允升二年 楊名璜四年 謝一桂六年

莊凌雲八年 鄭重光十年 鄭鑾十二年

吳崑玉十四年　詹大杓十六年　黃光庭十八年

許鍾岳二十年　柯占鼇二十二年　王學轍二十四年

張永白二十六年　陳材二十八年　蔡鳳儀三十年俱歲貢

泉州府

府學王者仁元年　蔡瀾十五年　蘇瑛十六年

林雲從二十六年俱恩貢　陳洪書

何增元庚午舉人俱六年　鄭逢年十八年

何一桂三十年俱拔貢　黃汝達戊午　鄭煥文戊午

蔡蹈雲戊午　陳有光丁卯　施世瑚丁卯庚辰舉人

許發祖丁卯　許振聲丁卯　陳廷弼丙子

陳艮猷丙子己卯兩科副榜　郭彬雅丙子

黃人瑞己卯副榜俱　施萬玉三年優貢　陳士俊元年

李以玖二年　陳應元三年　吳龍顧四年

林益元五年　王簡拔六年　王猷七年

林標芳八年　林飛鳳九年　施國寶十年

楊名魁十一年　曾際遇十二年　王進昇十三年

張可立十四年　盛王章十五年　黃孺十六年

蘇瞻雲十七年　王綸禮十八年　黃際甲十九年

董廷銘二十年　吳世傑二十一年　陳鳳堵二十二年

潘世特二十三年　黃巖二十四年　陳幼圭二十五年

黃謙萬二十六年　謝際恩二十七年　李魁光二十八年

陳　戕二十九年　洪世年三十年俱歲貢

晉江黃志遠元年　陳治資十五年丙子舉人

曾三士十六年庚午副榜庚辰進士　伍帝則二十六年俱恩貢

尤垂青六年丁丑進士　徐煥星十八年

李　楷三十年崇安訓導俱拔貢　張　麟辛酉

王朝選甲子　洪　焜丁卯壬申舉人　王大猷丁卯

劉錫魁丁卯　薛明珠庚午　陳聯捷庚午

張光憲庚午　李名英庚午順天　黃天定壬申

陳揚世　蘇　崧乙酉副榜俱　方鶴鳴三年優貢

黃必捷二年　王文元四年　林以珪六年

何奎八年　萬師吉十年　黃方環十二年

吳鋒十四年　林文炳十六年　魏圖南十八年

林周臣二十年　李秉清二十二年　洪陞元二十四年

蘇尚紫二十六年　何拔尤二十八年　吳汝楫三十年俱歲貢

南安

尤珪十五年　黃秉鈞十六年　王應魁二十六年俱恩貢

黃士選六年拔貢　馬士文丙辰　黃漢章戊午

洪世銓丁卯丁丑進士　陳際成壬申　黃紹高癸酉

吳紹澤丙子　陳爕乙酉副榜俱　蔡嗣聲二年

林芳至四年　林時發六年　鄭士悅八年

王聯登十年　王維樞十二年　柯捷芳十四年
葉為章十六年　洪雲十八年　葉長源二十年
黃之哲二十一年　潘嵩二十四年　蘇學皋二十六年
洪鳳鳴二十八年　洪雪山三十年俱歲貢
惠安許纂開元年　蔡可樂十五年　王瑞鍾十六年
王鼎輔二十六年俱恩貢　黃恒德六年舉人
陳善十八年　陳澍三十年俱拔貢　洪大鵬丙辰南樂知縣
陳時懋丙辰　林登南辛酉　張志慷壬申俱副榜
陳煥世十八年拔貢己卯舉人　莊珣椽二年
孫瑞炳四年　曾應選六年浦城訓導　黃衍八年連城訓導

楊鼎元十年　孫克嶷十二年　陳必第十四年
邱初試十六年　何中立十八年　陳保祐二十年
張為標二十二年　蔡亨二十四年　李夢吉二十六年
連光輝二十八年　黃志超三十年俱歲貢
同安林秀琪十五年　洪敬璜十六年　葉天訓二十六年俱恩貢
趙秉衡六年本姓陳　陳韶章十八年　黃天助三十年俱拔貢
陳方璇辛酉　林和聲辛酉　張斌甲子
陳思敬癸酉俱副榜　黃濤十二年優貢辛未進士
張逢春二年　王三錫四年長泰訓導　郭鵬六年長樂訓導
李應隆八年　王瑞鳳十年　陳濤十二年

許鍾岳十四年　蘇元健十六年　葉　龍十八年
陳芳舟二十年　葉文明二十二年　莊　玫二十四年
鄭成式二十六年　葉鍾鼇二十八年　黃其賢三十年俱歲貢
安溪李黃坤元年　李亨謙十五年　唐南金十六年
李黎生二十六年俱恩貢　廖廷耀六年
傅其英十八年連江訓導　官學禮三十年俱拔貢
李廷煊丙辰　李清京戊午　劉宏文戊午
白照鄰甲子　陳名世庚午　龔一枝丙子俱副榜
王宗庇十二年優貢庚辰舉人　黃侍濂二年
王士亮四年　廖煒伍六年汀州訓導　李思喬八年

楊翥鳳十年　唐世俊十二年　鄭奕馨十四年

林宗嶽十六年　鄧狻猊十八年　蔡學簡二十年

徐芬二十二年　李輔世二十四年　白振聲二十六年

黃克諧二十八年　李玉鏘三十年俱歲貢

漳州府

府學吳維新十五年　林仲昭十六年　王廷煊二十六年俱恩貢

許青龍辛巳進士　蔡長滄俱六年　林虎榜十八年連江教諭

黃雲同安訓導　鄭資有上杭訓導俱拔貢　俱三十年

陳雋甲辛酉　王有加甲子副榜俱　郭承統十五年

蔡長汧二十七年俱優貢　楊鳴珂元年

趙登瀛二年　林垶三年　林御四年

王者香五年　吳王崑六年　黃宏達七年

林凝秀八年　湯夢蘭九年　藍彪十年

藍從龍十一年　蔡式廓十二年　李如梓十三年

張光機十四年　楊行雲十五年　張暢園十六年

林應梅十七年　李愷亭十八年　戴嘉謨十九年

曾如松二十年　尤秉忠二十一年　沈莊仁二十二年

趙含章二十三年　黃夢蓮二十四年　嚴振祖二十五年

黃嘉顏二十六年　葉獻瑞二十七年　楊如浩二十八年

黃青藜二十九年　許如灝三十年俱歲貢

龍溪梁明星十五年　王新禧十六年　楊元輔二十六年俱恩貢

黃寬六年辛酉舉人　王國選十八年　黃梅三十年俱拔貢

莊文山　唐耀德　王昌榮

石禮和乙酉俱副榜　鄭允楹三年　鄭希賢九年俱優貢

郭崇禮二年　韓一鵬四年　陳士偉六年

林漢章八年　余璧十年　黃一爵十二年

蔡秉中十四年　丁中駒十六年　郭魏家十八年

方德清二十年　鄭重二十二年　游水二十四年

林遵五二十六年　侯希鋭二十八年　黃龍感三十年俱歲貢

漳浦劉起渭元年　蔡士陸十五年　蔡必取十六年

盧大有二十六年俱恩貢　蔡象山六年
李鴻羽十八年　林青圭三十年尤溪教諭俱拔貢
蔡超甲子　陸朝鳳甲子　陳輝英庚午
林吐秀己卯　李一擎壬午副榜俱　蔡鳳十二年優貢
林芳二年　王參瑞四年武平訓導　藍宗輝六年
蔡國振八年　林長汪十年　林呈彩十二年
王士謙十四年　林長葵十六年　宋膺簡十八年
林在田二十年　蔡文教二十二年　李邦光二十四年
劉元珪二十六年　盧士康二十八年　劉雲升三十年俱歲貢
海澄余份十五年　嚴錫祉十六年　陳瑞楠二十六年俱恩貢

周曾恕六年辛酉舉人　林　森十八年　鄭瑞龍三十年俱拔貢

謝若愚副榜　林斗魁三年　葉廷推九年俱優貢

陳士嘉二年　曾欽若四年　鄭達三六年大田訓導

李光燦八年　洪　憲十年　李琮勳十二年

李六言十四年　李化龍十六年　陳若瑗十八

温　桓二十年　陳龍保二十二年　蔡作元二十四年

郭夢益二十六年　陳　金二十八年　曾秉篸三十年俱歲貢

南靖許　芳十五年　林喬茂十六年　許澄清二十六年俱恩貢

許爭奇六年庚午舉人　林殿邦十八年　林屏山三十年俱拔貢

許桃友甲子副榜　陳　錫二年　許廷進四年

黃權茹六年　徐有則八年　余光周十年
戴虞爵十二年　陳日進十四年　陳德懋十六年
戴柄玉十八年　許　瑜二十年　許天章二十二年
許世德二十四年　戴　括二十六年　許瑞玉二十八年
許　楷三十年俱歲貢
長泰王時沛十五年　薛璠璵十六年　戴元宏二十六年俱恩貢
劉希周六年癸酉舉人　葉　璜十八年　張　爕三十年俱歲貢
楊　煌二年　楊文華四年　楊之炎六年
章　蔚八年　楊攀桂十年　蔡　梅十二年
胡必進十四年　楊日炳十六年　戴黃茂十八年

楊元凱二十年　王來獻二十二年　薛蕙二十四年

戴秉珏二十六年　蔡清藻二十八年　葉會三十年俱歲貢

李和杜者文十五年　林文炳十六年　曾升義二十六年俱恩貢

曾為謙六年　李希聖十八年　林贊襄三十年俱拔貢

楊名碩戊午　曾兆鼇辛酉　黃對颺庚午

莊同寅癸酉　林一鳴乙酉俱副榜　曾文著二年

方應藻四年　方延機六年　賴行可八年

李光宜十年　李正春十二年　張瑞白十四年

朱捷第十六年　楊國佐十八年　方璿璣二十年

李進二十二年　賴標二十四年　陳王前二十六年

會殿颺二十八年　黃振耀三十年俱歲貢

詔安吳行先十五年　陳天桂十六年　胡天章二十六年

蔡彩鳳三十年　許沅蘭六年俱拔貢　沈利涉二年

葉裕中四年　吳從先六年　陳三登八年

阮朝蛟十年　張洺十二年　廖綵十四年

吳鳴岑十六年　何采彰十八年　何樹棍二十年

廖夢桃二十一年　黃士奇二十四年　黃澄清二十六年

沈其蓁二十八年　何宗孟三十年俱歲貢

延平府

府學王堂十五年　劉嘉樹十六年　謝如龍二十六年俱恩貢

王景應　范　沂俱六年辛酉副榜

陳篤慶十八年癸酉舉人　范振聲

陳大亮俱三十年俱拔貢　鄭　德丁卯副榜

陳　元元年　楊廷儒二年　王宏業三年

翁學乾四年　白從龍五年　陳　岱六年

方文袞七年　張　熙八年　嚴萬懷九年

劉文先十年　陳書升十一年　曹國楫十二年

劉廷勳十三年　揭錄書十四年　游天騫十五年

楊宗霖十六年　邱　犄十七年　黃文驤十八年

張四端十九年　林如銓二十年　黃植岐二十一年

葉上苑二十二年　高勳二十三年　鍾廷佐二十四年

林鴻緒二十五年　蕭賢達二十六年　林仁芳二十七年

鄧天沐二十八年　陳凌雲二十九年　邱磊三十年俱歲貢

南平

蕭世俊十五年　危振十六年　胡鑽二十六年俱恩貢

官志涵六年丙子副榜庚辰舉人辛巳進士　陳正儒三十年俱拔貢

朱雲三年優貢　王際鑠二年　朱靖四年

江湘六年　江濤八年　丁宣十年

魏不同十二年　馮上瓊十四年　危峻十六年

張國祚十八年　葉涵二十年　邱愉二十二年

施國柱二十四年　朱廷俊二十六年　胡璉二十八年

朱紹李三十年俱歲貢
順昌何益健十五年　鄧慶昌十六年　張登二十六年俱恩貢
葉鏞六年　吳松齡十八年　呂文雅三十年俱拔貢
呂天藻丙子副榜　廖允豳二年　何寬四年
廖鴻儒六年　廖繩中八年　連鵬翀十年
周維新十二年　葉瑞坤十四年　陳樹梅十六年
任天如十八年　蔡元讜二十年　任文煥二十二年
何宏宇二十四年　張文淇二十六年　何如聰二十八年
盧中大三十年俱歲貢
將樂許伋十五年　徐世宣十六年　喻聯倬二十六年俱恩貢

邱深造六年　張興南三十年俱拔貢　伍廷開乙酉副榜

熊　楫二年　吳代綸四年　黃　晃六年

廖其爍八年　楊　銓十年　何　鴻十二年

張玉瑎十四年　范肇俠十六年　伍其信十八年

廖明祖二十年　黃　淇二十二年　白源慧二十四年

伍思伋二十六年　王　淑二十八年　廖大德三十年俱歲貢

沙縣黃賜鼇十五年　潘　江十六年　范士濯二十六年俱恩貢

陳天杏六年　陳　衎十八年庚辰舉人

羅祖橋三十年俱拔貢　鄧天牖二年　余文煜四年

廖朝璋六年　鄧蔭邦八年　洪天衢十年

魏能恭十二年　官鱒十四年　王奕芳十六年
陳元芬十八年　倪景二十年　姜文載二十二年
羅遵朝二十四年　班琳二十六年　龔達二十八年
陳任三十年俱歲貢
尤溪嚴廷煇十五年　凌文炳十六年　黃鉞二十六年俱恩貢
卓懋功二年　黃中孚四年　周仁六年
陳國材八年　嚴霍生十年　卓朝宁十二年
鄭輔世十四年　王汝桂十六年　嚴栻十八年
游藝二十年　李玉樹二十二年　嚴鼎三十四年
鄭逢泰二十六年　黃鍾二十八年　邱淮三十年俱歲貢

永安賴余楫十五年　邢思衢十六年　姜承春二十年俱恩貢

黃嘉鯤六年辛酉舉人　陳旭十八年　吳經三十年俱拔貢

盧慶雲庚午　劉安璧乙酉俱副榜　賴秉衡二年

黃庭四年　賴爾發六年　李騰樑八年

蔣泰亨十年　陳文瀾十二年　陳逢春十四年

陳琦十六年　陳皋謨十八年　楊其昉二十年

呂王儀二十二年　陳忠善二十四年　鄧宗予二十六年

李廷佐二十八年　張桓三十年俱歲貢

建寧府

府學范用梅十五年　周宗濂十六年　張承基二十六年俱恩貢

孫振豪癸酉舉人　郭其明俱六年　葉有聲十八年

劉啓選十八年　葉向陽三十年俱拔貢　徐登丁卯副榜

陳闇元年　黃樹德二年　朱鎬三年

黃行遂四年　魏簡方五年　江漢六年

朱行玉七年　陳文鐸八年　吳栢棟九年

葛玿十年　張和柳十一年　任聯飛十二年

潘廷舉十年　葉爾蓁十四年　葛璉十五年

藍璋十六年　鄭乾十七年　魏振鎬十八年

黃住茂十九年　陳超二十年　馮方蕊二十一年

曹國華二十二年　桑文燦二十三年　龔百朋二十四年

葉　馥二十五年何　鑾二十六年陳　乾二十七年

劉葆光二十八年張　洸二十九年張鵬翼三十年俱歲貢

建安謝上擢十五年滕　鈊十六年鄧金和二十六年俱恩貢

嚴永福六年黃允蔚三十年俱拔貢周　經三年優貢

林　茂二年余友賢四年林元琮六年

裴蕐泰八年林其堂十年雷天壯十二年武平訓導

徐文潮十四年馮轂似十六年傅大本十八年

傅善長二十年謝毓瓚二十二年葉蒼培二十四年

林鴻爕二十六年吳廷燕二十八年陳嘉猷三十年俱歲貢

甌寧張　鍈十五年王　淵十六年謝　瑛二十六年俱恩貢

鄭天錫六年壬申進士　何肇灝十八年　章程三十年俱拔貢

葛光寧壬午副榜　謝濤二年　周鳳苞四年

趙金銘六年　丁資治八年　鄭邁十年

林暢十二　林挺十四年　陶尚理十六年

鄭欽元十八　張臺二十年　葉滋二十二年

周龍光二十四年　高彬二十六年　謝蘭二十八年

張鵬飛三十年俱歲貢

建陽李仲素十五年　蕭應龍十六年　徐錫二十六年俱恩貢

蔡喬年六年　劉秉鈞十八　魏震江三十年俱拔貢

劉金門二年　余之俊四年　濮正陽六年

徐士琳八年　林青十年　劉北光十二年
楊裕十四年　徐天均十六年　黃兆麟十八年
王政二十年　李芳茂二十二年　丁元良二十四年
翁觀光二十六年　朱鍾垣二十八年　朱殿玉三十年俱歲貢
崇安彭好古十五年　藍之肆十六年　周眞棠二十六年俱恩貢
暨憲邦六年　范思敬三十年俱拔貢　林雲志二年
岳巡四年　張國綸六年　饒棐恂八年
李正春十年　周禮十二年　翁應頤十四年
彭文雷十六年　汪章城十八年　黃采雯二十年
江灒二十二年　藍之騮二十四年　方中二十六年

邛上日二十八年　劉宏植三十年俱歲貢

浦城張大文十五年　孫鼇十六年　張允泰二十六年俱恩貢

劉廷梧六年癸酉舉人　周景星十八年　孫景文三十年俱拔貢

潘瑛二年　徐階四年　翁調鼎六年

張錦八年　周世麒十年　徐登甲十二年

張翀十四年　張江十六年　周庠十八年

祖德洽二十年　陳賓二十二年　湯沂二十四年

孟遠二十六年　李翹枝二十八年　翁望三十年俱歲貢

松溪王建侯十五年　黃鐘洪十六年　葉傳二十六年俱恩貢

李綏聰六年拔貢　范匡時二年　魏鼎鉉四年

魏錦俊六年　金　錕八年　楊　份十年
涂錫麟十二年　陳長樞十四年　葉震予十六年
范　顥十八年　葉正翠二十年　王時御二十二年
林文河二十四年　江夢筆二十六年　童夢書二十八年
何文祖三十年俱歲貢
政和余師孔十五年　吳岡齡十六年　范成英二十六年俱恩貢
吳文熇　林天植三十年俱拔貢　李開鮮二年
葉上繡四年　歐斯遇六年　魏允輝八年
張　晒十年　張大任十二年　程　郊十四年
范其章十六年　鄧　瀛十八年　楊繼閎二十年

李輪秀二十年　楊億二十四年　魏邦基二十六年

范作霖二十八年　鄒兆琪三十年俱歲貢

邵武府

府學王兆旦十五年　謝象修十六年　何洪二十六年俱恩貢

徐時新大田教諭　曾一貫俱六年海寧知縣

羅均己卯舉人　李鍾燕俱十八年　董書詔安訓導

羅壎俱三十年俱拔貢　何能升副榜

李徽猷元年　黃世儀二年　謝臯三年

黃鏞四年　廖必翔五年　董其事六年

江師文七年　官彬八年　戴元樞九年

李際泰十年　鄭廷棟十一年　席文綱十二年
江人文十三年　朱肇珣十四年　朱允元十五年
黃羲十六年　郝凌正十四年　李燦孫十八年
饒有勳十九年　黃虎文二十年　徐學申二十一年
柴圻二十二年　李榮會二十三年　夏璿二十四年
李拔二十五年　羅天縧二十六年　余學銓二十七年
廖焜二十八年　李世倌二十九年　周宏中三十年俱歲貢
邵武王爻泰十五年　李祚芳十六年　李大海二十六年俱恩貢
陳堯俞六年　朱垙十八年　黃利通三十年俱拔貢
夏聲甲子　李俊甲子　潘楷庚午副榜
馮瀅二年　張汝爲四年　陳晟六年

黄　楫八年　黄　流十年　朱　瓚十二年
余明焆十四年　吳道凝十六年　黄　琮十八年
朱元俊二十年　吳　江二十二年　高　鸞二十四年
楊　萃二十六年　何艮中二十八年　袁佩璜三十年俱歲貢
光澤王廷相十五年　李光璞十六年　歐陽鍾二十六年俱恩貢
梅　雄六年　何澤著十八年　黄宗傑三十年俱拔貢
周　鐸二年　黄　壎四年　龔昌頴六年
李時泰八年　邱　楠十年　鄧天室十二年
鄧　權十四年　吳肇祈十六年　饒廷相十八年
鄧廷光二十年　陳　翔二十二年　曾瓖來二十四年

邱　壎二十六年　朱　芾二十八年　李天淵三十年俱歲貢

泰寧葉向日十五年　江松齡十六年　黃開泰二十六年俱恩貢

江學洲十六年　蕭炳馨十八年　葉祖軾二十年俱拔貢

丁思袞二年　蕭　峻四年　李大綸六年

李宗仁八年　葉起鵰十年　葉起鳳十二年

李日接十四年　鄒起文十六年　吳聯文十八年

江達瀵二十年　廖世傅二十二年　鄭廷俊二十四年

鄭廷鳳二十六年　朱　照二十八年　李元杜三十年俱歲貢

建寧張　維十五年　鄒大任十六年　丁傳詩二十六年俱恩貢

朱仕玠六年鳳山教諭卓異候陞　甯艮驥十八年

甯人望三十年俱拔貢　蘇士梁歲貢丙子副榜　朱仕霖庚辰副榜

徐惇典三十年優貢　席大壽二年　何先掄四年

朱集周六年　吳幾拙八年　黃度十年

孔興藻十二年　楊學震十四年　陳世光十六年

余代苑十八年　葉英二十年　聶萬翔二十四年

黃南金二十六年　徐時雋二十八年　朱雝三十年俱歲貢

汀州府

府學羅開瑞十五年　江念猷十六年　賴元會二十六年俱恩貢

盧爾穀庚午舉人　巫兆夔俱六年　張撰十八年

劉靖　邱廷選俱三十年俱拔貢

藍實辛酉

袁養正庚辰副榜俱

項世霖二十七年優貢

羅奮南元年

廖有光二年

王復鰲三年

沈光洪四年

嚴路成五年

郭夢鵬六年

蕭作霖七年

張如鵬八年

莫文煥九年

吳秉誠十年

吳起莘十一年

沈長吉十二年

陳鵬南十三年

邱岑十四年

邱一炳十五年

胡占梅十六年

伍洪元十七年

包舜裔十八年

鄭朝宗十九年

馬在用二十年

吳岳秀二十一年

許定論二十二年

沈遇升二十三年

王勉儒二十四年

雷鴻儒二十五年

陳成文二十六年

吳信嘉二十七年

張九峰二十八年　熊江風二十九年　沈掌箋三十年俱歲貢

長汀謝紹安元年　鍾念祖十五年　葉夢球十六年

張朝陽二十六年俱恩貢　賴聖宏六年

羅承蘊十八年　鍾　蕙三十年俱拔貢　知縣

楊　熙二年　劉振乾四年　熊一濤六年

李　益八年　李行敏十年　劉中陽十二年

張　鵬十四年　董志昴十六年　曾　璵十八年

馬　璵二十年　楊　燕二十二年　劉德培二十四年

周　易二十六年　李樹乾二十八年　余猶龍三十年俱歲貢

寧化謝顯魁十五年　李長燁十六年　溫岐鳳二十六年俱恩貢

周紹縉六年戊辰進士　伊恒瓚十八年　邱世霖三十年俱拔貢

伍兆崧三年優貢　李廷拱二年　陰象地四年

邱任文六年　伊天峻八年　鄭運昌十年

張　軾十二年　李安仁十四年　徐克念十六年

雷維泰十八年　雷　鉷二十年　雷維觀二十二年

伍先耀二十四年　黃象著二十六年　陰承芳二十八年

伊　傳三十年俱歲貢

清流湯正健十五年　李長曜十六年　裴輝生二十六年俱恩貢

李文耀六年上海知縣　裴爲城十八年　廖鳴鳳三十年俱拔貢

邱　山二年　劉　洙四年　劉　濬六年

鄒有期八年　伍霓十年　王德懋十二年
曾昌乾十四年　鄒汝艮十六年　曾縉十八年
余一愈二十年　鄒滐二十二年　伍瓣文二十四年
伍起鵬二十六年　雷爾瑞二十八年　鄒殿瑞三十年俱歲貢
歸化
劉茂裔元年　吳中信十五年　湯象偉十六年
梁綸二十六年俱恩貢　陳元桐六年
陳汝光三十年俱拔貢　陳居塈庚辰副榜　湯集成十五年優貢
許魁鼇二年　吳顯藕四年　張克靡六年
馮濬八年　揭繼安十年　蕭振玉十二年
吳紹琛十四年　張叶十六年　葉崗十八年

官士鵬二十年　吳　豐二十二年　余肇存二十四年

李　錤二十六年　謝輔剛二十八年　馮文淵二十年俱歲貢

連城江都彩元年　謝恩來十五年　錢登瀛十六年

沈冲漢二十六年俱恩貢　江　純六年

鄧元飈十八年　俞應峰三十年俱拔貢　湯紹達丁卯副榜

童能靈九年優貢　林大鼎二年　張一傑四年

沈南洲六年　周士起八年　蔣友芹十年

江能元十二年　李一韓十四年　沈郁彬十六年

林兆卜十八年　李人龍二十年　項　思二十二年

沈郁笙二十四年　羅獻範二十六年　李成業二十八年

吳昌煊三十年俱歲貢

上杭曹挺建元年　謝基三十五年　謝光鄘十六年

袁式化二十六年俱恩貢　楊恩任六年

郭鍾嶽十八年庚辰舉人　薛朗裁三十年俱拔貢

賴彬戊午　張光鄉　藍實辛酉

黃河圖甲子副榜癸酉舉人　袁養正丙子庚辰兩科副榜

賴鳳詔庚辰　陳世隆壬午俱副榜　傅鄉二年

劉士錦四年　包一俊六年　李必大八年

李花燦十年　何圖光十二年　雷高翥十四年

劉泰林十六年　藍天行十八年　周文傑二十年

張元光二十二年　邱聯達二十四年　邱中寧二十六年
賴聖功二十八年　范綸元三十二年俱歲貢
武平劉肇昌十五年　鍾　源十六年　溫　仁二十六年俱恩貢
溫一柱六年　吳一魯十八年　李　達三十年俱歲貢
王廷賢副榜　朱拜登二年　劉肇璧四年
周　熙六年　王承謨八年　程夢符十年
周　炎十二年　李岡齡十四年　危　瓚十六年
藍　瑜十八年　周天眷二十年　藍　豹二十二年
饒逢吉二十四年　鍾書升二十六年　馮躍龍二十八年
吳挺茂三十年俱歲貢

永定張龍文十五年雲南知縣　吳修先十六年
盧子琪二十六年俱恩貢　江世春六年
張上騰十八年　盧道衡三十年俱拔貢　廖鴻學甲子
盧慶雲庚午　熊江濟庚午　熊江潤壬午
張　拔癸酉　吳修先丙子　熊　翀俱副傍
賴世平十五年優貢　孔　進二年　盧超宗四年
賴振文六年　吳奉璋八年　闕　鏞十年
王鵬摶十二年　戴龍光十四年　盧　致十六年
賴占龍十八年　賴奮龍二十年　邱三成二十二年
陳美琪二十四年　盧欣松二十六年　巫能敏二十八年

吳昌覲三十年俱歲貢

福寧府

府學蕭鑯元年　陳芬十五年　朱起薰十六年

陳璧二十六年俱恩貢　嚴灼

吳烝俱六年庚辰舉人　夏嘉梁十八年

陳坊三十年俱拔貢　劉萬溥甲子　張大羽俱副榜

高鉉元年　陳士驥二年　葉鐘鳴三年建陽訓導

高起鵬四年　徐培五年　周寧慧六年建安訓導

方乃霞七年建寧訓導　蔡其署八年　張廣九年人田訓導

劉芳十年　王世茂十一年　許世忠十二年

王　詒十三年　黃　毅十四年　林斯芳十五年

袁起龍十六年　王　瀧十七年　林向渠十八年

鄭維斗十九年　林鍾英二十年　林天鏡二十一年

池鴻儒二十二年　張　鏞二十三年　鄭希僑二十四年

陳聖謨二十五年　王大年二十六年　陳嘉祚二十七年

王　道二十八年　施大澤二十九年　盧　清三十年俱歲貢

霞浦鍾振焆十五年恩貢　楊　源六年

陳　霖三十年俱拔貢　張　燈四年　林際雲八年

周士炎十二年邵武訓導　徐殿賓十六年

吳元鋒二十年　朱　銓二十四年　陳　康二十八年俱歲貢

福鼎吳炎剛十六年　林　梅二十六年俱恩貢
盧　澍六年乙丑進士　潘紫臨辛酉副榜　朱保恩六年樂訓導將
林鳳曉十年屏南訓導　陳　栻十四年　林　槐十八年
趙連城二十二年　張象燕二十六年　黃　鏞三十年俱歲貢
福安鄭聖聰十五年　楊　拱十六年　陳騰芳二十六年俱恩貢
陳　燦六年　陳國遴三十年俱拔貢　莫元誌副榜
蔡兆璧二年　鄭元勳四年　林良珊六年
陳　鴻八年　王子燕十年　陳　槐十二年
鄭　昂十四年　陳　湜十六年　繆　亮十八年
王　舉二十年　潘其琛二十二年　阮廷賜二十四年

陳治二十六年　林誨二十八年　陳艮牧三十年俱歲貢

寧德黃登燦十五年　張文煜十六年　王熙任二十六年俱恩貢

陳振綸三十年拔貢　林維新二年詔安訓導　黃碩四年永定訓導　孫逢聰六年

林喬梅八年　彭世濬十年　姚仲伊十二年

林鏌十四年　馬維超十六年　章勤職十八年

林波二十年　顏朝禧二十二年　張開實二十四年

王奮機二十六年　鄭濬二十八年　陳光鈴三十年俱歲貢

壽寧吳崧十五年　劉元棫十六年　葉世儁二十六年俱恩貢

劉健二年　劉綽四年　張文球六年

葉觀光八年　范光表十年長樂訓導　范光濂十二年

吳廷模十四年　繆藍久十六年　葉師周十八年
葉茂岸二十年　劉焜二十二年　范之齊二十四年
范維甲二十六年　劉熜二十八年　葉桂林三十年俱歲貢

臺灣府

府學劉元相元年恩貢　黃繼業　蔡培俱五年
王捷三十年俱拔貢　鄭聯芳辛酉副榜　謝國球
陳奎元年　黃之猷二年　許元珪三年
陳雲龍四年　王大猷五年　范學洙六年
林名世七年　蔡鍾岳八年　王立新九年俱歲貢
臺灣余奮卿元年恩貢　施士膺五年拔貢　郭朝宗二年

楊廷棟四年　楊廷望六年　林日高八年俱歲貢

鳳山張好瑛元年恩貢　卓肇昌五年　張寅賓三十年俱拔貢

陳璿　李樹喬二年　楊清時四年

林皋六年　吳際元八年俱歲貢

諸羅陳任文元年恩貢　林玉書五年拔貢　林諸冠元年

陳和裒二年　周日燦四年　顏仲鳳六年

金鳴鳳八年俱歲貢

彰化丁鳴鳶五年　林聰三十年俱拔貢

永春州

州學施枧十五年　呂廷儀十六年　陳應車二十六年俱歲貢

顏　璹六年辛巳進士　鄭世霖十八年　邓八龍三十年俱拔貢
呂天芹　陳鳴熙　尤廷模庚辰
顏梯光乙酉副榜俱　呂和角元年　施　仁二年
邓元吉四年　孫士灝五年　潘遠載七年
林　功八年　謝芳文十年　劉　書十一年
鄭應壆十三年　黃廷賓十四年　陳懋奇十六年
曾用賓十七年　魏鳳池十九年　周　光二十年
黃勳登二十一年　顏操璧二十三年　洪　瑞二十五年
薛德輝二十六年　曾科登二十八年　林創垂二十九年俱歲貢
德化張應宿十五年　許文相十六年　鄭元學二十六年俱恩貢

李宸鏗六年拔貢　涂廷觀　王青芝
徐天球俱副榜　林志棟二年　連如璋四年
徐灝六年　鄭惠琇八年　陳開材十年
林超鳳十二年　林天麟十四年　溫玉衡十六年
許雲騰十八年　溫廷掄二十年　連天然二十二年
顏學憲二十四年　周維新二十六年　鄭英才二十八年
曾聯魁三十年俱歲貢
大田詹廷楷十五年　林遇春十六年　范俶高二十六年俱恩貢
柳世鎡六年拔貢　杜夢耀副榜　鄭應斗二年
范吉人四年寧德訓導　柳維瑄六年泉州訓導　曾朝球八年

林一桂十年　方鶴齡十二年　余日升十四年

詹廷材十六年　范潮十八年　葉中盛二十年

范悅光二十年　陳文俊二十四年　連鳳翔二十六年

葉夢麟二十八年　柳世紡三十年俱歲貢

龍巖州

州學魏殿相十五年　邱又雲十六年　謝世寶二十六年俱恩貢

張仲孝六年　謝瑄十八年　饒澍田三十年右俱訓導

拔貢　謝廷甲元年　湯日章二年

蘇錦四年　曹念祖五年　張起英七年

黃鶴鳴八年　溫前褣十年　陳大琰十一年

湯兆葵十三年　邱之鍍十四年　謝宗閩十六年

張羽豐十七年　邱文煒十九年　張倫二十年

陳上苑二十二年　陳國璋二十三年　邱思義二十五年

邱國梓二十六年　曹見龍二十八年　謝彥明二十九年俱歲貢

漳平陳朝柽元年　陳子健十五年　張希亮十六年

陳贊二十六年俱恩貢　朱陽六年

陳青藜三十年俱拔貢　呂士言二年　程文盛四年

傅名世六年　鄧國亨八年　黃元甲十年

黃菊茂十二年　陳天墀十四年　黃日然十六年

陳士華十八年　黃膺簡二十年　呂春秀二十二年

劉宗慶四年二十　陳文潔六年二十　陳　珽八年二十

呂時捷三十年俱歲貢

寧洋張學謹十五年　梁宗灝十六年　劉際亭十六年俱恩貢

吳　鈐六年拔貢　吳拔蓮二年　余朝儀四年

曹　櫝六年　劉日章八年　邱時開十年

曹國組十二年　廖振雄十四年　吳　熀十六年

劉　灝十八年　吳上趙二十年　朱　蘐二十二年

曹麟書二十四年　溫　泉二十六年　張日保二十八年

劉文明三十年俱歲貢

薦辟附

按人材不必盡由科舉前代用人有以人材舉者有以明經舉者有以孝弟力田賢良方正舉者多其途以招徠賢士所以濟科舉之所不及也前志兼載歷代徵辟而我

國家鄉會兩科外旁求選士之典則尚缺焉今特稽

國朝以來徵辟所可考者以著於篇

陳嘉猷長樂人順治三年以文學薦授廣東順德知縣

鄭正詢候官貢生順治三年以文學薦授廣東萬州學正陞陵水知縣同子生員濬賑饑禦寇有功

陳驥長樂人順治十年以人才薦授廣東長寧知縣

吳養浩莆田生員順中書舍人官以書薦授員外郎

吳應龍莆田人康熙功薦歷任刑

吳應麟莆田人以軍功薦歷任河南參議

丁煒晉江人以人材舉官至按察使

陳允錫

尤惕若

蔡琨孕俱晉江人以人材舉

朱澄淳莆田人以賢能舉

鄭承正優遊生員以優行薦授衢州教諭

林佪以人材薦授尤溪訓導

鄭友炳莆田增生雍正年乾隆間兩以孝廉

方正薦有傳

吳于岸閩縣歲貢以孝廉方正舉

李大魁監生原任四川萬縣知縣

黃正開福清生員任湖北荆州府通判

林正青候官貢生刑部山西司學習行走改兩淮小海場鹽大使有傳

陳養綱　貢生原任四川宜賓知縣　藍青　舉人四川梓潼知縣

鄭維垣　候官監生原任山西翼城知縣　陳廷選　惠安監生四川永寧縣丞

鄭愈　監生任四川永寧知縣　黃志亮　晉江監生山東泗水知縣

蔡長澾　漳浦貢生任廣東恩平知縣　張文城　監生山東掖縣知縣

蔡衍調　漳浦拔貢廣東界場鹽大使　林徽柱　莆田貢生定興知縣

李有增　武舉京營千總　吳班　將樂武舉四川蘆山知縣

孔興宗　上杭貢生戶部山東司學習行走　以上十六人俱雍正己酉科以才猷品行舉

張甄陶　閩縣拔貢生乙丑進士翰林院編修改授知縣

陳繩　福州府廩生乾隆四年又以孝廉方正薦授長汀訓導辛巳陞定番州判

潘思光　安溪廩生戊辰進士　王上讓　安溪副榜以纂修三禮義疏授潮州

州判

方鶴鳴晉江優貢生

王元芳晉江附生

陳一策晉江貢生

陳大琰龍巖廩生

陳繼善以上九人俱乾隆丙辰以博學宏詞薦

薛鼎閩縣人明天文歷數之學乾隆三年以歷學薦授欽天監八品博士

蔡德晉晉江人工部司務薦三禮義疏館纂修乾隆十四年以經學薦

按德晉本晉江人後籍無錫今仍附載本籍與博學宏詞吳任臣同例也

福建續志卷三十三終

福建續志卷三十四

選舉四

武進士自乾隆元年丙辰科起武會試歷科全錄未備故於無所考據者從史文之闕

福州府姚學詩丙辰甘肅守備　王綸己未俱閩縣

林上苑庚辰候官　林有道丙辰長樂　林福振壬戌

林福挺　林調燮俱乙丑　李其祖

李玉山　林劍光俱戊辰　林建鼎壬申榜眼侍衛福清

泉州府吳得元丙辰　吳虎臣辛巳侍衛俱南安

陳國器丁巳　邱英畧辛未　陳國珍丁丑侍衛俱惠安

漳州府湯剛毅杞陳青雲　唐述先俱辛未

陳華國甲戌　林明哲丁丑　趙廷魁辛巳

唐達先癸未俱漳浦　林永遇戊辰　林潤秀庚午俱平和

汀州府熊攀柱丁丑長汀侍衛　雷鵬戊辰清流

邱在標丁巳　張國標壬戌侍衛　柯治平壬戌

楊彪辛未　張虎臣癸酉俱連城　傅周丁巳侍衛

傅昆陽丁巳　鍾高翥壬戌　莫淳甲戌侍衛俱上杭

馬琳丙辰永定

福寧府劉彰丁巳四川守備福安

臺灣府蔡莊齊丙辰臺灣縣

龍巖州陳劦丙辰四川遊擊　陳汝翼乙丑雲南遊擊俱

武舉

福州府

府學魏臚　謝龍光俱丙辰　林廷捷

汪榮俱戊午　施成瑀辛酉　李其祖戊辰進士

葉光隆俱甲子　李玉山戊辰進士　謝金甲

陳盛策　林建鼎壬申榜眼　林蔚邦

林劍光戊辰進士俱丁卯　王萬年

何萬里　陳永清俱庚午　林允濱壬申

陳玉光癸酉　陳光泰丙子　陳印綬

陳景泰俱己卯　謝鵬海　金朝佐俱庚辰
林開寅　鄭棟壬午
閩縣曾毅　王綸己未進士俱丙辰
鄭華國戊午　鄧力臣辛酉　李玉生
薛奪魁　林肇燮　謝廷勳俱甲子
陳德淥丁卯　林玉柱　陳正健俱庚午
林上斌壬申　葉飛龍　林起鳳俱癸酉
白玉麟　薛欽賜俱丙子　戴玉駿
張國寶俱庚辰
侯官黃忠堅　歐東鳳　高世璠俱丙辰

戴雲龍　陳大鵬俱戊午　陳斯永丁卯
陳風清庚午　陳奪魁　李雲鵬俱壬申
何天衢　高璜俱癸酉　林上苑庚辰進士
鄭青俱丙子　楊玉振己卯　薛魁庚辰
長樂蔣廷策丙辰　鄭振武　李泰邦
蔣國輔俱戊午　陳韻意丁卯　潘魁春庚午
林玉樹　陳極丙子　陳典先
陳大倫俱壬午
福清林進　李光泉俱丙辰　林福挺乙丑進士
林福振壬戌進士　葉上卿俱辛酉　王煥章

林肇煇　鄭鵰程俱庚午　周化龍

陳玉崁　王鴻幌　陳章甫

林肇煥　陳登捷俱丙子　林國寶己卯

許文光　陳良策壬午

連江錢光祖壬申　陳炳癸酉　陳璣庚辰

羅源林光繼丙辰　朱元標己卯　鄭海庚辰

古田張犇戊午　陳瑞圖辛未進士庚午　陳鴻圖己卯

屏南甘攀龍辛酉　林雲庚午　姚人鵬己卯

閩清黃廷式辛酉

永福張光華辛酉　張光旦丙子

興化府

府學張占魁　鄭廷樹丙辰　張應春戊午

吳克明甲子　徐英丁卯　余良弼癸酉

朱志通　郭安邦己卯　方騰龍庚辰

方天寶壬午

莆田歐檍辛酉　歐模　宋丹桂榜姓李壬申

林洪　朱國寶癸酉　梁豹庚辰

鄭一蘭壬午

僊遊王和春　朱燦星　張掄元寧波千總俱辛酉

張爲光　張秉文俱丁卯　詹雲龍壬申

梁志英丙子　楊奮龍庚辰

泉州府

府學駱丹桂丙辰　方矩　黃之曇俱戊午

張先吉　陳廷梅　黃世煒

方鳳臺　彭元士俱甲子　陳大揚

王邦俊　石紹烈俱丁卯　黃崧高

顏大茂俱庚午　林長菁　朱士憲

蔡輝俱壬申　黃藹吉　徐元熙

莊鯉俱癸酉　王邦寧　潘廷勇

王驥良　楊紹炳庚辰

晉江王大敳　汪聯 俱丙辰　王大愷

黃世煥 戊午　馮翼如　鄭捷第

陳瑞玉 俱辛酉　黃燿彬　爻璣

何永清 甲子　劉騰雲 丁卯　林克捷

陳萬里　蘇沛先 俱庚午　陳大猷 壬申

留獻儀　蔡英俊　黃綿年 俱癸酉

許〇〇　陳沛 俱丙子　鄭嵩

施聯登 俱己卯　許陳彪　楊科捷

黃景新 俱壬午

南安吳得勳 辛酉　傅登雲 丁卯　吳虎臣 庚午辛巳侍衛

黃世安癸酉　洪時統己卯　吳才臣庚辰

尤捷捷　黃安國　陳獻洲壬午

惠安曾岱　連殿邦　駱國瑜俱丙子

吳振拔　曾有德　王崑玉

趙萬春俱戊午　黃紹恍　孫連登

邱英畧辛未進士俱甲子　陳國珍丁丑進士三等侍衛

莊萬年選千總　丁克猷俱丁卯

同安曾春山東沙滿營都司　陳建俊俱丙辰

劉錫命丁卯　蔡克俊庚午　彭三達

王邦傑俱壬申　石兆麒　李遂良癸酉

金攀龍本姓許　紀捷魁俱丙子

安溪陳河一丁卯　林聯魁庚午　葉連科

李捷元壬申　陳三捷己卯　劉萬寶庚辰

王捷魁壬午

漳州府

府學吳開景戊午　柯治平　張念叙

陳定舉辛酉　方拔山　湯輝璧

方廷基　沈臚唱　沈芝九俱甲子

吳登元壬申　田見龍　沈青鍔俱丙子

許兆蓉　陳斌　楊柳

陳宗俱己卯　林國樑　蔡雄文

張彪炳　胡廷桂庚辰　陳瑛

陳華倫　吳漸壬午

龍溪王天柱甲子　陳大鉞　李士龍

李忠國丁卯　陳朝龍　陳應元壬申

林梅樑癸酉　張廷標　郭履楷丙子

楊大介己卯　范永珩　黃大鶴庚辰

吳以智壬午

漳浦曾剛毅戊午　唐緒辛酉　唐經

方瑯璉　陳玉珩俱甲子　陳青雲

唐遮先庚午辛未進士　陳　璉　蔡拔山

陳華國壬申甲戌進士　李邦石　李世祿

趙光輝　趙英傑癸酉　陳天琳

龔兆輝　林立本　林明哲丁丑進士

吳對冊俱丙子　唐達先　陳廷魁

蔡冊桂　吳　琦俱己卯　林登南

林大力　唐道先庚辰

海澄許師義戊午　江　鱷　楊嘉謨

陳天樹　黃鳳梧　江　鯤

南靖沈開興　沈　培　巫馬奏勳俱丙辰

謝東海戊午　吳起龍壬申　陳拔山

陳炳南丙子　謝開先　楊華邦壬午

長泰陳效應丁卯　謝元鴻　鄭雙金壬午

平和曾善純丙辰　羅定遠　黃恩辛酉

郭維揚　林長藩　林永遇甲子戊辰進士

林潤秀　林輝　吳廷槐

胡顯達俱庚午　方金城　吳開宗

王藎忠　林玉光　張玉振己卯

王國泰庚辰　張經邦　周天璋壬午

詔安廖大力　陳文卿　沈嵩山戊午

許經邦　江日昇　林光國

沈　器　朱廷美俱辛酉　許兆花

許名標　沈菁莪俱甲子　吳金名

沈拔鼇俱丁卯　林光殿　廖國寶

葉健騰庚午　高登山　吳　署

張　超　沈天香癸酉　許克敦

廖奇珍　許日輝　謝國典丙子

吳夢鼇　沈作礪己卯　林開先

胡凌雲庚午　李國樑　許名芳

黃達魁　沈光邦俱壬午

延平府

府學羅英萬丙辰　廖光耀庚辰

南平侯國樑戊午　張其焯辛酉　陳紀癸酉

將樂王樞戊午

沙縣魏兆源丙辰　羅賡訓癸酉

尤溪鄭逢秋甲子

永安黃如虎癸酉　陳壯猷丙子　李應舉己卯

建寧府

府學羅鎮南丙辰

建安陳鍾甲子　卓超彥癸酉

建陽彭博古丙辰　倪　燮癸酉　余　中丙子

崇安程振宗戊午　吳鵬翮丁卯　吳　炣己卯

浦城吳　江　周　翃丙辰　張廷標戊午

徐涵盧辛酉　湯建商庚午　徐　達壬申

葉映茂丙子

邵武府

府學郭紹汾丙辰　魏　梓丙子　李正開庚辰

邵武黄本坤辛酉

光澤龔德宸丁卯　邛　偉　黄河澍癸酉

建寧廖以儀辛酉　甯艮騶　謝　琦己卯

泰寧蕭　鵬己卯

汀州府

府學王奇七　張國寶戊午　朝掄華

莫大振　項華國甲子　閔泗漣丁卯

張虎臣癸酉進士　傅　魏壬午　遠國鈞癸酉

陳仰飛　陳桂繁　劉天信丙子

段維棠己卯　楊　翻　邱夢花

鄭奏獻庚辰　曾兆龍　胡國雄壬午

長汀熊羆友　戴家俊辛酉　曹學良

吳臧揚　陳仰達　戴達德丁卯

王國英　鄧○○庚午　劉宏基
戴有成　陳仰發壬午　李夢香
羅飛龍　蕭大剛癸酉　熊擎柱丁丑侍衛
陳玉香丙子　巫希鼇　李進卿己卯
寧化俞大勇丙辰　黎　瑨　聶　陞辛酉
伊庭蕙　李朝進　俞朝寵
曾聞勇丁卯　謝賢琰壬午
清流雷　鵬甲子進士　戊辰　黃應光庚午
雷　瀚癸酉
歸化揭立輔戊午　余夢熊癸酉

連城張大刀丙辰 邱在陸 張國樑 柯治平 壬戌進士

張國安 吳國柱 俱癸酉 張國標 湯斌 甲子壬戌進士 張國榜

楊彪辛未進士 陳仰鎬俱庚午 邱作訓

蔣國瑞俱壬申 羅乾囋 張思紳俱癸酉

項仰發 羅廷衛俱丙子 羅占渭

楊鵬 羅經俱己卯

上杭葛翅戊午 鍾高翥壬戌進士 傅用舟

陳維邦俱辛酉 莫天香 蔡祜

劉世昌 邱鍾靈俱甲子 袁從虎

張治安 郭拏城俱丁卯 郭三典

傅秉鉞俱庚午　饒廷相　傅繩武

莫　淳甲戌侍衛俱壬申　傅揚名丙子

張丹桂　張　沛　邱冠英俱己卯

劉振唐　梁名世　莫　淇俱庚辰

邱秉中壬午

武平何紹尚辛酉　鍾　雯丁卯　王　佩

林清桂　石光成壬午

永定蘇文華　簡如朱丙辰　鄭道紹

鄭　岐　廖建勳辛酉　胡鴻遠

馬　琳甲子戊辰進士　鄭　超丁卯　李德士庚午

鄭命疑丙子　廖光宇　鄭奏猷俱庚辰

福寧府

府學何朝安　方城丙辰　陳維揚戊午

霞浦林昆戊午　夏烈甲子　陳長城癸酉

杜輝己卯　陳鈞庚辰　袁繩武壬午

福安陳祖珪辛酉　王思恭丁卯

寧德吳士傑丙辰　陳溶庚辰

壽寧劉森庚午

福鼎喻若楫丁卯　蔡文苑壬申

臺灣府

府學蔡莊鷹丙辰進士 吳志超 范學山

林日茂戊午 許大勲辛酉 蔡青海

張超倫 陳廷魁俱庚午

鳳山許日文戊午 陳廷光癸酉

諸羅邱世質丙辰 歐陽○戊午 方占魁

施國楨壬午

彰化杜長春戊午 吳景福辛酉 黃天球甲子

永春州

州學林際盛戊午 宋廷光辛酉 陳雲龍丁卯

林景仰庚午 顏士高壬申 陳奮鵬癸酉

方大捷己卯　張　玉壬午

德化許寶三丙辰

龍巖州

州學邱　澄丙辰　陳能淑戊午　陳纚緒丁卯

劉崇化癸酉　謝治章　謝玉賜丙子

謝元斌己卯　謝世芳庚辰

漳平陳　琢辛酉　陳汝翼乙丑進士　劉英毅俱甲子

陳抱貴丁卯　陳道遠庚午　劉　奏壬申

寧洋劉　宏戊午

附載武舉

王軒 鄭雄 韓天慶俱丙辰

李中桂 龔國鋐俱辛酉 陳總均

林得俱甲子 薛崧壬申 張應麟癸酉

李士寶丙子 楊起麟己卯 石萬選庚辰

陳天祿壬午

按右武舉十三人試錄但云標下戰兵而其籍貫未詳今不敢沒其名附載於後以俟考

武功附 前志只載提鎮以上今仍之

何思和侍衛現任南贛總兵 甘國寶侍衛現任臺灣總兵

馬銘勳現任江南提督 黃正綱現任浙江提督

章隆廣東左翼鎮總兵　何勉臺灣總兵福州府

陳良弼碣石總兵　李超大定總兵

林嵩海澄參將前高雷廉總兵　蔡添畧高雷廉總兵

游金幹臺灣總兵　張韜任浯濤瓊二州總兵左都督

施而寬隨征臺灣功授左部督任淮徐總兵

黃龍南澳總兵興化府　陳倫炯廣東瓊州總兵

吳必達榜姓林庚戌進士分發廣東補守備歷陞總兵現任福建水師提督

陳榮廣東碣石總兵泉州府　鍾宇河南南陽鎮總兵

謝英貴州威寧鎮總兵　林宗山東登州鎮總兵

蘇明良福建陸路提督　黃士傑浙江黃巖總兵

楊　忠虎門鎮總兵漳州府　陳應鍾現任廣東左翼總兵汀州府

歐陽敏現任碣石衛總兵　徐　援平樂府總兵福寧府

顏　墀浙江溫州總兵永春州

任子附

張　綱以兄襄愍公經功廕錦衣衛千戶

張　綸以兄經功廕錦衣衛指揮

按綱綸俱明嘉靖間廕前志未載今補之

胡啓雲以父○○難廕守備福州府　陳王捷以父斌世襲騎都尉又一雲都尉

陳　銑以祖斌襲騎都尉又一雲都尉　林綿芳以父德襲雲騎尉

林邦杰以父葵世襲輕車都尉　林繼祖以祖葵襲輕車都尉任浙江參將

吳一清 以祖英世襲任四川永寧參將　游金闕 以父崇功廕雲騎尉

游金閣 以父崇功廕守備銜　游繼盛 以祖崇功世襲雲騎尉

鄭星拱 以父桂世襲輕車都尉　鄭國俊 以祖桂世襲輕車都尉

鄭惔 以曾祖桂世襲輕車都尉　陳宗溥 以曾祖貳世襲騎都尉又一雲騎尉

陳廷柱 以父良弼廕一品廕生　游世衍 以祖觀光廕生歷授守備

游世吉 以祖觀光准廕生　游元飛 以父添畧廕二品廕生

郭麟 以父孟虎澎湖陳亡廕襲杭州右衛千總

唐光椿 以親屬鄭經歸誠廕補通判　林佳柱 以父正春襲拜他喇布哈番歷任洞

庭副將　施廷勳 以祖而寬襲拖沙喇哈番

黃文暉 以父龍廕治中歷工部郎中　施恒烈 以父而寬廕員外郎興化府

施者仁丁卯舉人以父世澤蔭光祿寺署正

張　謨以父天福蔭授刑部郎中

洪承撰以父啓元蔭授肇慶府推官

洪士錦以伯父承疇蔭御試授劍州知州

洪承永以蔭任肇慶府教授

洪德樞以蔭襲鑲黃旗參領職

洪德標以蔭授戶部郎中

曾　勇以祖維勳功蔭雲騎尉

林有德以祖正春功蔭騎都尉

林天有以父霈蔭襲拜他喇布勒哈番

洪　龍世襲雲騎尉泉州府

陳汝鍵以蔭襲騎都尉歷任臺灣總兵

陳夢栢以父秀蔭襲呵達哈哈番

陳望舟秀子以兄夢柏未仕而卒承襲呵達哈哈番

陳夢舟以父蔭雲夢知縣

陳　珍以祖秀蔭襲兩達達哈哈炮局千總

陳兆珏以父琪蔭襲左都督

許鳳朝以父貞蔭襲拜他喇布勒哈番

許鳳翔以父貞蔭侍衛

詹嘉錫以祖六奇蔭襲輕車都尉

蔡興邦以祖祿蔭守備

陳懿以祖嶙蔭參將

黃溥之以祖陞蔭授奉天府治中

黃溱之以祖陞蔭授順天府治中

林文祥以父芳蔭襲守備

林亮聲以祖芳蔭襲騎都尉又一雲騎尉

許國騰以父蔭歷陞金門鎮總兵

許國棟以父鳳蔭歷官夔州府知州

許時中以祖雲蔭襲拜他喇布勒哈番

蘇光弼以父明良蔭歷任浙江台州府知府

許振揚以父良彬蔭侍衛

蘇世焯以父進德蔭衛千總漳州府

朱世熊以文公後裔世襲翰林院五經博士建寧府

林天祿以父祖成錫三品蔭生福寧府

林朝遵以父興珠廕整儀衛　林朝遂以父興珠廕治儀正

林朝遷以父興珠廕章京　林朝暹以父興珠廕三品官

林元標以父興珠廕鑾儀衛陪祀冠軍使永春州

按閩南武功任子多由平耿逆鄭寇之變嗣後林無伏莽海不揚波承廕功勳子弟皆食德飲和於

聖人治平之世恩膏渥矣而爵亦不濫及焉故今茲所載稽郡邑志乘自康熙以來世勳官廕以補前志所未備餘不贅入

福建續志卷三十四終

福建續志卷三十五

理學一

自昔三代之隆道在鄒魯宋之中葉道在濂洛南渡以來群儒講述道在於閩夫使瀕海遐區斌然與鄒魯同俗豈非理學教化之力哉前志載人物不爲理學立傳紀事而不提其要識者病焉今夫道原出於天天者理也别其名曰誠曰至善曰大中曰仁義而體之身則爲學是皆所謂道者也堯舜周孔之道足乎已措諸家國天下其所言不假窮幽析微而萬理皆備孔子

既沒淑諦幻怪爭起亂當世於是孟子道性善尊仁義辭而闢之奎漢諸儒說經各以家法紛綸甄釋變相是非然而前聖遺經賴以不墜及韓氏起中唐攘斥佛老遵孔孟之極軌過六季之橫流所可惜者韓氏以百世之師志在經濟工文詞不屑以訓詁教人為事故入道未深至宋儒而道始明而不知韓氏實有以啓之也宋之賢者濂溪周子肇契道源作太極圖書推明陰陽五行太極大中之理張橫渠氏又極言知禮成性理一分殊之情及二程子閒生河洛擴

濂溪之旨道賅鉅細而一本乎誠學無津涯而莫先格致當是時諸君子聞風興起宏闡道微千里遊從講壇相望是故劉質夫謝顯道吳與叔之徒衍道於北厥後許魯齋劉靜脩繼之至明復有曹正夫薛敬軒呂涇野諸公而楊龜山游定夫二子載道以南豫章延平嗣起閩學大隆又得婺源朱子僑遷建陽因豫章延平之傳私淑程子述先聖之道燦然明備集厥大成諸弟子得其傳者五十有三人而金華四子本之黃直卿氏明時儒者大江以南如胡叔心章楓

山魏莊渠羅整菴敦行最著閩則蔡虛齋陳晦德稱最焉方朱子之講學四方也謂格致誠正入道之原在是而同時象山陸氏則主人生而靜之說持論往往齟齬逮白沙陳氏姚江王氏生二三百年後胥祖述之號曰心學天下靡然從焉浸淫不返流及元時閩之君子率原本程朱此理學之正宗也宗白沙者陳茂烈一人而已於是徵據群編折衷正史萃諸賢而登之各綜其行事以海濱四先生閩學所昉而諸儒弟子學有淵源與夫經術湛深鴻通博雅足爲吾

道羽翼者咸兹列焉庶海濱鄒魯之稱不誣矣

作理學志

福州府

宋

陳襄字述古候官人少孤自立與陳烈周希孟鄭穆爲友時學者沉溺於雕琢之文知天盡性皆指爲迂濶四人始倡道海濱聞者卒從而化謂之四先生襄舉進士調浦城主簿攝令事稍葺其俗私謁者不得發民有失物者莫得其主名襄語之曰某廟鐘能辯盜犯者捫之輒有聲陰塗鐘以墨而帷

蔽之命羣盜往捫獨一人畏有聲不敢觸遂服罪知河陽縣富弼爲守器重之襄留意教化進縣子弟於學或譏之弼人勸毀學舍以塞謗不聽益講說不少懈弼入相薦爲秘閣校理判祠部尋知常州運渠橫過襄授以浚法水不復積入爲開封府推官鹽鐵判官神宗立奉使契丹以設席小異不即坐歸知明州明年同修起居注知諫院改侍御史知雜事論青苗法不便曰臣觀制置司所議莫非引經爲言而其實則稱貸取利事體卑削貽譏中外請貶斥王安石呂惠卿以謝天下又乞罷韓

繹政府以杜大臣爭利而進者不聽召試知制誥安石欲以爲陝西轉運使帝惜其去留脩起居注尋知制誥直學士院安石益忌之出知陳州徙杭州以樞密直學士知通政銀臺司兼侍讀判尚書都省卒年六十四贈給事中襄蒞官務興學校講求利病既亡篋中得手書數十幅皆民事也在經筵神宗嘗訪以人材襄以司馬光韓維呂公著蘇頌范純仁蘇軾及鄭俠等三十三人對帝不能盡用宋史

按理學諸賢前志或已採入人物而傳文於所

學未詳今考據正史他書重爲更正不復因襲
其文庶觀者知其淵源有自耳
陳烈字季慈侯官人性介特篤於孝友居親喪勺飲不入口五日學行端飭動遵古禮平居終日不言御童僕如對賓客里中人敬之冠昏喪祭請而後行從學者數百人嘗以鄉薦試京師不利即罷舉或勉之仕則曰伊尹守道成湯三聘以幣呂望旣老文王載之俱歸今天子有湯文之心豈無先覺如伊呂者乎仁宗屢詔不起公卿郡守交章稱其賢嘉祐中以爲本州教授歐陽脩又言之名爲國

子直講皆不拜元祐初部使者申薦之詔以宣德郎致仕明年復教授本州在職不受廩俸鄉里問遺無所受租有餘以濟貧乏宋史

鄭穆字閎中侯官人性醇謹好學讀書至忘櫛沐進退容止必以禮門人數千人舉進士四冠鄉書遂登第爲壽安主簿名爲國子監直講累遷集賢校理求外補通判汾州熙寧中名爲岐嘉王侍講居館閣三十年而在王邸一紀非公事不及執政之門講說有法可爲勸戒者必反覆擿誦元豐三年出知越州未滿管勾杭州洞霄宮元祐初名拜國

子祭酒每講無問寒暑必延接以禮先後爲楊王荊王侍講太學生乞爲師復除祭酒兼徐王翊善四年拜給事中五年除寶文閣待制皆仍兼祭酒六年請老提舉洞霄宮太學之士數千人詣司業及宰相請留不從於是公卿大夫各爲詩贈其行空學出祖汴東門外都人觀者如堵明年卒宋史

周希孟字公闢候官人通經於易尤邃知州劉夔曹潁叔蔡襄皆親至學舍質經義部使者相繼論薦詔賜粟帛授將仕郎試國子監四門助教充本州學教授三表力辭不許卒門人祠於五福寺著有

詩義春秋義義文集正德福州府志

陳祥道字祐之閩清人治平進士嘗著禮書近臣以聞哲宗詔尚書給筆札抄錄除國子監直講遷館閣校勘兼太常博士終秘書省正字其禮書序畧曰臣嘗考六藝百家之文以究先王禮樂之迹凡寓於形名度數者必辨其制凡藏於道德仁義者必發其蘊發憤二十年著成禮書總一百五十卷其於歷代諸儒之論近世聶崇義之圖或正所失或補所闕庶幾古人之髣髴可以類推又有論語句解行於世書闕

按陳氏祥道陽及鄭氏樵陳氏旅諸人著述淹通推重當世雖非濂洛宗派未嘗以理學名然稽古立言因文見道有裨經術因并列焉

王回字深父候官人敦行孝友質直平恕造次必稽古人所爲不爲小廉曲謙以求名譽嘗舉進士中第爲衛眞簿有所不合稱病自免作告友欲聞其過論退居頴州久之不肯仕在廷多薦若治平中以爲忠武軍節度推官知南頓縣命下而卒宋史儒林傳

劉彝字執中福州人從胡瑗學第進士爲邵武尉調高郵簿移朐山令恤孤寡作陂池教種藝平賦役抑姦猾惠民無不至邑人紀其事曰治範熙寧初爲制置三司條例官以言新法非便罷神宗以彝悉東南水利除都水丞遷兩浙轉運判官知處州俗尚巫鬼不事醫藥彝著正俗方使以醫易業俗遂變加直史館知桂州禁與交人互市坐貶均州團練副使安置隨州又除名編隸涪州徙襄州元祐初復以都水丞名卒於道所著七經中義百七十卷明善集三十卷居陽集三十卷宋史

林槩字端文福清人幼警悟舉進士以秘書省校書郎知長興縣歲大饑富人閉糴以邀價槩出俸粟庭下誘士豪輸數千石以飼饑者擢知連州請□唐府兵法又言行陣無法而出於臨時將無素□而取於倉卒軍不予權而監以官寺雖得古之□使循今法亦必屢敗徙淮安軍程琳嘗禁蜀人不得自爲渠堰槩奏罷之官至太常博士集賢校理卒著史論辨國語宋史儒林傳

王蘋字信伯福清人力以聖學爲已任言行純懿爲程門高弟平居恂恂儒者及語當世利病若習於

從政者然知平江府孫佑列其學行於朝名見賜
進士出身除秘書省正字上言曰人心廣大無垠
萬善皆備欲傳堯舜禹湯文武之道擴充是心焉
爾蓋聖人經世大法備在方策苟得其要舉而行
之無難也兼史館校勘遷著作郎丐外通判常州
主管台州崇道觀致仕官至左朝奉郎時朱震胡
安國尹焞皆舉蘋自代安國薦尤力謂學有師承
識通世務使司獻納必有補於聖躬楊時嘗曰同
門後來成就莫踰吾信伯矣著有論語集解及著
作集道南源委

邵清字彥明古田人元祐間太學生有十彥清其一也從載學易至崇寧大觀時還築室先塋之側聚書千卷角巾鶴氅徜徉其間鄉黨敬之不敢以名字稱因其嘗應八行舉呼爲八行先生年八十四子整字宋舉自號蒙谷遺老與族人景之以家學自相教授生徒百餘人少從合沙鄭少禖學易傳六十四卦圖說及春秋元經甫訖而卒閩書

劉康夫字公南閩縣人從周希孟學鄉人師其孝弟仁愛主鄉校者三十餘載晚主泉州學規矩端恪元祐中以特奏名舉未唱名前二日卒鄭俠表其

墓謂康夫事親長恤窮稗成就才哲發於誠心爲文羽翼詩書根柢仁義著有經訓雜文古律詩正德福州府志

陳暘字晉之福州人中紹聖制科授順昌軍節度推官徽宗初遷太學博士秘書省正字禮部侍郎趙挺之言暘所著樂書二十卷貫穿明備乞援其兄祥道進禮書故事給札既上遷太常丞進駕部員外郎爲講議司參詳禮樂官魏漢津議樂用京房二變四清暘曰五聲十二律樂之正也二變四清樂之蠹也二變以變宮爲君四清以黃鍾清爲君

事以時作固可變也而君不可變太太簇太呂夾鐘或可分也而黄鍾不可分時論方右漢津紬賜議進鴻臚太常少卿禮部侍郎以顯謨閣待制提舉醴泉觀卒宋史

林子充號拙齋福清人著論語詩五十首林之奇解論語多引用之又有指南集三卷詩文二集與鄭俠王聖時林圖南李天與善鄉人重之與同里林仲嘉並稱古屯二賢道南源委

王普字伯照閩縣人禮樂律歷莫不精深登進士第官至侍郎朱熹嘗評福州前輩明禮者三人普爲

最劉藻次之任文薦又次之藻子晧信著易解五卷有日見險而止爲需見險而不止爲訟能通其變爲隨不能通其變爲蠱終布衣文薦字遠流著六經章句登紹興進士官秘閣脩撰以直道立朝

道南源委

黃祖舜字繼道福清人宣和三年進士累任至軍器監丞入對言縣令付銓曹察授易若委郡守出判泉州將行疏乞於科舉外訪求學行脩明孝友純篤者縣薦之州州延之學以表率諸士其尤異者以名聞留爲倉部郎中權刑部侍郎兼侍讀進論

語講義詞義明粹下國子監梓行尋知樞密院金人侵淮大將劉錡病不能軍諸將王權劉汜退敗高宗欲誅之祖舜曰敗軍罪實難赦然劉錡有大功於國君聞而憤死得無快敵心乎帝嘉納之卒謚莊定所著論語講義朱熹多引用之其他易詩禮說及歷代史義凡數萬言又有遺文十五卷道南源委

林之奇字少頴候官人從吕本中學將試禮部行次衢州以不得事親而反學益力本中奇之登紹興進士授莆田簿改尉長汀召爲秘書省正字校書

郎會朝廷令學者參用王安石經義之奇上言王氏三經率爲新法地晉人以王何清談之罪深於桀紂本朝靖康禍亂考其端倪王氏實負王何之責正孟子所謂邪說詖行淫辭之不可訓者以瘁疾乞外由宗正丞提舉閩舶以祠祿家居呂祖謙等皆受學焉淳熙三年卒著有書春秋周禮說論孟楊子講義道山記聞宋史儒林傳

陳宋霖字元雱一字元滂長樂人登紹興進士命同安適朱熹爲簿日相切劘講明經義後遷秘書監往來不絕孫枏亦受業朱熹之門閩書

李樗字若林閩縣人與林之奇俱受業呂本中後領鄉貢其學以孝弟忠信窮經力行爲主及門之士皆渾厚質實志尚脩潔黃榦稱之曰吾鄉以文詞行義爲後進宗師若林其傑然者也著毛詩解學者稱迂齋先生閩書

陳長方字齊之長樂人父侁師游酢得治氣養心行巳接物之要長方少居吳中從王蘋遊紹興中舉進士授江陰教授尋罷還閉戸窮經史著有步里客談春秋禮記尚書簿學者稱唯室先生弟少方孝宗朝爲東宫講官號二陳中吳紀聞

蔣康國字彥禮古田人紹興進士官饒州司法參軍從朱熹講學熹著楚辭集解多資之學者稱鼎山先生道南源委

黃榦字直卿閩縣人父瑀以篤行直道聞高宗時官侍御史瑀歿榦往見清江劉清之清之奇之命受業朱熹榦自毋卽行及至值熹他出榦留邸不解衣二月熹歸晝夜厲學倦則微坐一椅或至達曙熹語人曰直卿志堅思苦與處有益嘗詣東萊呂祖謙以所聞於熹者相質及張栻卒熹與榦書曰吾道益孤矣所望於賢者不輕後遂以子妻榦寧

宗即位補將仕郎監台州酒務丁母憂學者從之講學於墓廬熹作竹林精舍成遺書云他時可代即講席及編禮書獨屬以喪祭二編稿成熹書其規模次第緼密有條理病革授幹深衣及所著書手書與訣曰吾道之託在此吾無憾矣訃聞幹持心喪三年畢調監石門酒庫時韓侂胄方謀用兵吳獵帥湖北雅敬幹辟佐戎幕稍遷臨川新淦令通判安豐軍淮西帥檄鞫和州疑獄夢井中有人呼冤因詰曰汝殺人於井耶果驚伏尋知漢陽軍政先教養立周程游朱四先生祠於郡治後架屋以

館四方之士以病乞祠未幾起知安慶府金人犯光山民震恐幹爲守禦計請築城於朝不待報下郎與工委官吏寓公分主之五鼓蒞工所授以成筴既畢乃治府事閱士卒與僚佐講究防邊利病夕則巡城視役晚入書院講論經史後二年金人破黄①州沙窩諸關淮東西皆震獨安慶安堵如故繼霖潦巨浸暴至城屹然無虞制置李珏辟爲參議再辭不受既而朝命與徐僑易和州且令先赴制府稟議幹即日解印趨府時珏視師維揚與幹偕行因爲禦敵之策珏不能用力辭去再命知安

校注：①黄

慶不就入廬山訪李燔陳宓盤旋玉淵三峽間俛仰朱熹舊跡就白鹿洞講乾坤二卦山南北之士皆來集未幾召赴行在除大理寺丞不拜在位者忌幹直言邊事以悟朝廷群起擠之遂歸里弟子日盛借鄰寺處之晝編禮著書夜與講論經理質疑請益如朱熹時俄命知潮州辭不行主管亳州明道宮踰月乞致仕卒贈朝奉郎謚文肅有經解文集行於世宋史

李復字履中閩縣人記博而醇嘗論孟子集義養氣之義謂其動必由理故仰不愧俯不怍無憂無懼

而氣自充不慊於中氣爲喪矣故曰無是餒也朱熹嘆曰履中獨得大旨又曰近世之論以過高失之或流於老莊而不知不若此說之爲得也著有潏水集道南源委

劉嘉譽字德稱長樂人爲樂昌尉受業李侗之門子世南字景虞少從林之奇遊與呂祖謙爲友秉禮蹈義鄉黨敬之官吉州司理參軍世南子砥礪閩書

林亦之字學可福清人師林光朝三十餘年爲學一本躬行能繼其師說光朝卒莆人推亦之嗣講席趙汝愚帥閩辟入東井書堂上其學業於朝命未

下卒學者稱網山先生景定間林希逸追舉其賢贈廸功郎賜謚文介閩書

陳舜申字宋模連江人淳熙進士歷知漳浦縣有惠政入爲著作郎轉對切直稱旨會有忌者出管武夷冲祐觀起叅議淮閫未赴卒著易鑑四書解審是集兵書訂解南唐餘事高齋文集子德一紹熙進士官終朝請郎知宜州卒之日囊無餘貲所著有易傳發微橫州文集諸子總解數百卷兄弟四人累世同爨推德門云道南源委

陳孔碩字膚仲侯官人刻志力學以聖賢自期嘗從

張栻呂祖謙遊祖謙卒必喪三年復與兄孔夙從朱熹於武夷爲所器重登淳熙進士調婺州戶曹遷處州教授以所聞於三先生者誘進後學多成就知邵武縣再知瑞金縣累遷禮部郎中知惠州提舉淮東常平嘉定間金人來襲遣子韡募死士合監軍擊破之尋丐祠不起進秘閣脩撰卒贈侯官縣開國男孔碩性嚴毅沉靜有守利祿不動其心出入中外垂二十年不肯少變忤史彌遠而與葉適最善著有中庸大學解北山集三十卷學者稱北山先生問學錄

陳德豫字子順連江人好學通博淳熙進士調建州戶曹分教宣城時禁程氏學遺文皆命焚毀德豫取郡學所藏護持惟謹累遷諸軍糧科院歲旱求言德豫上封事以譴天變譴人言爲致旱之由乞去二譴以回天意光宗嘉納歷武學太學宗學博士抗疏論事議者以爲識時務累遷著作郎會畨僧入覲錫予甚豐乃力陳梁武之失帝卽日詔出僧人於國門之外終大理卿著有訥齋稿正德福州府志

鄭昭先字景紹閩縣人淳熙進士除浦城簿受業朱熹滿調丞相葛邲曰君浦城鄭主簿耶擊賊不受

嘗吾聞君名久矣擢知歸安民愛之累官諫議大夫知樞密院事進右丞相辭不拜居政府沉厚鎮靜愛護人才振拔淹滯嘗謂人臣能以文王事紂之心爲心則未有不可事之君人子能以七子事母之心爲心則未有不可事之親卒謚文靖有日湖遺稿①五十卷閩書

陳藻字元②清人家貧篤學不求人知課妻子耕織務本③之得林光朝經學之傳一時學者多從之遊④卒門人林希逸請於朝贈廸功郎謚文遠著有語孟莊子杜詩解樂軒集正德福州府志

校注：①藁　②潔福　③師林亦　④既

陳緇字德容羅源人淳質有守毅然任道少慕伊洛考亭之學屢試禮部對策獨以正心誠意爲說俱見黜後對時務擢第廷試復如初始終發明伊洛考亭之旨孝宗擢特奏第一時淳熙八年也子孫猶世家學道南源委

邵景之字秀山古田人性嗜學事繼母至孝登乾道進士攝教建寧受業胡憲之門歷官莆田令教授常百餘人著玉坡集道南源委

蘇大璋字顒之古田人少穎悟十三知周易大義事母孝登慶元進士嘉泰中邑大水墊溺饑饉大璋

乞常平粟躬賑施民賴存活司教道州力闢正學彝名試館職除秘書正字累遷著作郎奏對力言禁錮僞學之非忤大臣意出知吉州卒閩書

鄭文遹字成叔閩縣人嘉泰貢士從黃幹學得其傳既與俱登朱熹之門嘗觀太極圖悟性善之旨著易學啓蒙或問春秋集解喪禮長編庸齋集道南源委

林師魯字芸谷古田人其父嘗與朱松善令師魯事熹品行純篤講學得熹之遺規林用中師事之閩書

張洽字元德清江人少穎異從朱熹學自六經傳註而下皆究其指歸諸子百家無所不讀嘗取管子

思之思之又重思之思之不通鬼神將通之語以爲窮理之要熹嘉其篤志謂黃幹曰所望以求斯道之傳如二三君者不數人也嘉定元年中第授松滋尉時經界不正洽請行推排法令民自實其土地疆界產業之數揆於圖乃籌覈而次第之吏姦無所匿改袁州司理參軍有盜甚黠辭不能折會獄有兄弟爭財者洽諭之曰訟於官祇爲胥吏之地且冒法以求勝孰與安分以全手足之愛乎辭氣懇切訟者感悟盜聞之自伏知永新縣湖南鄰寇作亂與縣接壤民大恐洽單車以往邑佐交

諫勿聽至則冦未嘗①至乃延見隅官訪利害而牖之因行安福境上結約土豪得其歡心未幾南安舒冦將犯境聞有備乃去以江東提舉常平薦通判池州有張德脩者誤蹴人死獄吏誣以故殺洽訊而疑之請再鞫守不聽會大旱禱不應洽言於提點常平袁甫爲閱欵狀德脩遂從徒罪復白郡請蠲征稅寬催科以召和氣三日果大雨以病請祠主管建昌僊都觀袁甫提點江東刑獄招洽主白鹿書院洽曰是先師之跡其可辭至則選好學之士日與講說而汰其不率教者凡養士之田乾

校注：①嘗

沒於豪右者復之學與郎謝病去端平初大臣薦赴都堂審察洽以疾不赴乃除秘書郎再遷直秘閣主管建康崇熙觀致仕卒洽自少用力於敬故以主一名齋平居不異常人至義所當爲則勇不可奪居閒不言朝廷事及聞災異變故輒顰蹙不樂一君子進用士大夫直言得失則喜見顏色所交如呂祖謙倫黃榦輔廣李燔葉味道真德秀魏了翁等皆敬慕之著有春秋集註春秋集傳左氏蒙求續通鑑長編事畧歷代郡縣地理沿革表文集宋史

按洽宋史作清江人前志列置福州人物所
書傳文疎畧稍遺覈實之體今從正史更定
至洽雖隸籍清江而長樂頗有世居可考是
與婺源朱子得入建寧無異故特存之

林岊字仲山古田人嘉定時以薦擢守全州至郡即建先賢祠祭禮脩復清湘書院建率性堂日偕諸生講學勉敦實行與魏了翁相友善在郡九年民戴其惠祀之柳侯廟閩書

林希逸字肅翁福清人好學師事陳藻登端平進士爲平海軍推官以清白稱遷秘書省正字入對乞

信任給諫又乞早決大計以慰人望理宗皆開納之歷與①化軍首詔學者云自南渡後洛學中微朱張未起以經行倡東南使知聖賢心不在訓詁皆自莆南夫子始初疑漢儒不達性命洛學不好文辭使知性與天道不在文章外者自福清兩夫子始因立三先生祠并録其文以傳莆南夫子者謙之也兩夫子者亦之藻也歷司農少卿終中書舍人著易講春秋正附篇考工記解竹溪十一篇林澍仁傳

林存字以道閩縣人受業眞德秀之門學以敦行爲

校注：①興

本舉嘉禧二年宏辭科累官至同知樞密院事終湖南安撫使知潭州正德福州府志

余隅字占之古田人學問警敏爲朱熹弟子與吕祖謙黄榦相往復講明義理著有克齋集閩書

林用中字擇之古田人始入學曰吾當求所謂明新至善以畢吾志遂棄舉業從朱熹遊熹稱其嗜學不倦講論精密知所用心與蔡元定齊名張栻守潭州熹偕用中往訪之有南嶽唱酬集終身不求仕進趙汝愚帥閩日常親造問政焉學者稱草堂先生著草堂集弟允中亦受業于熹道南源委

劉砥字履之長樂人六歲日誦千言覽忠孝大節輒激憤感慨十歲通九經傳記綴詞賦與弟礪同登童子科曰此不宜專習因徧取伊洛諸書讀之往受業於朱熹熹嘉其志學授之太極圖充然有得以時方攻道學無復仕進意年四十五卒砥孝友謹信不改繩墨爲文純雅宏博詩不加琢而能達其意著論語解孟子解王朝禮編礪字用之亦從熹遊而最善黃幹熹答陳才卿書曰禮書得直卿用之漸可整頓僞學禁與志尚愈篤礪子玠從黃幹學見義必爲有人所難者道南源委

林夔孫字子武古田人從朱熹學嘗論①陰一陽之謂道及繼善成性之說熹善之黨禁起學者懼禍更事他師夔孫從熹講論不輟熹易簀謂夔孫曰道理只是如此且須做堅苦工夫嘉定七年以薦授縣尉所著有書本義中庸章句蒙谷集萬歷福州府志

林憲卿字公度候官人從朱熹遊熹稱其忠信勉以學問熹没學益篤爲人温恭謹言行鄉里化之其徒吳宗萬林士蒙皆知名正德福州府志

潘柄字謙之候官人父滋黄幹嘗師之柄年十六即有志於道與兄植往事於武夷熹以所學授之嘗

校注：①一

言凡人之心不存則亡而無不存不亡之時故一息之頃不加提省則淪於亡而不自覺天下之事不是則非而無不是不非之處故一事之微不加精察則陷於惡而不自知著易解尚書解學者稱瓜山先生植字立之工爲文不事科舉以敦行終其身道南源委

程若中字寳石古田人從朱熹學躬行無僞以禮自維雖子姓侍側盛暑衣冠肅然著有槃澗集道南源委

林大春字熙之古田人朱熹弟子飭躬嚴密嘗題云仲尼再思曾子三省予何人哉敢不脩整卒後子

孫以文行世其家道南源委

鄭性之字信之侯官人從朱熹遊舉嘉定進士第一授平江軍節度判官召爲秘書正字疏乞强國勢勵節義專大帥之權久邊守之任累萬餘言出知袁州入見言侍從間有不阿執政者立中傷之此非國家之福時東宮虛位乞早定大計寧宗嘉納之歷知贛隆興建寧諸州端平初召爲吏部侍郎奏言臣者受君誰不欲言言者多則易於取厭言之激則難於樂受少有厭倦形於詞色則讒諂乘間而入參擢左諫議大夫累遷叅知政事觀文殿

學士卒諡文定性之所至爲民興利除害崇化厚俗不事刑威立朝忠厚正直無所依附著有端平奏義編年備要閩書

黃師雍字子敬閩清人少從黃幹學登寶慶進士爲楚州官屬李全反狀露師雍密結忠義軍別部都統時青圖之謀泄青被殺師雍不爲動全亦不加害秩滿朝議褒異師雍恥出史彌遠之門不往見調婺州教授一以呂祖謙爲法故慕徐僑爲人欲往謁會僑有召命則不往僑聞而賢之以李宗勉等先後交薦丞相喬行簡許以朝除矣師雍入見

勸其歸老行簡不悅出知龍溪轉運使上其邑最史嵩之繼相密示相親意師雍不領遷糧料院延至私室謂曰糧料密邇相府所以相處師雍亦不領會博士劉應起疏論嵩之嵩之以師雍與應起善疑左右之諷御史擊師雍出知興化軍旋奪之久乃稍遷宗正簿拜監察御史首疏削金淵秩再疏斥趙綸項容孫史宥之嵩之終喪李昴章琰及師雍共論列之理宗感悟勒嵩之致仕朝臣爭忌之累官至江西轉運使遷禮部侍郎命甫下而卒爲人簡淡寡欲靖厚有守言若不出口而於邪正

之辨甚明愛護名節無愧師友宋史

曾逢震字誠叟閩縣人與林性之俱從朱熹遊耻爲科舉之學於經史百家無不窺究而胸中渙然洞見道體隱居道山家之有無不問也嘗自編錄其詩文名月林醜鏡閩書

林學蒙字正卿永福人初從朱熹遊後卒業於黃幹僞學禁起講學龍門菴下陳師復守延平聘主道南書院朔望設講席執經者常百餘人生平識趣高明文足以發義理行足以激貪懦凡所講論易說熹皆然之著梅塢集道南源委

陳如晦字日昭長樂人從黃幹遊嘗謂眞德秀夜氣箴曰冬乃四時之夜夜爲一日之冬嚮晦入息處得造化發育之妙於此敬義夾持動靜交養則兩得之矣遂次其韻爲生意箴德秀亟加稱賞以趙汝騰薦充經筵不果授本州教授卒所著有論語問答及講義文集閩書

元

郭隚字德基長樂人父正子嘗著春秋傳論隚幼孤力學至元中舉遺逸授泉山書院山長遷興化路教授改吳江州再遷興化末行卒爲人易直脩潔

學者謚曰純德先生著有梅西集閩書

敖繼公字君善長樂人研窮經史而尤長於禮以儀禮高堂生傳既不傳而王肅袁準孔倫陳銓蔡超宗諸家注亦未行於世鄭氏康成舊注多疵因取賈公彥疏及先儒說補其闕更附以已見名曰集說元大德中寓吳興士多從之遊初仕定成尉以父任當補京官以讓其弟薦爲信州教授尋擢進士對策忤時相遂不仕元儒考行錄

歐陽佺字以大長樂人隱居著述動循禮法學者師焉著有四書釋疑五經旨要性理字辯格物啓蒙

忠孝大訓女範等書 道南源委

明

吳海字朝宗閩縣人元季以學行稱值四方盜起絕意仕進洪武初守臣欲薦諸朝力辭免既而徵詣史局復力辭嘗言楊墨釋老聖道之賊管商申韓治道之賊稗官野乘正史之賊支詞艷說文章之賊上之人宜敕通經大臣會諸儒定其品目頒之天下民間非此不得輒藏坊市不得輒鬻如是數年學者生長不涉異聞其於養德育才豈曰小補因著書一編曰書禍以發明之與永福王翰善翰

嘗仕元海數勸之死翰果自裁海教其子偁卒底成立平居處懷樂善有規過者欣然立改因顏其齋曰聞過爲文嚴整典雅一歸諸理後學咸宗仰之有聞過齋集行世前志列入元代今從明史隱逸傳改正

鄭旭字景初閩縣人居家孝友有信義貫通五經百家諸史與王偁林誌友善以學行辟爲國子掌儀明太祖選德望十人使傅東宮旭居第二後謫吏雲南建文中起爲高安訓導所著有詩經總旨初學提綱咏竹稿劉鶴翔撰傳

林玭字廷珍候官人天順進士第三以親老乞養家

居十有七年以易學倡教東南從遊者屢滿蔡清亦往師焉終喪授刑部主事遷浙江按察僉事時景寧賊吳大兒嘯聚剽掠玭發屬縣兵分駐要害以精鋭千餘人直臨其穴破之斬其渠魁餘黨亡入山谷復設法擒降之又有遂昌黃巖等賊萬人闖之膽栗玭預爲形勢疑之皆自解散擢雲南按察副使雲南華夷雜處既至别名分重禮教風俗一更致仕卒平生行誼政治過人而所學最優遠近翕然歸重（道南源委）

林瀚字亨大閩縣人成化進士改庶吉士以學行醇

正累遷國子祭酒屢與章懋講論爲懋所重擢吏部右侍郎旋晉南京吏部尚書時御史王獻臣被逮疏乞寬宥以全風憲儒士孫伯堅授中書舍人乞回成命以杜倖進之門忤旨自劾不報復疏請培植根本佑啓皇儲撫綏百姓增進賢才數事改兵部尚書逆瑾亂政嫉公正值大學士劉健謝遷致仕御史薄彥徽等上疏請留之且言上晏朝廢事日與倖倖遊飲射獵上大怒下彥徽鎭撫司獄鞫之詞連瀚出爲浙江右參政致仕瑾誅詔復舊銜卒謚文安明儒言行錄

鄭守道字用行侯官人學務窮理篤於躬行嘗主白鹿洞著太極圖說意易乾坤上下繫辭解大學解深思精詣闡周程之秘有功來學道南源委

馬森字孔養侯官人嘉靖進士授戶部主事歷知太平府民有兄弟訟者予鏡令照曰若二人老矣恐傷天性乎皆感泣謝去累遷至刑部右侍郎調大理卿屢駁疑獄與刑部尚書鄭曉都御史周延稱爲三平病歸起南京工部侍郎尋總督漕運兼巡撫鳳陽遷南京戶部尚書隆慶初改工部森奏祖宗舊制河淮以南以四百萬供京師河淮以北以

八百萬供邊一歲之入足供一歲之用後邊陲多事支費漸繁一變而有客兵之年例再變而有主兵之年例其初止三五十萬耳後漸增至二百三十餘萬屯田十虧七八鹽法十折四五民運十逋二三悉以年例補之在邊則士馬不多於昔在太倉則輸入不益於前而所費數倍臣前所區畫不過紓目前之急而於國家大體民之元氣未暇深慮願廣集聚思令廷臣各陳所見帝嘉納之帝嘗命中官崔敏發戶部銀六萬市黃金森持不可且言故事御札皆由內閣下無司禮徑傳者事乃止

又命購美珠玉森力爭不聽以母老乞養歸里居講論理學以程朱爲宗卒謚恭敏所著有四書口義書經敷言周易說義春秋伸義辨疑明史

王應鍾字懋復候官人嘉靖進士授庶吉士改御史巡鹽長蘆太監馬廣貪而虐應鍾疏論之詔切責廣一時中貴斂迹巡按順天糾郡縣不職者三十餘人嚴嵩柄國錦衣衛妄指奸細誣殺人鍾白其冤箏守備昌平太監王敏朘削軍士應鍾數其事世宗爲逐敏河套事起應鍾以前與議逮詔獄錦衣衛脩前隙幾斃杖下出按浙江所至墨吏解綬

去入掌河南道會大計嵩欲庇其私人應鍾弗許督學河南宗室有凌辱諸生者必繩以法轉山東叅政竟爲嵩所中罷歸環堵蕭然講明正學學使者宋儀望爲建書院於道山從遊雲集應鍾性端毅居官以嚴見憚於鄉黨則謙恭樂易引掖後進常若不及卒年九十著有韭音集分省人物考

王應山字懋宣應鍾弟以春秋設教於武夷四方從者如雲詩宗大歷婉而多致老益苦心編摩述作甚富著有經術源流闔大記明儒言行錄

盧一誠字誠之福清人萬歷進士授行人累遷南京

戶部郎官下士大夫宗王守仁招一誠入社講學謝不往曰吾不能口誦程朱而心畔之也出知潮州有黠僚箠郡權乾沒旣多以其餘遺一誠一誠怒叱之臺使知其廉欲弁屬以權事曰奈何奪丞倅職凝操峻行爲守郡僅見著四書講述行世道南源委

理學二

興化府

宋

茅知至字〇〇僊遊人操尚介潔不求聞達築廬隱於縣西博通墳典倡六經孔孟之道以開明人心著二十一史纉註十三經旁訓以闡發末學淸德介行鄉黨信服漕使罷籍疏其德行薦於朝景祐四年勑補國子助教累徵不起著周易義三十卷至性書爲道南一脈知縣皇甫當記其事蔡襄書

其實 縣志

方元宷字道輔莆田人父峻聚徒講學鑿井舍傍禱曰願子孫居官如此水初官潤州識程珦及卒明道爲作行狀范祖禹爲墓道碑元宷少與伊川遊書問往來積數十帖有曰經所以載道也誦其言解其訓詁而不及道乃無用之糟粕耳覬足下由經以求道勉之又勉異日見卓爾有立於前然後不知手之舞之足之蹈之又曰足下非混俗之流其志道之士朱子刻於白鹿書院書其後曰伊川先生德盛言重不輕與人今觀其眷眷如此則方

公之賢可知也元祐三年以特科出身終威武軍

節度推官道南源委

張彌字舜元性恬淡好學尤刻意於易凡三十年釋

然領悟窮日不已久而益信推明爲書根象數原

義理得與民同患之實用雖與前此談易者異同

而於爻象之辭一字皆有所本是以上極道德性

命之理下及昆蟲草木之微禮樂典章法度可指

吉凶悔吝動靜先知有漢晉易家所不到者紹聖

間大臣上所著書勅賜蒢光處士復以朝奉郎林

伸等列薦於守帥部使者轉以上奏勅授福州司

戸叅軍充泉州教授未赴官而卒有易解行於世縣志

林霆字時隱莆田人政和進士博學深象數與樵爲金石交林光朝師事之聚書數千卷皆自校讎謂子孫曰吾與汝曹獲良產矣紹興中爲勅令所删定官力詆秦檜和議之非即掛冠去當世高之朱史

鄭樵字漁仲莆田人好著書不爲文章自負不下劉向楊雄居夾漈山謝絶人事久之乃遊名山大川搜奇訪古遇藏書家必借留讀盡乃去趙鼎張浚皆器之初爲經旨禮樂文字天文地理蟲魚草木

方書之學皆有論辨紹興十九年上之詔藏秘府樵歸益勵所學從者二百餘人以薦得召對因言班固以來歷代爲史之非帝曰聞卿名久矣敷陳古學自成一家何相見之晚耶授右廸功郎禮兵部架閣御史葉義問劾之改監潭州南嶽廟給札歸抄所著通志書成入爲樞密編脩官尋兼攝檢詳諸房文字請脩金正隆官制比附中國秩序因求入秘書省繙閱書籍未幾又坐言寢其事金人之犯邊也樵言歲星分在宋金主將自斃後果然高宗幸建康命以通志進會病卒年五十九學者

稱夾漈先生宋史

宋蔡字去華莆田人紹興初試禮部第進中興十君論高宗稱善以布衣召見授廬陵尉指畫敵人形勢擢知江陰軍孝宗立除提舉浙東常平茶鹽事察猾胥六百餘人罷之奉旨賑恤永嘉發粟寬租蠲稅坐彈劾温州守臣爲權貴所擠力丐休致卒贈大中大夫著群經滯穗道南源委

方翥字次雲元寀曾孫六歲而孤從兄畧作萬卷樓儲書千二百筒遂盡讀之登紹興進士調閩清尉到官三日歸有旨召對除秘書省正字凡九月以

風聞論事聽外補翕道古非緣章句而終不肯著書間有吟寫蕭然出俗朱熹嘗過莆聞翕論說喜躍不倦道南源委

王悅字習之莆田人紹興進士調漳溪尉嘗佐浙西憲幕有負鹽繫獄者歲久莫剖悅決以非辜縱之守懼不敢悅請獨任其咎官終南外睦宗院教授著春秋解五經攢疑道南源委

陳昭度字元矩僊遊人少頴異不群學宗濂洛爲文理致深遠擢紹興進士爲尤溪主簿部使者令据撫屬吏細過昭度憮然曰吾其忍爲是耶乃拂衣

去以讀書著文爲樂後教授藤州藤去中州絶遠俗尚癖陋昭度勵以致知愼獨之學始知所指歸改知長樂縣未上卒縣志

林光朝字謙之莆田人再試禮部不第聞吳中陸子正嘗從尹焞學因從之游自是專心聖賢踐履之學通六經貫百氏言動必以禮四方來學者數百人南渡後以伊洛之學倡東南者自光朝始然未嘗著書惟口授學者使之心通理解嘗曰道之全體全乎太虛六經既發明之後世註解固已支離君復增加道愈遠矣隆興初光朝年五十以進士

及第調袁州司戶參軍乾道三年龍大淵曾覿以
潛邸恩倖進臺諫光朝及劉朔方以名儒薦對頗
及二人罪由是光朝改承奉郎知永福縣而大臣
論薦不已召試館職爲秘書省正字兼國史編脩
實錄檢討官歷著作佐郎兼禮部郎官八年進國
子司業兼太子侍讀史職如故是時張說再除簽
書樞密院事光朝不往賀遂出爲廣西提點刑獄
移廣東茶寇自荆湘剽江西薄嶺南其鋒鋭甚光
朝自將郡兵檄摧鋒統制路海本路鈐轄黃進各
以軍分控要害會有詔徙光朝轉運副使光朝謂

賊勢方張留屯不去督二將邀擊連敗之賊驚懼宵遁帝聞之喜曰林光朝儒生乃知兵耶加直寶謨閣召拜國子祭酒兼太子左諭德四年帝幸國子監命講中庸帝大稱善面賜金紫不數日除中書舍人時吏部郎謝廓然由曾覿薦賜出身除殿中侍御史命從中出光朝愕曰是輕臺諫羞科目也立封還詞頭天子度光朝決不奉詔改授工部侍郎不拜遂以集英殿脩撰出知婺州光朝老儒素有士望在後省未有建明或疑之及聞繳駁廓然士論始服光朝因引疾提舉興國宮卒年六十

五
宋史

按編傳以科第時代爲次今劉夙登進士在林氏之前而同嘗受業林氏故仍次其後焉

劉夙字賓之莆田人師事林光朝得其傳紹興中登第召吉州司戶參軍添差建州教授改臨①安以弟朔爲溫州司戶迎母就養因乞與溫州教授莫冲兩易以便親從之作養人材多所成就孝宗即位除樞密院編修以親老求去無何兼國史院編修力辭不就除著作佐郎輪對首論馳射近侍備淮三事又以浙江水奉詔陳得失言陛下與曾覿龍

校注：①臨

大淵輩觴咏倡酬字而不名罷宰相易大將待其言乃决嚴法守裁僥倖當自宮掖近侍始所請凡六事丐外除荆湖北路安撫司參議乾道元年以親老丐祠主台州崇道觀三年差知衢州訟平政簡奏舒民力罷貢獻辨君子小人會曾覿副賀金正旦道衢入謁夙弗納徙温州引疾歸卒光朝嘗云賓之愛君均於愛親憂國過於憂身古有遺直今難其人著春秋解道南源委

劉朔字復之紹興三十年試禮部第一廷試甲科調温州司戸參軍孝宗初立與林光朝同召對曰陛

下何不延納憤激敢言之士而聽許直難堪之言因以自考察成敗得失且及曾覿龍大淵罪狀改宣議郎知福清縣虞允文贊孝宗恢復多士嚮之朔極諫以爲宜選兵將廣儲峙責成於端重堪事者從容以待其變不可憑虛蹈空過爲揣料決天下於一擲孝宗竦然除秘書省正字以疾丐外除福建安撫司參議與兄夙皆爲時望所推學者輻輳其門夙性挺特不以色假人朔則濟以和易至輕祿位而重出處厚名義而薄勢利盡言於朝盡心於官飭廉隅公是非殆不相讓云著春秋紀年

道南源委

鄭耕老字轂叔莆田人既登進士除懷安主簿毋喪服闋調明州教授州當焚蕩之餘教弛學荒耕老經營區序興起斯文召見引太祖問趙普天下何物最大普對道最大知道理最大則必不以私意失公中孝宗悅擢國子簿添差福建安撫司機宜文字秩滿歸南陂著詩易洪範中庸語孟訓釋道南源委

黃補字季全莆田人少隨父端官惠州教授時承嘉陳鵬飛謫惠州因師友焉其學用心於內視富貴

利達蔑如也董教於鄉及門者數百人時林光朝講學城南而補在城東益爲學者宗尚登乾道特科授高州文學調高要尉著九經解論語人物志道南源委

黄艾字伯耆莆田人乾道中廷對第二人朱熹知漳州奏行經界朝議未定艾言天下之大公卿百官之衆議一經界三年不成若更有大事將如之何乃詔行之寧宗即位爲右正言兼侍讀及朱子罷講筵艾因進講問故寧宗曰始除熹經筵耳今乃事事欲聞艾懇請再三不聽除中書舍人改刑部

侍郎以待詔終著尚書解義道南源委

陳士楚字英仲莆田人從林光朝學登乾道進士調臨江戶曹攝新喻縣政教大行調候官以丞相周必大薦入對孝宗奬其誠實紹熙初除宗正丞兼嘉王府直講一日百官趨朝大雪丞相索表稱賀援筆立就青宮開經筵講無逸篇其解稼穡艱難曰百穀麗於土萌既敷方有實三農力於田莠草既除方有秧以諷小人妨君子之意壽皇稱其議論精詳理致深奧得師儒之道歷軍器少監提舉江南東路歲儉民饑不憚巡訪荒政最良歷除

侍講卒（道南源委）

方耒字耕道莆田人少孤力學家貧奉母師事朱熹於建安熹稱其明敏强毅進學不倦乾道中登第調善化尉往謁張栻栻深喜之謂其可以共死生同禍福後栻帥荆南辟耒及游九言爲屬曰是二人者能攻吾過耒感激知己遇事無隱終宣教郎知連江縣（道南源委）

余元一字景思僊遊人淳熙五年以詩學魁南宫登進士乙科娶勉齋黄榦女弟而榦則朱熹之婿因得親炙始見之日以仁義禮智信發爲五論及自著

文集爲贊熹敬愛之嘗有答余景思書見集中知同安縣號稱清嚴終泌州通判縣志

傳誠字至叔僊遊人家世多居顯秩誠從朱熹學嘗云伊洛諸公字說得不恁分曉至朱先生而後大明所與交遊皆讀書清介之士登淳熙進士調永福尉力辨陳介珪之寃與上官忤求去介珪卒遷太常博士時眞德秀爲正字輙相過論古今事寧宗朝輪對言甚剴切一日對上忽隕殿下縉紳悼惜之道南源委

方壬字若水淳熙中游太學謁朱熹以進退之說爲

請十四年登第除長泰簿會熹守漳請主學事主講說課試差補等十事熹命屬邑皆倣之除寧鄉縣未上卒壬性孝友與弟申終始無間家人議析產分籍各流涕而不忍觀云道南源委

黃士毅字子洪莆田人莆有壺公山因以壺山爲號僑①寓吳中有志聖賢事業慶元中學禁方嚴徒步入閩師事朱熹熹命日觀一書夜叩所見告以靜坐勿雜喚醒勿昏居數月授以大學章句而歸自是充然有得嘗譔次朱子書說七卷文集一百五十卷語類一百三十八卷又類註儀禮未克成書

校注：①僑

知府王遂爲買宅以居稱考亭名士同郡名儒黃公遂又謂之有道君子云道南源委

鄭鼎新字中實儒遊人登嘉定進士知晉江縣建問政堂輯論語書言政治者題①於壁建縣學孔子廟闢尊道堂眞德秀守泉殊敬重之尋判處州監右藏東庫遷國子書庫授鄂大提管卒鼎新受業黃幹之門而與楊復游嘗考究禮書成編名禮學舉要又撰禮學從宜集其卒也遺命治喪一以儀禮從事道南源委

陳守字師中莆田人父俊卿嘗館朱熹於白湖仰止

校注：①題

堂使子弟受業焉守寛宏剛直熹題其書室曰敬恕且爲之銘以父蔭補官歷太常寺丞工部員外郎凡六授郡符三持使節俱以廉清介特稱晚爲將作監卒道南源委

陳定字師德守弟人品甚高年十二即知爲己之學每欲見古人歸宿處林光朝與之特厚長從朱熹遊告以聖人之學必自近而易者始遂反求之生平未嘗應舉以父任爲右承奉郎卒年二十五朱子銘其墓道南源委

陳宓字師復守弟少事朱熹器異之長從黄幹遊稱

其胸懷坦然無一毫私欲之累以父任歷安溪泉州南安鹽稅主管南外睦宗院知安溪士民不名爲令而稱復齋先生嘉定七年入監進奏院上封事言宮中宴飲或至無節非時賜予爲數浩穰大臣所用非親卽故貪吏靡靡不得志廉士動招怨尤若能交飭內外一正紀綱天且不雨臣請伏面謾之罪奏入丞相史彌遠不樂而中宮慶壽三牙獻遺至是爲之罷御遷軍器監簿轉對言人主之德貴乎明大臣之心貴乎公臺諫之言貴乎直指陳弊事視前疏尤剴切焉尋請罷歸擢大府丞不拜

出知南康軍歲大祲奏蠲其賦使流民築江隄而給其食造白鹿洞與諸生講解改知南劍州又大旱疫蠲逋賦十數萬且弛新輸三之一躬率僚吏持錢粟藥餌戶給之創延平書院悉倣白鹿洞規知漳州未行聞寧宗崩嗚咽累日無何請致仕寶慶二年提點廣東刑獄章凡三上迄不就以直秘閣管崇禧觀拜祠命而辭職名得進職一等致仕三學諸生以起宓為請而宓沒矣宓天性剛毅信道尤篤自言居官必如顏眞卿居家必如陶潛而深愛諸葛亮身死家無餘財庫無餘帛庶乎能蹈

其語者端平初贈直龍圖閣所著有論語注義問答春秋三傳抄讀通鑑綱目唐史贅疣文稿數十卷宋史

黄績字德遠莆田人兄鏞寶慶進士少凝重稍長力學慨然有求道之志始遊淮浙遍參諸老中年聞陳宓得朱子之學遂師事焉集同志十餘人於陳氏仰止堂旬日一講及師復卒遂於望僊門外築東湖書院春秋祀焉聚講一如平時涵江書院始賜額以績爲山長年七十一卒績雖布衣爲鄉先生三十年門人著籙牒以數十百計著有四書遺

說等書道南源委

謝升賢字景芳僊遊人少篤理義之學登端平進士官至興寧令所著有太極西銘說易通學庸語孟解大意皆推本朱子之書嘗曰欲遡道之所出以究其終則必先三書而後四書欲窮道之所入而反其始則必先四書而後三書道南源委

陳紹叔字克甫莆田人終日危坐一室俯讀仰思嘗爲學者講論璣衡遂揉木爲儀象以示之既而鑄銅倣古制又刱制器象天體虛其中而縣之上刻周天度數而以細螺塡之揭南北二極凡天河星

宿皆列其名使夜視之與天象合圍四尺五寸有奇名曰小天至於河圖洛書太極通書律歷制度靡不研究有外集百餘卷題曰浮①邱集稱浮邱先生道南源委

鄭可學字子上莆田人幼而交早孤撫諸弟教授生徒以自給自知性褊乃於懲忿上用工尤切裹糧千里從熹遊熹一見如夙友卒一歲歸歸以書質所疑熹守漳州延爲子弟師嘗以删定大學一編示諸生曰此書欲付得其人惟子上可托凡學者有問必使可學正之竟日端坐不見怠容氣和而

校注：①邱

清誠信溫恭凡所誘誨皆爲名士僞學禁與諸生畏避退縮可學獨旦暮相隨前後三奉大對晚以特科授惠州文學調衡州司戶著春秋博議十卷三朝北盟舉要一卷詩數百篇晚歲①嘗曰吾所聞於師者皆精微要妙口傳而不書者也今老矣不可獨善其身將書之以淑斯人因爲師說十卷道南源委

方大壯字履之莆田人不事場屋專心求道朱熹至莆舉所學就正曰與同志講論性至孝執父喪三年不出戶臨殁戒治喪無用浮屠衣冠束帶而逝

校注：①歲

稱履齋先生道南源委

陳光祖字世德僊遊人父吉老通春秋三傳學光祖以父蔭補官德行政事皆有尺律知英德府蠲上供泛之輸改邕州恩信招來有峒首李萬久爲邊患誘而擒之衆皆怗息事聞除廣東提刑作欽恤編以戒僚屬新濂溪祠以崇教道捐故錢三千緡以代給邕兵之廩凡一切無名之征奏悉蠲除積官朝奉郎光祖嘗師事陳淳又受易書於蔡淵蔡沉喪祭一遵文公家禮北溪名其室曰貫齋道南源委

陳沂字伯澡光祖子以蔭補官調新州推官郡倉受

納監官例取斛面沂笑麾之會州有梁龜從等寃[1]獄太守必欲置之死地沂力爭辦因得不死竟獲譴罷去沂自弱冠侍官南游始篤志紫陽之學徧參劉爚廖德明李方子楊至諸先生之門而陳淳又沂所終身卒業者凡一時及門之士皆推沂爲嫡嗣縣志

林以辨字子泉莆田人祖應承學於黄績得陳宓之傳登咸淳進士歷官宗正寺簿宣撫司機宜傳通群經尤善說詩究心程朱之學宋亡不仕道南源委

元

校注：①寃

陳旅字衆仲莆田人先世以儒學稱旅幼孤其外大父趙氏學有源委撫而教之旅得所倚篤志於學稍長至溫陵從鄉先生傳古直遊聲名日盛用薦爲閩海儒學官適御史中丞馬祖常使泉南一見奇之謂旅曰子館閣器也胡爲留滯於此因勉遊京師既至翰林侍講學士虞集見其所爲文慨然嘆曰此所謂我老將休付子斯文者矣卽延至館中朝夕以道義學問相講習諸公咸以爲旅博學多聞宜居師範之選薦授國子監助教三年考滿諸生不忍其去請於朝再任焉出爲江浙儒學副

提舉至元四年入爲應奉翰林文字至正元年遷國子監丞卒年五十六旅於文自先秦以來至唐宋諸大家無所不究故其文典雅峻潔必求合於古作者不徒以狥世好而已有文集十四卷旅平生於師友之義尤篤每感虞集爲知己其在浙江時集歸田已數載歲且大比請於行省參知政事孛术魯翀親奉書幣請集主文鄉闈欲爲問候計乃衝炎千里訪集於臨川集留旬日而别每語學者必以旅爲平生益友也元史

明

吳源字性傳莆田人早孤力學通諸經尤深於易惇禮好義學士大夫皆推之洪武三年以明經授興化教諭遷府教授十三年以薦特詔徵之與杜斆龔斆李祐同郡趙民望俱應召至京命爲四輔官兼太子賓客位列公侯都府之次每講明治政必以得賢才敦教化養黎元爲圖治之本甚見嘉納尋以老歸上念其賢復詔授國子司業未幾卒於官縣志

方澥字源深莆田人正統進士授行人時年五十餘矣猶執經講說扣問紛如尋求致仕以教授爲業

未嘗輕入城市生平邃理學動率禮書嘗嘆文公家禮雖經諸儒詿釋而去取或晦胡代遷改冠服不同於是作家禮列圖於首而條釋其下鄉人宗之自號柳東耕老學者稱柳東先生道南源委

黄仲昭名潛以字行莆田人祖壽生翰林檢討有學行仲昭年十五六即有志正學登成化進士改庶吉士授編脩與章懋莊泉同以直諫被杖謫湘潭知縣用諫官言改南京大理評事兩京諸司隷卒放還而取其月錢爲故事惟仲昭與羅倫不取御史縱子弟取賂刑部曲爲地仲昭駁正之連遭

父母喪不離苫塊者四年服除以親不逮養遂不出宏治改元御史姜洪疏薦吏部尚書王恕檄有司敦趣比至恕迓之大門外揖讓升堂相向再拜世兩高之除江西提學僉事誨士以正學久之再疏乞休日事著述學者稱木軒先生卒年七十四

明史

吳仲珠字淳夫莆田人少精學業竦於世故登成化①未進士授義烏知縣以公錢助喪爲御史所按②曰士何往不得哉遂拂衣歸家居授徒分晰經③奧語以訓後學著有四書詩經講說道南源委

校注：①乙　②嘆　③傳

周瑛字梁石莆田人成化進士知廣德州以善政聞賜旌巽①遷南京禮部郎中出爲撫州知府調知鎮遠秩滿肯②親歸宏治初吏部尚書王恕起瑛四川參政進有③布政使咸有善績尤勵清節給事御史交章薦大臣亦多知瑛而瑛以母喪歸遂致仕孝宗嘉之韶④進一階卒年八十七瑛始與陳獻章友獻章之學主於靜瑛謂學當以居敬爲主敬則心存然後可以窮理自六經之奧及天地萬物之廣皆不可不窮積累既多則能通貫而於道之一本自得之矣所謂求諸萬殊而後一本可得也學者

校注：①異　②省　③右　④詔

稱翠渠先生明史

宋端儀字孔時莆田人登成化進士歷官廣東學政身先表率痛抑浮誕奇險之習課士所至窮鄉海澨莫不涉歷竟以勞卒廣人祀之學宮生平孝友天性廉介自持稽經訂史汎濫停蓄而於程朱微言緒論無不究極凡所行止俱有依據著有考亭淵源錄姪元岳著文廟考四禮節要道南源委

黄瀾字源續莆田人成化中領鄉薦卒業太學爲邛①濬②所器從遊者數百人弟宏治進士選庶吉士授編脩以母年老告歸十餘年母終復起充經筵講

校注：①邱　②濬

官講尚書論語以戒佚遊遠佞人爲言武宗改容
嘉納歷遷南侍讀學士乞致仕瀾學問淵永儀度
閒雅寡嗜欲恬仕進所著有經書資講子肯堂孫
洪毗俱有才名道南源委
茅陽字常清僊遊人性簡朴嗜學成化間貢京師聞
河東閻禹錫薛瑄高弟也學行過人易義精邃遂
師之授新城訓導嘗新文廟先是學中廩輸戶長
賦者故高其直役之陽懲其弊還其餘直輸者義
以修廟不煩有司陞河源教諭捐俸甃學宮外垣
以去水患所至立紀綱以師道自尊秩滿轉連山

教諭聞喪歸塟以孝聞終制再任河源教諭陳時奬[①]十數條皆中肯施行陽操持古道歷三庠每日必衣冠坐明倫堂與諸生講說五經實學所著有勉齋稿年六十有三縣志

陳茂烈字時周莆田人年十八作省克録謂顏之克已曾之日省學之法也宏治中舉進士奉使廣東受業陳獻章之門獻章語以主靜之學退而與張詡論難作靜思録尋授吉安府推官考績過淮寒無絮衣凍幾殆入爲監察御史袍服朴陋乘一瘦馬人望而敬之以母老終養供母之外不辦一帷

校注：①獘

洽畦汲水身自操作太守聞其勞進一卒助之三日遣還吏部以其貧祿以晉江教諭不受又奏給月米上書言臣數貧食本儉薄故臣母自安於臣之家而臣亦得以自遂其貧非有及人之廉盡已之孝也古人行傭負米皆以爲親臣之貧尚未至是而臣母藨臣艱苦今年八十有六來日無多臣欲自盡心力尚恐不及上煩官帑心竊未安奏上不允毋卒茂烈亦卒茂烈爲諸生時韓文問莆田人物於林俊曰時周且曰與時周語沉疴頓去其爲所重如此明史

黃鞏字仲固莆田人宏治進士正德中由德安推官入爲刑部主事掌諸司奏牘歷武選郎中十四年有詔南巡鞏上疏曰陛下臨御以來祖宗之綱紀法度一壞於逆瑾再壞於佞倖又壞於邊帥蓋蕩然無餘矣亂本已成禍變將起試舉當今最急者陳之曰崇正學通言路正名號戒遊幸去小人建儲貳時貝①外郎陸震草疏將諫見鞏疏稱歎因毀已稿與鞏連署以進帝怒甚下二人詔獄復跪午門衆謂天子且出鞏曰天子出吾當牽裾死之跪五日期滿仍繫獄越二十餘日廷杖五十斥爲民

校注：①員

江彬使人刺聲聞行得脫既歸潛心著述或米盡日中未爨晏如也嘗歎曰人生至公卿不過三四十年惟立身行道千載不朽耳世宗立召爲南京大理丞疏稱稽古正學敬天勤民取則堯舜保全君子辨別小人明年入賀卒於京師贈大理少卿賜祭葬天啓初追謚忠裕明史

方良永字壽卿莆田人宏治進士督逋兩廣峻却餽遺爲布政使劉大夏所器還授刑部主事歷廣東僉事瓊州賊符南蛇爲亂大夏時爲總督檄攝海南兵備會師討平之御史坐良永失利大夏已入

爲本兵爲白於朝賚銀幣正德初父喪除待銓闕下外官朝見畢必謁劉瑾鴻臚導良永詣左順門叩頭畢令東向揖瑾良永竟出或勸詣瑾家良永不可及吏部除良永河南撫民僉事中旨勒致仕旣去瑾怒未已欲假海南殺人事中之刑部郎中周敏力持乃不坐瑾誅起湖廣副使尋擢廣西按察使發巡按御史朱志榮罪至謫戍遷山東右布政使旋調浙江改左錢寧以鈔二萬喇於浙良永上疏曰四方盜甫息瘡痍未瘳浙東西雨雹寧厮養賤流假義子名躋公侯之列賜予無筭納賄不

貲乃敢攫民財戕邦本有司奉行懸於詔旨胥史緣爲奸椎膚剝髓民不堪命乞陛下下寧詔獄明正典刑以謝百姓寧懼留疏不下謀遣校尉捕假勢粥鈔者以自解於帝而請以鈔直還之民陰召還前所遣使寧初欲散鈔徧天下先行之浙江山東山東爲巡撫趙璜所格而艮永白發其奸寧目是不敢粥鈔寧方得志公卿臺諫無敢出一語艮永以外僚訟言誅之聞者震悚艮永念母老恐中禍三疏乞休去世宗卽位中外交薦拜右副都御史撫治鄖陽以母老再疏乞終養都御史姚謨請

破格褒寵尚書喬宇孫交言良永家無贏貲宜用侍郎潘禮御史陳茂烈故事賜廪米詔月給三石久之母卒詔賜祭葬皆異數也服除以故官巡撫應天即家賜勅至衢州疾作連疏乞致仕遽歸卒卒後有南京刑部尚書之命暨訃聞賜卹如制謚簡肅良永侍父疾衣不解帶者三月母病良永年六十餘矣手進湯藥無少怠居倚廬哀毁稱純孝焉素善王守仁而論學與之異嘗語人曰近世𡴭①言心學自謂超悟獨到推其說以自附於象山而上達於孔子目聖賢教人次第爲小子無用之學

校注：①專

程朱而下無不受擯而不知其入於妄也明史

林有年字以永莆田人少孤事祖母暨母盡孝以宏治舉人會試乙榜授蕭山教諭大母没終制補東莞諭張詡於南海訂朱陸異同闡明正學階梯以端士習母没廬墓有遭火反風之祥服闋擢繁昌知縣捐俸賑荒蠲蘆州課創義塚脩橋坊擢南京御史一歲中凡七言事武宗欲迎生佛於西域有年上疏切諫上怒逮詔獄謫武義丞嘉靖改元復御史擢知衢州府毁淫祠創社學選塾師以訓民間子弟公餘親爲句讀值久旱竭誠而雩歲乃大

孰擢廣西副憲未上致仕臨行老稚攀轅泣別立祠祀之道南源委

卓居傳字起巖莆田人精於經學開館鳳山執經問難者前後數百人以鄉薦授金華訓導教迪有方青衿競奮登正德進士賜歸省一時士類競趨其門終刑部主事所著有書經四書臆說學者宗之道南源委

劉閎字子賢莆田人生而純慤蚤孤絕意科舉求古聖賢持躬訓家之法率而行之祖母及父喪未舉斷酒肉遠室家訓鄰邑朔望歸則號泣殯所如是

三年婦失愛於母出之獨居奉養疾不解衣母或恚怒則整衣竟夕跪榻前祭享奠獻一循古禮鄉人莫不欽重副使羅璟立社學搆養親堂延閔爲師提學僉事周孟中捐俸助養知府王㢸每祭廟社必延致齋居曰此人在座私意自消置田二十餘畝贍之並受不辭及母沒卽送田還官廬墓三年弟婦求分產閔闔戶自撾婦感悟乃已宏治中僉都御史林俊上言伏見皇太子年踰幼學習處宮中罕接外傅豫教之道似爲未備今講讀侍從諸臣固已簡用然百司衆職山林隱逸不謂無人

以臣所知則禮部侍郎謝鐸太僕少卿儲瓘光祿少卿楊廉可備講員其資序未合德行可取者二人則致仕副使曹時中布衣劉閔是也閔臣縣人恭愼醇粹孝行高古日無二粥身無完衣處之晏如臣謂可禮致時中爲官僚閔以布衣入侍必能涵育薰陶禆益睿質時不能用其後巡按御史宗彝饒瑭欲援詔例舉閔經明行脩閔力辭知府陳效請遂其志榮以學職正德元年遥授儒學訓導

明史

林學道字致之莆田人向道甚勇義利之辨甚嚴終

日正襟危坐非寢不脫巾履初從蔡淸受學嘗遊吳下有僉事某者延至其家既而聞其居喪宴會曰非吾徒也遂去之徐階謫延平願請一見竟不造門至嘉靖間以貢授都昌訓導階亦督學江西喜曰吾今得見林致之矣爲題其像曰顔勤閔孝柴愚參魯若在聖門依稀參伍終無爲州學正學者私謚曰貞脩先生著原教錄道南源委

歐志學字須靜莆田人淹貫經傳以貢入南雍海內交重之吳中諸交學爭延爲師領嘉靖乙酉鄉薦知潮陽縣興學育才人文遂盛歲餘乞歸留之不

可開五經講席四方負笈者相踵所著有四書淵源毛詩小見衍義補要等書道南源委

柯維騏字奇純莆田人舉嘉靖進士授南京戶部主事未赴引疾歸張孚敬用事厰新制京朝官病滿三年者槪罷免維騏在罷中自是專心讀書門人日進維騏引掖靡倦慨近世學者樂徑易而憚積累竊三代之說以文其固陋也作左右二銘訓學者務實以辨心術端趨向爲實志以存敬畏密操履爲實功而其極則以宰理人物成能天地爲實用作講義二卷宋史遼金二史舊分三書維騏合

之爲一名曰宋史新編又著史記考要續莆陽文獻志及所作詩文集行於世維騏登第五十載未嘗一日服官中更倭亂故廬焚毀家困甚終不妄取世味無所嗜惟嗜讀書撫按監司時有論薦不復起隆慶初廷臣復薦所司以維騏年高但授承德郎致仕卒明史

吳紳字克服莆田人弱冠見胡敬齋居業錄勵志習誦怡然有得由嘉靖舉人授德安教諭築君子臺日與諸生講論性理歷遷常州通判時趙文華視師至郡凌①轢守令遂投牒歸講學於鳳山寺嘗謂

校注：①凌轢

學者曰爲學要看鄉人事如何聖賢事如何如不論當爲不當爲只隨俗聽衆此鄉人事如當爲則爲不當爲爲則決不爲拔乎流俗此聖賢事諸生今已志向聖賢但須堅持初志久則可以入聖者有易通鳳山初言志學錄等書嘗避地樒城復入南都著有樒城金陵二語錄其卒也門人私謚正學先生道南源委

國朝

鄭文炳字慕斯莆田人少知嚮學稍長有志操探討性命之學作正學論要以洛閩爲宗父光春客遊

四方音書久絕文炳將往尋焉而莫知所在問於母葉氏熟記其狀貌及離家年月以行展轉蹤跡至滇南旅寓忽相見號泣懇俱還不果父趣之歸歸未幾父没於滇復奔赴負骸歸葬子身跋涉萬餘里一笠一囊露宿草行徬徨江楚黔蜀間幾瀕於死志不少衰人稱孝子汪學使薇爲補郡庠弟子員群重其學行儀封張伯行撫閩選入鼇峰書院從蔡世遠遊宿冠多士伯行調撫江蘇遣使聘至姑蘇講業年餘而歸雍正乾隆兩舉孝廉方正皆不就太守欽其品請延爲郡之洞橋書院師訓

迪不倦更倡脩平海衛學建五賢祠年八十六卒著周易要義明倫集性理廣義省心堂集諸書初文炳之往①爭父也娶婦吳氏纔數日及歸婦已死②東吕守程鯤化嘉其孝妻以女舉五子士仁自有傳帝眷有學行善事其親領庚午鄉薦其後裔胥守道能文鄉里咸曰鄭孝子家縣志

福建續志卷三十六終

校注：①尋　②東昌

福建續志卷三十七

理學三

泉州府

宋

曾恬字天隱晉江人少刻苦勵學從楊時謝良佐遊得存心養性之旨紹興中舉進士累官大宗正丞秦檜當國恬不爲屈求外祠主管台州崇道觀著有上蔡語錄二卷道南源委

陳研字叔幾晉江人登乾道進士筮官臨汀令上疏乞弛計口鬻鹽之禁且請置寨柳陽圃以備鹽盜

詔從之時權貴欲排擊故相將引爲御史研曰公議不可犯故相不可彈以忤去提點湖南刑獄永州豪殺人賄吏抑死者家爲誣研平反之徙計度轉運使屬故有鐵纜錢研曰鐵纜久廢何用爲悉去之遷起居郎卒著有易詩書禮記解泉州府志

楊炳字若晦晉江人少力學精左氏傳登淳熙進士以薦爲國子監錄遷左司諫論治贓吏當自大吏始又乞節宫中浮費嘗曰大臣不爲私則小臣不敢干以私臺諫不爲私而後可責人以私歷官權吏部尚書丐外除寶謨閣直學士奉祠卒年八十

一著易說禮記解西掖類稿諫垣存稿泉州府志

陳震晉江人淳熙進士令新建以帑積舊券代下户輸租歷知韶州遷太府丞奏減二廣丁錢奉祠卒著春秋解史編雜著數十卷道南源委

王力行字近思同安人事朱熹熹稱其明敏勉以退求爲己由是勤學善問悉得旨趣著朱氏傳授支派圖文公語錄道南源委

楊至字至之晉江人受業朱熹之門作天道至德聖人至教圖末言君子法天從政如風動以教善雷擊以懲奸蔡元定竒之妻以女所記有文公語錄

二卷泉州府志

傅伯成字景初晉江人從朱熹學登隆興進士知連江縣以慈惠稱遷太府寺丞疏言呂祖儉不當以上書貶朱熹不當目以僞學又言朋黨之弊起於人主好惡之偏坐是出知漳州以律己愛民爲本累遷工部侍郎時韓侂胄議開邊語尚秘伯成言天下之勢譬如乘舟歲月既久罅漏滲多苟安且夕猶懼覆敗乃欲徼倖圖古人之所難臣則未之知也相府災同列相率往唁或以爲偶然伯成正色曰天意如此正官師相規時也以爲偶然可乎

宰相色動遂陳三事一曰失人心二曰隳軍政三曰啓邊釁言甚切政右司郎中出爲湖廣總領朝議欲納金人之叛降者伯成言不宜輕棄信誓乞戒將帥毋使生事御史中丞鄧友龍劾罷之嘉定初除戶部侍郎左諫議大夫在職五十餘日而抗疏十三皆軍國大議或致史彌遠意欲使有所彈劾將引以共政伯成謝曰吾豈傾人以爲利者疏乞詔大臣以公滅私左遷權吏部侍郎出知建昌鎮江二府致仕歸寶慶時加寶文閣學士提舉祐神觀奉朝請時大理寺許①事朝夢昱坐論諫貶遂②

校注：①胡　②逐

抗疏言陛下以共工驩兜之罪加之言事之臣今廷臣無一人論救萬一貶者死於瘴癘陛下有殺諫臣之謗史策書之有累聖治不報明年加龍圖閣學士提舉鴻慶宮伯成性資純實表裏洞達每稱人善不啻已出語及姦人誤國害正則詞色俱厲疾革猶手草遺奏卒年八十四贈開封府儀同三司謚忠簡著有竹隱居士集三十卷奏議十卷耄志六卷泉州府志

張巽字子文惠安人父寓嘗與張栻共學栻講學長沙遣巽從之及歸杜門養聯人①空知者時朱熹之

校注：①無

學大行於泉如楊至陳易輩稱清源別派惠安劉
鏡字叔光熹弟子也巽聞從之遊因得所聞於熹
然疑晦菴之教不止是乃走武夷謁熹以所嘗與
栻講論中和之旨告之熹曰此其與南軒晚年書
一功夫也臨别乃教之曰南軒記嶽麓其記石鼓
合而觀之知所用力矣巽淹①養體察久益明淨或
勸其著述曰尊所聞則高明行所知則光大吾於
聞之功未盡敢妄作哉築草堂於錦溪之上學者
稱錦溪先生泉州府志
許升字順之同安人朱熹爲同安簿升從之遊天性

校注：①涵

恬澹不以物欲累心熹語錄多載其問答之語後復從熹於建陽所學益進旣卒熹深惜之有孟子說易解禮記文解泉州府志

薛舜俞字欽父同安人紹熙進士除南劍州教授未上三府交薦差江西漕司幹官尋罷起江東常平幹官與其長李道傳賑荒多全活改知金華縣䏻守督宿逋苛峻舜俞引義力爭請寬期示信民以樂輸罷歸卒著有易抄詩書指文集行世道南源委

蔡和字廷傑晉江人慕朱熹之賢以親老不獲往從乃勸陳易受業自以書從易請質無虛日居白石

村喪祭遵古禮鄉閭化之稱白石先生先是泉士專經泥章句自和及北溪陳淳往來講授一時如鄭思忱思永蘇思恭王次傳卓琮王雋黄一翼江與權黄必昌皆從淳學錄是關洛考亭之書家誦人習理義之盛號爲紫陽别宗云泉州府志

楊景隆字伯淳晉江人開禧進士官建寧司法叅軍博學淵深講授經史學者嘗數百人著有春秋漢唐通鑑史志解道南源委

鄭思忱字景千安溪人嘉定中以詞賦領鄉薦中第爲新興令除遺利錢三百萬知崇安縣復均惠倉

以譖左遷浦城丞謁眞德秀德秀察其賢爲言於太守得復任尋知南恩州浙東參議因雷變上封事言土瀦苞苴民困且盜宜去貪恤民節用蓄力除監登聞鼓院卒所著有詩書釋弟思永字景修從蔡和遊和妻以女著有易說泉州府志

蘇思恭字欽甫晉江人學行堅確畤然後言嘉定中以禮部奏名方候廷對聞有朞喪亟歸後登進士第除興化軍教授以理義革詞華士風丕變調部州教授卒著有省齋集泉州府志

呂大奎字圭叔同安人學於陳淳盡屏詞章以致知

力行爲務登淳祐進士累官吏部侍郎出知興化軍捐俸錢代輸中戸以下賦著莆陽拙政錄德祐初改知漳州時蒲壽庚降元脇大奎署降表不從泥封所著書逃入海壽庚遣兵追及之遂見殺書室盡毁獨門人所傳學易管見易經集解春秋或問行於世人稱樸鄉先生泉州府志

呂中字時可晉江人淳祐進士教授肇慶府除國史實錄院檢閲上疏言當去小人之根革贓吏之弊遷國子監丞兼崇政殿説書言人能正心則事不足爲人君能正心則事不足治又請進講經史並

依正文不宜節貼避忌理宗嘉納之予給歸尋召爲秘書丁大全忌其直出知汀州召復舊官主管成都玉局觀卒著者演易圖論語講義皇朝大事記治迹要略泉州府志

黃巖孫字景傳惠安人寶祐進士授仙谿尉一以義理之學爲政先是段全夌景陽尉仙谿巖孫作思賢堂且記曰事俗而不自爲俗者學尤於事也官卑而不自爲卑者人大其官也咸淳中知尤溪縣新南溪書院建四齋及講堂以棲學者疏朱熹太極通書西銘解三篇及其與問答語凡諸儒之說

由以己意會粹成編名曰輯解葬守福州校刊真德秀讀書記學者宗之道南源委

元

邱葵字吉甫同安人少慕程朱之學親炙呂大奎最久宋末廢科舉杜門勵學不求人知所著有易解義既濟圖書直解詩口義春秋通義四書日講周禮補亡蕭壽庚叛降元葵益自韜晦元遣御史馬伯庸來徵以種圃自匿已又率達魯花赤賫幣就聘其家竟力辭伯庸等取遺書以去今存周禮補亡及鈞①磯詩集元儒②吉行錄

校注：①釣 ②儒

明

蔡清字介夫晉江人少從林玭學易盡得肯綮舉成化進士即乞假歸講學尋授禮部主事王恕長吏部雅重之調稽勳主事恒訪以時事清乃上二扎①一請振紀綱一薦劉大夏等三十餘人恕皆納用除祠祭司員外郎改南京文選郎中一日心動急乞假養父兩月而父卒正德初起家江西提學副使宸濠驕恣遇朔望諸司先朝王次日謁文廟清不可先廟而後王王生辰令諸司以朝服賀清曰非禮也去蔽膝而入王積不悅會王求復護衛清

校注：①札

有後言王欲誣以詆毀詔旨遂乞休去尋起南京國子祭酒命甫下卒嘉靖時子存遠以所著易經四書蒙引進於朝追贈禮部侍郎謚文莊門人陳琛王宣易時中林同趙逯蔡烈並有名明史

易時中字嘉會晉江人舉鄉薦授東流教諭遷夏津知縣有惠政稍遷順天府推官以治胡守中獄失要人意將中以他事遂以終養歸道出夏津老稚爭獻果脯將別有哭失聲者毋年九十一而終時中七十矣毁不勝喪而卒明史

趙珽字德用晉江人少孤鋭學登成化進士授刑部

主事擢廣東提學僉事道經故里時羅倫謫官泉州造琎講學終日乃去至廣東訪陳獻章質以學問獻章更號海雲琎輙止之謂其流於禪號獻章曰羅一峰死僕以爲自今後不復有如一峰者今乃有執事也尋卒於官琎平生尚氣節重名教造詣淵邃學者尊之泉州府志

林同字宜正晉江人從學蔡清舉宏治鄉薦歷樂陵丹徒萬載教諭遷金華府教授所至爲上官器重擢兩浙轉運判官分司永嘉永嘉多官豪兼并隱射爲利同疏言鹽場疆界不均爲窮下戸病宜急

審覈凡四上得允嘗解課至太倉得羨餘同白尉

部戶部尚書梁材素廉介亟稱之張璁家海上屢

賊縛驄御史希璁意環築二十里爲沙城所費不

貲同召父老詢之曰謂城便者左不便者右衆咸

右因持議忤御史遂致仕歸沙城亦竟寢同節槪

健勁論義理政事率中肯綮居徒四壁與野老談

農事足絶城邑著有正學録龍峰遺集泉州府志

王宣字子鍾晉江人宏治中舉於鄉一赴會試不第

以親老不再赴受業蔡清之門嘗論學者合朱陸

爲一郎非眞知爲人廓落豪邁俯仰一世精研前

聖之遺洞貫百家之旨林希元稱其有自得之學絕俗之行明史參道南源委

陳琛字思獻晉江人正德進士從蔡淸遊爲學先得大旨初若不由階序而工夫細密造詣醇深授南京戶部主事監権淮安革私弊弛厲禁人稱便焉調考功主事以母老乞歸養足跡不入城市闢斗室朝夕偃仰其間靜觀天地萬物之變喟然自得人莫能測其意也起貴州提學僉事尋改江西皆力辭卒於鄉著有易理通典四書淺說皆推明朱傳學者宗之初蔡淸以深微實踐之學教人門人

或得其言語而未悉其精微或能究其精微而不必見諸實踐出處去就悉合於義無愧師門者琛一人而已明儒言行錄

史于光字中裕晉江人家貧勵志讀書孝事二親親歿江水漂其柩于光號泣奔緣柩掛於樹獲免人以爲孝感云領正德鄉薦不赴春官曰仕不逮親奚亟爲繼成進士還庶吉士改吏科給事中時議大禮于光據張璁疏條析款辨之不報以疾歸居家博極羣書作易解四書解正蒙解寒暑不輟夜不息燈有所得即起書之越四年起原官卒歷仕

十餘載囊槖無以爲歛泉州府志

張岳字維喬惠安人正德進士授行人武宗不豫居豹房與閹嬖同臥起岳疏請九卿科道入直嘗藥防他虞不報武宗已南巡岳與同官疏諫詔下獄廷杖謫南京國子監學正世宗嗣位復故官歷主客郎中時方議大禘所自出之帝無主名張璁欲傅會以實其人禮官唯唯岳請第以皇初祖設位璁不從而上意如岳所言璁忌之出爲廣西提學僉事行部郴州軍闕餉大譁城閉五日岳令啓門召譁者予餉去尋以計禽首惡置諸理入賀改

提學江西不謝璁摘岳廣西選貢事謫廣東鹽課提舉遷知廉州督民墾棄地教以桔槔運水廉民多盜珠池岳居四年未入一珠暇進諸生講授時帝使使詰安南莫登庸弑主岳言於總督張經曰莫氏篡弒可不勘而知也請留使者毋前經不可知欽州林希元上書請討之岳上不可討六事貽執政不報毛伯溫來視師經以軍事委岳會遷浙江參政安南入扣關言張廉州安在是欲以恩信撫我也經奏留之改廣東參政安南平詔賜金幣尋以征瓊州叛黎功擢僉都御史巡撫鄖陽移

撫江西大學士夏言築賜塋監司議廣信七邑各致千金岳曰是將範金爲槨乎乃減之嚴嵩奉詔建延恩閣岳復減其費嵩銜之進兵部右侍郎總督兩廣破封川馬平獞猺諸賊將召爲刑部侍郎御史徐南金言岳忠純兩廣不可一日無岳乃不果召又平連山賀縣諸賊進右都御史總督湖廣四川貴州軍務討龍許保斬渠寇五十三人以捷聞許保復亂嚴嵩故憾岳欲逮治之徐階不可乃奪右都御史平破黑苗卒於沅州迎哭者不絶贈太子少保謚襄惠岳宏毅淵嘿博覽工文章經術

湛深學以程朱爲宗作學則首存養之要繼以禮義威儀之節而求端於未發以爲之本嘗與王守仁論明德親民之旨守仁曰明德之功只在親民後人分爲兩事非也岳曰戒懼愼獨皆未與民親之功如公言又須立一親民之本以補之守仁不能屈所著有小山類稿聖賢正傳恭敬太訓載道集（明儒言行錄）

林希元字茂貞同安人正德進士擢南京大理評事嘉靖初上疏言君道急務有六曰務正學親正人用舊臣清言路急交修持久大而息內臣機務能

其鎮守尤亟上嘉納之尋以議獄忤大吏降判泗州泗大饑希元悉心救賑民賴全活以巡按御史倨待希元棄官歸方獻夫霍韜薦之起寺正遷廣東僉事奏屯鹽款要及以泗州所行爲荒政叢言上命頒行天下改督學政按察使劇寇王基剽掠廣惠希元討平之召爲南京大理寺丞上疏陳王政爲目二十一皆切當世之務改丞北京大同軍叛殺主帥希元請誅之廷議不從遼東兵告變希元又言朝廷過爲姑息致其驕侮威令不行謫知欽州時安南不脩歲貢上命征之希元悉其國虛

寶向背以興復疆土爲己責疏六上而在廷方圜安靖弟受其欵然卒以希元故納還欽州舊地擢廣東僉事備兵海北竟坐安南用兵事罷官卒希元讀書刻苦經濟過人晚訂諸儒大學格物致知之說附以已見曰更正大學經傳定本併著四書存疑行於世明儒言行錄

蔡元偉字伯贍晉江人領嘉靖鄉薦需銓入都同邑周天佐以疏救楊爵瘐死獄中人莫敢往視元偉裝殮之作文以祭授羅田學教諭擢德安令邑故衝繁多逋租元偉至一以節愛爲本日誦小學近

思錄伊洛淵源錄本朝薛瑄胡居仁粹言雖聽事
未嘗去手遷杭州府通判時寇氛方熾元偉乘城
獨開門縱避寇數千人入城賴以全活總督趙文
華至嘉興委督軍餉人或勸之求通曰死生榮辱
命也吾肯以貨免乎卒不往文華亦終無害意擢
撫州同知督樂安逋糧悉去鞭笞民相繼輸納縣
獄久壞時多瘐死元偉更作新獄縱囚歸獄成囚
如期至復署崇仁令遇賊突至元偉督兵率戰賊
遁散丁外艱歸服除不出或勸之仕曰仕以行道
亦爲親今親終矣何仕爲平居爲學以程朱爲宗

所致力在起居動靜語默辭受取予之際作日歷以識平生名考德錄又著四書折衷四書論著易經聚正等書道南源委

林性之字帥吾晉江人以易著名舉嘉靖進士授麗水知縣性之古心質行不立聲威民甚樂皆得相告掾吏有過俟其自悔以哀矜聽獄訟民皆愛之遷南京戶部主事尋分司密雲酌其中額法不便者申白之拊循堡卒邊人感悅遷員外郎出監天津倉值寒凍道阻軍食不繼請借德州倉給三月食從之改南京戶部郎中卒性之精思篤學行尚

平恕族人不能婚葬者割田給之葬父布車蔬粥窆周於棺哭泣悲哀人稱其孝著有易經淺說若干卷泉州府志

楊道會字惟宗晉江人隆慶進士授黄巖令有惠政歷遷工部郎中出知台州巖民襁負道逆不絕遷廣西提學副使攝監司篆視學之暇平府江岑溪諸猺既成功嘆曰猺雖平吏墨而刻豪蠹而侵此亂本也其可勿問遷湖廣叅政轉右布政使值楚宗獄起道會但罪首禍多所省釋曰大家巨族且厚本支況天潢乎因入覲乞歸道會貞而不諒和

而不流生平不齒榮利未嘗一至權門嘗言理學盡於性理往鑑備於綱目因取性理精言採入程朱全書近思錄爲性理抄修史依春秋綱目例纂成自作論贊有史綱節要行世道南源委

王畿字翼邑晉江人少值寇警父繫於賊畿犯險請代不得父母亡田廬盡失竭蹶事祖父母耕樵之暇諦聽鄉塾讀書聲欣然有得丐書而熟復之遂通諸經登萬歷進士授餘干令不赴改紹興教授與諸生講易履恒滿攝上虞令導民不爭新令至解歸士民環遮馬首遷國子監博士轉戶部主事

督太倉糴義米十萬斛上官奇之將薦焉固辭尋遷杭州知府值大饑殫心賑恤躬行勸課濬南湖湮塞數十處以資灌溉讞獄雪冤全活甚衆以天下治行第一用異等錫宴光祿命督學浙江姚江士施邦曜貧不能婚爲備聘奠鴈於堂後登第殉節世服其知人累遷浙江左布政使時邊事孔亟兵餉繹騷重以織造之役糜金錢逾百萬議廉餉急公民以寧息以不能結納方廷推太常卿未下有劾其邊餉缺額者引疾丐歸益肆力於易由蔡清蒙引以窺程朱之秘所著有樗全集泉州府志

國朝

李光地字晉卿安溪人年十四舉家陷賊中挾以遯金欲殺者屢終不懼閒即讀書賊帥奇之因得歸日誦六經性理蒙存諸書非程朱不敢言充然有得康熙庚戌成進士選庶吉士進河洛圖說拔第一授編修以親老歸養時耿逆叛福州鄭成功踞泉州光地遁深山與叔日煋謀具密疏言逆必敗狀爲蠟丸遣僕閒道走京師以奏

王師入閩詔護其家擢侍讀學士赴闕至三山丁外艱歸白巾賊蔡寅聚衆萬餘人攻安溪光地募鄉

勇設伏絕其糧道衆潰散臺灣寇鄭克塽圍泉州南北道塞光地陰戒僕人自水關入城語守者援兵且至入始有固志又分遣從兄光斗等迎將軍喇哈達巡撫吳興祚諸師母弟光垤與賊遇三戰皆捷遂奪白鴿嶺道導將軍入泉州圍解悉復諸縣以功遷內閣學士服闋入朝召問機務因言鄭氏可滅狀薦內大臣施琅多智畧習海上形勢琅果破克塽臺灣悉平歷翰林掌院學士充經筵講官改通政使兵部侍郎視學畿甸旋補工部侍郎巡撫直隸築子牙隄以障漳滏開桞坌以平桑乾民

賴其利晉吏部尚書拜文淵閣大學士泰①
勅纂周易折中朱子全書性理精義屢疏乞歸奉
召還
賜第南城卒年七十有七給祭葬謚文貞雍正中贈
太子太傅追祀賢良祠光地無聲色之好衣食裁
取粗給在政府久公誠懋著每決大事宏功若寂
而民庶恬安過
當宁求才所薦如衛既齊陸隴其趙申喬徐元夢德
格勸及門人楊名時李紱蔡世遠魏廷珍王蘭牛②
皆當世名臣平居手不停披與門人講論有一言

校注：①奉　②生

之台即珓已說而從之論者謂元明以來惟光地篤敬義之實學得①誠明之正傳造詣邃密直抉未發之蘊著有周易通論觀②象詩所洪範說中庸章段餘論大學古本說論孟劄記榕村文集語錄等書泉州府志

漳州府

宋

高登字彥先漳浦人精於易學③本愼獨徽宗時與陳東等上書乞斬蔡京童貫王黼梁師成李邦彥朱勔六賊時建和議奪种師道李綱兵柄再抗書詣

校注：①誠　②象　③本愼

闕欽宗即位擢吳敏張邦昌爲相敏又白用李邦彥登上書諫五上皆不報復論敏不報敏斥還鄉紹興初廷對盡言無所顧忌有司惡其直授下州文學有旨附五甲授廣東富州主簿憲臣董棻聞其名檄讞昭賀等郡獄兼賀州學事學故有田罷歸買馬登請復舊守曰買馬養士孰急登曰養士急耳守曰抗長吏耶曰天下所恃以治者禮樂法度也守不能奪命攝獄有囚殺人守欲免之登不可卒執法秩滿士民乞留不獲餽錢五十萬登辭不可請置學買書歸至廣新興大饑帥連南夫檄

發廩賑濟復爲糜食之全活萬計民投牒乞留因
奏碑終其任尋赴政事堂審察遂上疏萬言作蔽
主蠹國害民各二篇上之高宗稱善秦檜惡其譏
已格之授靜江古縣令道出湖州湖守汪藻留與
修嶶宗實錄固辭廣西帥沈晦問何以治縣登條
十餘事晦曰此古人之政胡可行也對曰誠不至
耳蠻貊可行也豪民秦琥遣子弟奪人財物侵貸
學錢登白郡將寘之法琥愬而死古縣爲檜父舊
治檜實生此帥胡舜陟欲爲搆祠登不可舜陟怒
登以母病去舜陟爲立祠遂摭琥事誣以專殺詔

送靜江獄會登母死舟中稾葬水次航海詣闕請納官贖罪人曰丞相①云嘗識君能一見終身事且無憂登曰甚知有君父而已既而中書奏納官贖罪無故事仍送靜江歸葬母訖詣獄辯陟先以事下獄死事白還家至廣漕帥鄭鬲辟攝歸善令秋委考試潮州登摘經史要語命題策閩浙水災所由皆屬意時事檜聞大怒坐以辯陟所②奏編管容州符下漳州登即上馬謫居授徒自給聞朝廷政事少失輒顰蹙不樂大失則慟哭隨之歸卒所言皆天下大計丞相梁克家以聞追復廸功郎朱熹

校注：①云 ②奏

守漳建祠作記奏贈承務郎登事母至孝嘗舟行阻風母方念乏晨羞忽有白魚躍入母病思食鹿肉夜有虎啣鹿置門去所著有家論及東溪集道南源委

吳大成漳浦人紹興間秦檜柄國隱漸山石榴洞講明正學與陳俊卿林澤之歡聚賦詩乾道中奉檄湖湘往還京浙著有梅月詩卷筆義經疑傳藁道南源委

楊汝南字彥侯龍溪人紹興進士調贛州教授改廣州嘗摭詩春秋中庸要旨經說三十篇以授學者

仍表進于朝祭酒楊椿曰真師範也用薦改知古田縣修學舍置學田考德勵業士人德之與鄉人高登盧陵楊萬里並以節義相砥自初仕即以廉平公勤自勵故所至有聞嘗扁其堂曰不欺道南源委

林宗臣字實夫龍溪人受業高登之門登乾道進士歷官主簿見陳淳趨向不凡心異之謂曰子所習者科舉耳聖賢大業則不在是因授以近思錄淳卒爲儒宗實公啓之也道南源委

鄭公敏字明之龍溪人幼孤苦學篤志乾道己丑登第歷福清簿有政聲以薦調古田教官嘗謁憲使

楊萬里大奇之以理學見重於時著文集語錄傳世道南源委

王遇字子合龍溪人受業張栻呂祖謙之門而與廖德明黃榦陳淳友善登乾道進士官蘄州教授日與諸生講說漏下不輟以趙汝愚薦知長樂縣大修水利轉贛州通判韓侂胄當國遇不少貶求合侂胄敗召爲太學博士毗陵大旱命爲之守力講荒政民賴全活浙東大饑詔提舉浙東常平入對請齋戒以飭躬剛大以進德急開直言以救闕失樂從公議以扶正道斷絶斜封墨勅之原常存視

民如傷之念至官留心賑濟如在毘陵累遷右曹郎中卒幹嘗稱其學①識之精義利之明拔出流俗之表學者稱東湖先生著論孟講義兩漢博義南道源委

黄樵仲字道夫龍溪人杜門著書登淳熙進士授丞福尉調汀州錄事參軍有善政俸外一無所受自書屏云俸薄儉常足官卑清自尊致仕歸每旦率子弟衣冠見家廟退則默坐或至終日里有不義惟恐其知朱熹守漳稱其品質淳厚操履端方延致入學及聽其講小學再三稱善卒之日熹遣倅

校注：①識

爲經紀後事所著有禮記解小學口義道南源委

黃㯹字實夫樵仲從弟也家居及在太學弟子常數百人淳熙中以舍選入對升進士丙科授南劍教授以楊時之學爲教嘉泰壬戌預校南官取士原本經術號稱得人終宣教郎著有詩解中庸語孟解文集道南源委

佘嘉字若蒙龍溪人淳熙進士任惠潯二州教授進聖域記特授浙西倉幹復進皇朝職官志高宗政範差監樞密院激賞庫進資時十論伏闕上書論韓侂胄又力沮和議復爲右鑑錄以進又論邊事

進天文類例括象志改通直郎主管徽祠所著周禮解禹貢考春秋地例增釋紀年錄雜論五音姓譜道南源委

陳淳字安卿龍溪人朱熹守漳淳請受教熹曰凡閱義理必窮其原如爲人父何止於慈爲人子何止於孝其他可類推也淳聞而爲學益力日求其所未至熹數語人以南來吾道喜得陳淳且稱其善問後淳復陳其所得時熹已寢疾語之曰如今所學已見本原所闕者下學之功爾自是所聞皆切要語凡三月熹卒淳追思師訓洞見條緒故其言

太極曰太極只是理理本圓故太極之體渾淪以理言則自末而本自本而末一聚一散而太極無所不極其至自萬古之前與萬古之後無端無始此渾淪太極之全體也自其沖漠無朕與天地萬物皆由是出及天地萬物皆由是出又復沖漠無朕此渾淪無極之妙用也聖人一心渾淪太極之全體而酬酢萬變無非太極流行之用學問工夫須從萬事萬物中貫通湊成一渾淪大本又於渾淪大本中散爲萬事萬物使無少窒礙然後實體得渾淪至極者在我而大川不差矣其言仁曰仁

只是天理生生之全體無表裏動靜隱顯精粗之間惟此心純是天理之公而絶無一毫人欲之私乃可以當其名若一處有病痛一事有欠闕一念有間斷則私意行而生理息即頑痺不仁矣其語學者曰道理初無元妙只在日用人事間循序用功便自有見所謂下學上達者須下學工夫到乃可從事上達然不可以此而安於小成也夫盈天地間千條萬緒是多少人事聖人大成之地千節萬目是多少工夫惟當開拓心胸大作基址須萬理明徹於胸中將此心放在天地間一例看然後

可以語孔孟之樂須明三代法度通之於當今而無不宜然後爲全儒而可以語王佐事業須運用酬酢如探諸囊中而不匱然後爲資之深取之左右逢其原而真爲已物矣至於以天理人欲分數而驗賓主進退之機如好好色惡惡臭而爲天理人欲强弱之證必使之於是是非非如辨黑白如遇鎮鄉不容有騎牆不決之疑則雖艱難險阻之中無不從容自適矣然後爲知之至而行之盡淳性孝母疾亟號泣于天乞以身代弟妹未有室家者皆婚嫁之葬宗族之喪無歸者居鄉不沽名狥

俗恬然退守若無聞焉然名播天下世雖不用而憂時論事感慨動①人嘉②定九年歸嚴陵郡守鄭之悌延講郡庠嘆張陸王學問無源全用禪家宗旨認形氣之虛靈知覺為天理之妙不由窮理格物而欲徑造上達之境反托聖門以自標榜遂發明吾道之體統師友之淵源用功之節目讀書之次序為四章以示學者明年特奏授廸功郎安溪主簿未上而沒著有語孟大學□□中庸口義字義詳講禮詩女學等書宋史

楊仕訓字尹叔漳浦人朱熹守漳興學校明禮義以

校注：①動　②嘉

教其郡之士擇士之志於學者置齋賢館以處之仕訓在選中獨能醇靜斂警①體聖賢遺書而躬行之熹稱其學巳知方慶元中成進士調古田尉再調海陽丞政尚寛和民有訟者以禮義曉譬多釋爭而去遷永福令推誠待物留意與學人士多頌其德湖廣總領請於朝願得②廉靜吏董軍餉遂監鄂州糧料院至樂舉荆襄兩路軍儲以屬仕訓慨然任責未踰月卒友人黄幹陳淳深痛之歸葬官坡幹爲銘其墓仕訓事母至孝比死喪葬盡禮廬墓三年哀毀慘怛鬚髮爲白道南源委

校注：①警　②得

石洪慶字子餘臨漳人與同郡施允壽字伯和先後爲本州學正朱熹守漳①日後並延至學稱二人以耆艾之年進學不倦强毅方正衆所嚴憚道南源委

李唐咨字堯卿漳州進士熹守漳與同郡貢士林易簡字一之並延至學②宫爲諸士楷式稱其究索淵微持循雅飭察其言行久益可觀道南源委

朱飛卿漳州人受業於朱熹自③吉窮理人事物紛紜未能灑落處惟未見得富貴果不可求貧賤果不可逃耳大全集中載其問答甚多道南源委

陳思謙字退之龍溪人學問該博教授後學多所誘

校注：①日 ②宫 ③言

進嘗冠鄉薦著春秋三傳會同及列國類編朱熹爲語門人李唐咨以女妻焉道南源委

黃學臯字習之龍溪人博通經史尤長於詩書春秋朱熹守漳時學臯與同郡宋聞禮稱年講論先以特奏名薦入試南宮策問三舍法弊學臯與伊川請改試爲課及制尊賢堂待賓齋以答主司曰此必僞學徒也黜之後登嘉定進士調番禺簿帥趙師楷每事必咨決而丞相崔與之時料院虞衡尤所器重升鄱陽丞待制李性傳延入郡齋校勘朱子續語錄因薦調泉州察推需次于家郡守方耒

屈居學職衰論孟義利數章辨析界限以訓後進

北至泉以廉稱著評古一則道南源委

陳寢立名樞以字行漳浦人祖景肅有學行師事高

登與同邑吳大成隱漸山石榴洞登紹興進士授

仙遊令薄賦輕徭旌善伐惡官至朝議大夫著禮

疏詩疏及石屏類聚寢立幼學於世父淳以祖

澤補太學生調龍溪令轉漳州司理淳祐中登進

士提督嶺南海路兵馬帝昺浮海寢立提領海舟

見事危斷維出港自以六舟泊梅嶺收亡命馳檄

諸蠻圖立宋後聞張世傑覆舟元人索捕急遂變

姓名匿于大芹白華九侯間臨終命葬海濵南望崖山道南源委

蔡逢甲字國賢臨漳人受業陳淳之門嘗與淳辨論河圖洛書同異及太極圖西銘相發明處稱其有特見登咸淳進士詔主廣東漕舉值宋亡入元不仕自號棄夫作悟道書院於玳瑁山下以隱焉時高其誼謂之故宋使臨殁自題墓碑曰前宋進士蔡逢甲墓著使公講錄道南源委

元

林廣發字明卿龍溪人嘗謁陳淳號北溪高登號東

溪蔡汝作號南溪自號三溪將兼而匹焉生平孝友以詩禮訓家庭規言矩行通貫六籍融會百氏爲後學矜式郡學三聘爲師以部使薦授安溪學職邑僚師事之會寇作奉府檄招降仍謀軍府事每俘至委訊曰此平民也府帥曰曷知之曰獲賊從巢穴此皆自井里得之者也時分置汀漳屯田萬户府以曠發爲經歷屢有差遣不及理府事兵民請諸分省曰願還此官活我邊人著有三溪集

道南源委

王吉才龍溪人篤志古學尤明典禮郡守延爲弟子

師後爲泉州學正覲終皆及期頤吉才年老哀慕
痛毀有如早喪雖在家庭亦冠衣斂容未嘗見其
遽言怒色學者稱益齋先生道南源委

明

劉宗道名駟以字行龍溪人洪武初以秀才被徵再
三召試者八十人宗道對朝政家治稱旨賜第一
上命學士詹徽密察德行尤異者復以爲首拜左
都御史上格君德民二十事並見嘉納自是商議
大政多所識切遂爲邵質董希賢所搆詔徙南詔
不久貰還所過郡邑持之宗道遂於播州以俟朝

命上疑其久不至命索其家都察院檄其父寶使入滇索之父至蜀以憂卒有詔必得劉某乃已其門人陳拯遇之播州告之故遂赴水死宗道明程氏學遠師陳淳其闢佛老甚嚴好修家禮鄉人稱愛禮先生有愛禮集十卷道南源委　參明詩綜

唐泰字師廓長泰人兼治五經尤邃於易登永樂進士授祁州知州有惠政後以儒學辟召試文淵閣賦麒麟頌明倫論稱旨欲大用之會大駕北征遂乞歸侍養四方之士受業日衆乃築草舍百餘間以居之隨才誘誨皆有成就如陳眞晟謝璉林震

陳璽皆出其門直晟卒能紹明正學爲名儒蓋淵源所漸焉常著思誠齋銘云大鈞運化品物流行賦之實理人惟物靈惟靈之思心爲誠主感物而動愼思爲美心源所發善惡之機徇象化物禁止自欺靜無妄發動無顛躓眞積力久化而誠矣學者稱東里先生府志

陳璽字尚勉漳浦人師事唐泰登正統進士歷官吏部文章政事爲世所重乜刺犯邊守臣失筞①作備邊禦戎策以獻天順四年廣東盜起廷議必得陳其乃可除廣東布政使時英宗初辟勵精圖治召

校注：①同"策"

入內殿賜宴遣之既至密相機宜討平新興撫定德慶蓬州等峒賊患遂息以疾乞休著有經籍要覽梅菴存稿道南源委

林雍字萬容龍溪人登景泰進士授行人以節操自厲憲宗初立上疏乞修德格天親賢講學復請進濂溪二程考亭于顏曾思孟之後列爲八配兼祀陳淳於兩廡並不報舊例諸司屬吏部考察公獨不赴曰使某不肖黜之可也安能隨行俛首言科目貫籍耶遷車駕郎中乞歸結廬龍山累徵不起與陳眞晟相師友日進徒侶講明正學倡建陳北

溪祠于芝山之麓與鄉人月爲會脩藍田呂氏鄉約負晟稱其學始終本末有序有要督學周孟中謂其居官氷蘗未老乞歸漳中陳淳之後得正學之傳者首稱負晟與雍學者稱蒙菴先生道南源委

許判字資徽漳浦人正德中領鄉薦通判瑞州嘗舉催科中撫字刑罰中教化之語朝夕諷誦爲治六載上下悅服擢辰州同知蠻猺悉安教化著家禮及諸書附註以相發明而約歸于儀禮禮記之義爲禮圖及愼終集歐蘇譜例古深衣訂皆有傳述道南源委

陳宣晟字曏德鎮海衛人初治舉赴鄉試聞有司防察過嚴無待士禮耻之棄去由是篤志聖賢之學讀大學或問見朱子重言主敬知敬爲大學始基又得程子主一之說專心克治歎曰大學誠意爲鐵門關主一二字乃玉鑰匙也天順二年詣闕上程朱正學纂要其書首取程氏學制次采朱子論說作二圖一著聖人心與天地同運一著學者之心法天之運終言立明師輔皇儲隆教本數事以畢圖說之意書奏下禮部議侍郎鄒幹寢其事宣晟歸閩臨川吳與弼方講學欲就問之過南昌張

元禎止之宿與語大推服曰斯道自程氏以來惟先生得其真如康齋者不可見亦不必見也遂歸潛思靜坐自號漳南布衣卒年六十四真晟學無師承獨得於遺經之中自以僻處海濱出而訪求當世學者雖未與與弼相證要其學頗似之明史

蔡烈字文繼龍溪諸生受業於蔡清清授以太極圖既又從莆田陳時周遊時周語以必體流行于日用間要參見得參前倚衡氣象遂大省倍年方壯隱居於鶴鳴山之白雲洞郡守勸之仕對曰昔濂雒子自謂未信若其豈徒未信已哉實且未見也

嘉靖癸未以遺逸應薦力辭母老不赴御史李元陽為建書院又辭不受忽所居之山如雷鳴者三日而烈卒烈性剛方晚年充養和粹終日危坐非劇病無惰容雖大橫逆不見怒色常游武彝山居考亭精舍數日而歸曰脚根自此定矣副使柯喬嘗與劇談道體潛天潛地烈曰道固察乎天地而端則始於夫婦若屋漏無愧則天地自位也簿詹道請論心烈請論事曰孔門求仁未嘗出事外也堯舜之道孝弟而已矣夫子之道忠恕而已矣著有孝經定本大學格物致知傳道南錄朱子晚年

定論諸儒正論大儒粹言讀書錄諸書道南源委

林一陽字復夫漳浦人領嘉靖鄉薦判濟南革糧例歲以萬計年饑賑濟得法以漕運後期謫霍邱令振義勇均庸調行鄉約保甲法正鄉飲酒禮督學耿定向器重之部使者不悅其悃質遷唐府審理去民立石紀政一陽學以居敬窮理爲宗謂道至程朱有何不盡何須別立教門其爲人坦夷寡慾不言躬行宗族鄉黨莫不稱信嘗曰惟敬勝怠惟勤補拙惟儉養廉耿定向來撫閩中亟問之則久殁矣檄祭于社表其墓著有論學口義詩文集道南

源委

周一陽字養初漳浦人究心理學隆慶間新置海澄以一陽應貢歷官儋州學正投檄歸嘗言大學言誠中庸言中論語言仁孟子言仁而兼義乃虞廷授受祇一中字故曰中也者天下之大本也其未發性也會一未發欛柄則隨所作用無施不可道南源委

蔡宗禹字寶元漳浦人父大壯字丕禮受業於周瑛告以主敬之學充然有得以舉人任寧鄉知縣大書居敬二字于衙齋而銘之凡折獄必引經文爲

斷民以事至邑者必問讀書乎則告以講習之法所有田宅以均諸兄弟著毛詩釋義宗禹剛介明敏讀書求大意不事鈎索爻教以因經求道因物求知一日大省萬歷間貢入大學祭酒葉向高稱爲天下士登辛丑進士司李鎮江首嚴左道之禁勸諭空門還俗法令嚴明人莫敢犯惟罪跡未著或已著而情屬可矜者率多平反郡丞某以私害人宗禹爭之遂被劾謫湖州照磨尋授麗水令氷蘖自矢所得俸悉以興學校資貧士凡淫祠毀爲書院而日與諸生談經講道曰吾所持以爲治者

此耳然天下事宜古不宜今者多矣凡諸政令有不便於民諸生匡我或歲饑爲糜以濟全活萬數事聞歷刑部主事以疾乞歸講學於湖西書院終日正容危坐諸生曉集必拜有問必趨退則一揖而别自臨文以至灑掃應對莫不循循然有規矩几席之下儼若朝儀四方負笈來者至不能容結草廬以居嘗放舟湖上顧謂弟子曰活潑地何八解得向來到此塵慮盡消不啻如湖泉萬斛洗腸胃也先儒所謂吟風弄月有吾與點也之意爲學以力行爲主不循流俗而婚娶喪葬一遵禮經或

以舉業爲道學病曰君但從程朱講解則舉業即道學矣陳布衣有言程朱何嘗不科舉亦以其所學居敬窮理而得者以應試而已年七十餘卒平生屏絕異學有闢邪崇正之功著有明誠解程朱要言續毛詩解史記一家言叢桂軒語錄杜詩註釋等書學者稱震湖先生道南源委

黃道周字幼平漳浦人天啓進士改庶吉士授編修爲經筵展書官故事必膝行前道周獨否魏忠賢目攝之內艱歸崇正二年起故官進右中允三疏救故相錢龍錫得減①死遣戍求去瀕行上疏曰臣

校注：①減

自幼學易以天道爲準考其治亂百不失一陛下御極之初正當師之上九其爻云①大君有命開國承家小人勿用陛下思賢才不遑得懲小人不易絶蓋陛下有大君之實而小人懷干命之心臣所見諸大臣皆無遠猷治朝宁者以督責爲要談治邊疆者以姑息爲上策序仁義道德則以爲迂昧奉刀筆簿書則以爲知務一切賭勘則葛藤終年一意不調而株連四起惟陛下超然省覽旁稽載籍自古迄今決無吹毛數睫可奏三五之治者彼小人見事智每短於事前言每多於事後亂視熒

校注：①云

聽浸[1]淫相欺馴生極壞不可復挽臣竊危之帝不懌摘葛藤株連數語令具疏復上言曰邇年諸臣所自營心計無一實爲朝廷者其用人不過推求報復而已此非所謂葛藤株連乎今諸臣之才具心術陛下其知之矣知其爲小人而又以小人矯之則小人之焰益張知其爲君子而更以小人參之則君子之功不立語皆刺大學士周延儒温體仁帝益不懌斥爲民尋復故官時久旱修省道周言近者中外齋宿爲百姓請命而五日內繫兩尚書安望其贊平明之治乎又言陛下寬仁宏宥有

校注：①浸

身任重寄至七八載罔敢擁權自若者當此南北

交訌奈何與細民修睚眦之隙乎時體仁方搆東

林復社之獄故道周及之旋進右諭德掌司經局

因言巳有三罪四恥七不如三罪四恥以自責七

不如中有文章意氣不如鄭鄤語鄤方被杖母大

訴帝得疏駭異責以顛倒是非道周疏辨帝怒嚴

旨切責道周以文章風節高天下嚴冷方剛不諧

流俗公卿多畏而忌之乃藉不如鄭鄤爲口實其

冬擇東宮講官張至發當國擯道周不與遂移疾

乞休不許凡所建白未嘗得一俞旨會廷推閣臣

道周已充日講官遷少詹事得與名帝不用用楊嗣昌等五人道周劾嗣昌陳新甲遼撫方一藻三疏同日上之帝疑其以不用怨望下吏部行譴嗣昌因言鄭杖母禽獸不如今道周又不如鄭立心可知因自乞罷免帝優旨慰之召內閣及諸大臣於平臺併及道周帝問道周曰爾三疏適當廷推不用時果無所爲乎對曰臣三疏皆爲國家綱常自信無所爲帝曰先時何不言對曰先時猶可不言至簡用後不言更無當言之日惟孝弟之人始能經綸天下不孝不弟者根本旣無安有枝葉嗣

昌曰臣豈不知父母顧君臣固在父子前且仁不遺親義不後君難以偏重臣四疏力辭問道周人品爲人宗師乃不如鄭鄤帝曰然乃問曰爾言不如鄭鄤何也對曰臣言文章不如鄭鄤耳帝曰鄤杖母者爾言不如豈非朋比對曰衆惡必察帝曰喪固凶禮豈遭凶者即凶人對曰古三年喪君命不過其門故軍禮鑿凶門而出奪情在疆外則可朝中則不可我朝自羅倫論奪情前後五十餘人多在邊疆故嗣昌在邊疆則可在中樞則不可今在政府尤不可帝以少正卯比之對曰少正卯心

術不正臣心無一毫私帝命出候肯道周復奏辨乃召文武諸臣咸聆戒諭而退時帝憂兵事謂可屬大事者惟嗣昌道周失帝意帝欲加以重罪會劉同升趙士春亦劾嗣昌將予重譴而部擬道周譴顧輕嗣昌亟購劾道周者刑部主事張若麒改兵部遂上疏劾之帝傳諭廷臣貶道周江西按察司照磨若麒果得兵部巡撫解學龍薦所部官推獎道周備至帝遂發怒立削二人籍下刑部獄並杖八十移鎮撫司掠治乃還刑部獄逾年尚書劉澤深等言二人罪至永戍止矣乃永戍廣西戍

經年一日帝召輔臣入文華後殿問曰張溥張采何如人也皆對曰讀書好學人也時延儒復相而嗣昌已死欲參用公議爲道周地即對曰張溥黄道周徒以其善學故人人惜之餘皆言道周至孝且極清苦帝不答傳旨復故官既召還道周見帝泣臣不自意今復得見陛下以疾請假許之福王監國用爲吏部左侍郎陳進取九策拜禮部尚書明年祭告禹陵瀕行陳進取策時不能用南都亡見唐王聿鍵於衢州以爲武英殿大學士時政歸鄭氏道周請往江西圖恢復得義旅九千餘人由

廣信進婺源遇

大清兵戰敗被執至江寧因服著書臨刑過東華門曰此與高皇帝陵寢近可死矣監刑者從之道周學貫古今所至學者雲集銅山有石室道周坐臥其中故稱石齋先生精天文歷數皇極諸書所著易象正三易洞璣及太函經用以推驗治亂歿後家人得其小冊自謂終於丙戌年六十二始信其能知來也明史

林祺龍溪諸生少豪宕不羈後乃收斂力行閉戸著書人無知者母歿哀毀骨立足不出門年三十餘

卒所輯有續伊洛淵源錄考亭源流錄考亭麗澤①錄高東溪遺澤錄陳布衣文抄漳獻備忘漳文備忘古今指掌錄道南源委

國朝

蔡世遠字聞之漳浦人其六世祖大壯嘗從周瑛傳主敬之學五世祖宗禹爲學以力行爲主父璧羅源學教諭有醇行世遠少承家學儀封張伯行撫閩延璧主鼇峰書院而招世遠討證先儒遺書丙夜手丹黃不輟尋受業李光地之門以聖賢爲必可學益蒐討經書疑義學日邃密登康熙己丑進

校注：①澤

士政庶吉士乞養歸以孝友聞鄉里父卒哀毀幾不勝喪嘗設族規置大小宗祭田藉其餘以食孤嫠老疾鄉人化之服闋赴京師會翰林科道在假者並令休致或勸世遠以居憂列狀吏部世遠曰古者受爵則讓未聞投牒以自申也將歸以光地薦較

御纂性理精義踰歲書成又不欲以編書得官遂還里閩撫陳瑸聘爲鼇峰山長以躬行教門下士聞其指畫悉感興於正學先行誼而後詞章當是時臺寇朱一貴爲亂漳泉震動總督滿保率師討之世

遠方家居集鄉勇團練保伍齊肅井閭恃以無恐復遺蔣保書略曰昔曹彬破江南忽稱疾不視事諸將咸問疾囑曰吾之疾非藥石可已但願諸君克城之後不殺一人則疾愈矣虞詡戒諸子曰吾事君直道行已無虧所悔爲朝歌長時殺賊百餘人其中何能不有冤者今臺灣故土故民特一時脅驅爲盜耳伏望飭將士約以入臺不妄殺人庶幾曹彬之仁而無虞詡之悔矣臺灣既平世遠又遺書勸令愼選廉能興教化以美風俗和兵民以固地方內地遺親之民有司不得擅給符過臺以

遏其助亂之心新墾散畊之地不必按籍編糧恐擾其樂生之計滿保從之人戴其惠

世宗嗣位召授編修侍

今皇帝講讀累遷至禮部左侍郎充

經延講官①每進講經書史傳輒引之身心發言處事之際致辨于興亡理亂君子小人消長必迹異同之間反覆陳列如是者十年同朝嘗稱曰忠信正直學足以達其言誠足以致其志洵所謂惟其人者也雍正八年以族人事牽引吏議應鐫一級

上命仍其故官方嚮用之遘疾卒

校注：①官

今皇帝御宇贈禮部尚書謚文勤年五十二世遠性

淡泊好善恐不及既貴士有志行文藝必躬先禮

焉得祿賜悉及姻族舊知妻子僅免寒餓其著書

原本所學一要於誠有韲峰學約朱子家禮輯要

合族家規各一卷性理精要歷代名臣言行錄論

定古文雅正漢魏六朝四唐詩各若干卷文集十

五卷行于世

福建續志卷三十八

理學四

延平府

宋

楊時字中立將樂人性穎異潛心經史登熙寧進士時程顥與弟頤講孔孟絶學時調官不赴以師禮見顥相得甚歡其歸也顥目送之曰吾道南矣顥死時設位哭寢門又見程頤於洛頤偶瞑坐時與游酢侍立頤既覺則門外雪深一尺矣張載嘗著西銘二程深推服之時疑其近於兼愛與頤辨論

往復聞理一分殊之說豁然無疑杜門不仕者十年歷知瀏陽餘杭蕭山三縣皆有惠政張舜民在諫垣薦之得荆州教授時未嘗求聞達而德望日重四方之士從之遊號曰龜山先生有言於蔡京者以爲宜引舊德老成置諸左右會有使高麗者國主問龜山安在使回以聞召爲秘書郎遷著作郎及面對奏曰堯舜曰允執厥中孟子曰湯執中洪範曰皇建其有極歷世聖人由斯道也熙寧之初大臣文六藝之言以行其私祖宗之法紛更殆盡元祐盡復其舊至紹聖崇寧①抑又甚焉臣願詔

校注：①抑

有司條具祖宗之法著爲綱目有宜於今者舉行之當損益者損益之一趨於中而已朝廷方圖燕雲時遂陳時政之弊謂燕雲之師宜退守內地以省轉輸之勞又言都城惟四達之衢無高山巨浸以爲阻衛士人懷異心緩急不可倚仗因陳君臣警戒正在無虞之時乞爲宣和會計錄以周知天下財物出入之數徽宗首肯之除邇英殿說書聞金人入攻謂執政曰今日之事當以收人心爲先人心不附雖有高城深池堅甲利兵不足恃也免夫之役毒被海內京城聚斂東南花石其害尤甚

欲致人和去此三者正今日之先務也金人圍京城勤王之兵四集而莫相統一時言今諸路烏合之衆臣謂當立統帥一號令示紀律而後士卒始用命又言童貫爲三路大帥敵人侵疆棄軍而歸孥戮之有餘罪朝廷置之不問且握兵二十餘年覆軍殺將馴至今日比聞防城仍用閹人覆車之轍不可復蹈疏上除右諫議大夫兼侍講敵兵初退議者欲割三鎮以講和時極言其不可不報李綱罷太學生伏闕上書乞留綱與种師道軍民集者數十萬朝廷欲防禁之吳敏乞用時以靖太學

召對言諸生伏闕紛紛忠於朝廷非有他意但擇老成有行誼者爲之長貳則將自定欽宗口無逾於卿遂以時兼國子祭酒首言安石邪說之害伏望追奪王爵明詔中外毀去配享之像使邪說淫辭不爲學者之惑安石遂降從祀之列士之習王氏學取科第者已數十年不復知其非忽聞以爲邪說議論紛然諫官馮澥上疏詆時因罷祭酒時又言元祐黨人中惟司馬光獨褒顯而未及呂公著韓維范純仁呂大防安燾輩建中初言官陳瓘已褒贈而未及鄒浩於是元祐諸臣皆次第牽復

尋乞罷諫省除給事中乞致仕除徽猷閣待制提
舉崇福宮上書乞選將練兵爲戰守之備高宗即
位除工部侍郎言自古聖賢之君未有不以典學
爲務除兼侍讀乞修建炎會計錄恤勤王之兵寬
假言者連章丐外以龍圖閣直學士提舉杭州洞
霄宮已而告老以本官致仕卒年八十三謚文靖
時在東郡所交皆天下士先達陳瓘鄒浩皆以師
禮事之暨渡江東南學者推時爲程氏正宗與胡
安國往來講論尤多時浮沉州縣久晚居諫省僅
九十日凡所論列皆切於世道而其大者則闢王

氏經學排靖康和議凡紹興初崇尚元祐學術①朱熹張栻之學得程氏之正其源委脈絡皆出於時了勉力學通經亦嘗師程頤云宋史

楊敦仁字仲遠將樂人嘗謂養氣之道如養苗舍之而不耘稗莠傷之助之長者則揠之而槁矣楊時常與往返論及身知命之學異端佛老之非道南源委

陳瓘字瑩中南劍沙縣人少不喜為進取學父母勉之乃應舉及第簽書越州判官蔡卞察其賢每事加禮而瓘知其心術常遠之檄攝通判明州卞素敬道人張懷素留瓘少須之瓘曰子不語怪力亂

校注：①啓

神斯近怪矣州牧旣信重民將從風而靡明州職田之入厚瓘盡棄於官以歸章惇入相瓘從衆往謁惇詢以當世之務瓘曰大了待公爲政敢問何先惇曰司馬光奸邪所當先辨勢無急於此瓘曰公誤矣果然將失天下之望惇厲色曰光不務纘述先烈而大改成緒誤國如此非奸邪而何瓘曰不察其心而疑其迹指爲奸邪又復改作則誤國益甚矣爲今之計唯消朋黨持中道庶可救弊用爲太學博士會卞與惇合志正論遂絀卞黨薛昂①株自官學省議毀資治通鑑瓘因策士題引神宗

校注：①昂

所製序文以問昂自識沮遷秘省校書郎紹述之
說盛瓘奏哲宗言堯舜禹皆以若稽古爲訓若者
順而行之稽者考其當否必使合於民情所以成
帝王之治天子之孝與士大夫之孝不同帝反復
究問意感悅約瓘再入見執政憾之出知衛州徽
宗即位召爲右正言遷左司諫瓘議論持平務存
大體嘗云人主托言者以耳目誠不當以淺近見
聞惑其聰明惟極論蔡卞章惇安惇邢恕之罪御
史龔夬擊蔡京朝廷將逐夬瓘言紹聖以來五逐
言官常安民孫諤董敦逸陳次升鄒浩五人者皆

與京異議而去今又罷共將若公道何遂草疏論京時皇太后已歸政璀言外戚向宗良兄弟與侍從希寵之士交通使物議籍籍謂皇太后今猶預政由是罷監楊州糧料院璀出都門繳章奏之並明宣仁誣謗事帝密遣使賜以黄金百兩后亦命勿遽去改知無爲軍還爲著作郎遷右司員外郎兼權給事中宰相曾布使客告以將卽眞璀語子正彙曰吾與丞相議事多不合若受其薦進復有異同則公議私恩兩有愧矣吾有書論其過汝其書之旦持入省布使數人邀相見甫就席遽出書

布大怒爭辨移時瓘色不爲動徐曰適所論者國事是非有公議公未可失待士禮布矍然改容信宿出知泰州崇寧中除名竄袁州廉州移郴州稍復宣德郎正彙在杭告蔡京有動揺東宮迹杭守蔡薿執送京師下開封府制獄併逮瓘尹李孝稱迫使證其妄瓘曰正彙聞京將不利社稷傳於道路京之奸邪必爲國禍瓘固常論之於諫省亦不待今日也獄具正彙以所告失實流海上瓘安置通州瓘嘗著尊堯集謂紹聖史官專據王安石日錄改脩神宗史變亂是非不可傳信深明誣妄以

正君臣之義張商英爲相取其書旣上而商英罷瓘徙台州宰相令所過出兵送至台且命凶人石悈知州事大陳獄具將脅以死瓘大呼曰今日之事豈被制旨耶悈失措曰朝廷令取尊堯集爾瓘曰使君知尊堯所以立名乎蓋以神考爲堯主上爲舜助舜尊堯何得爲罪時相學術淺短君亦不畏公議干犯名分乎悈慚揖使退宰相以悈爲怯而罷之在台五年乃得自便復承事郎帝令再敘一官執政持不行卜居江州復有譖之者至不許輒出城旋令居南康又移楚州瓘卒先是論京卞皆

披摘其處心發露其情慝最所忌恨故得禍最酷不使少變宣和六年卒年六十五瓘謙和不與物競閒居矜莊自①語不苟發嘗以不知程顥爲耻晚從楊時遊通於易數言國家大事後多驗靖康初贈諫議大夫召官正彙高宗嘗謂輔臣曰近覽陳瓘尊堯集明君臣之大分合于易之天尊地卑及春秋尊王之法賜謚忠肅宋史

陳淵字知默初名漸字幾叟沙縣人瓘弟初受業於程門繼亦受業楊時與羅豫章爲友時稱其深識聖賢旨趣妻以女紹興中近臣廖剛胡寅等薦充

校注：①持

樞密院編修丞相李綱重其行爲江南西路安撫制置大使辟爲制置司機宜文字時詔舉直言以安國薦召對賜進士出身除監察御史遷右正言言比年以來恩惠太濫賞給太厚又論程頤王安石學術同異高宗曰楊時之學能宗孔孟其三經義辯理甚當對曰楊時始宗安石後得頤師之乃悟其非高宗曰以三經義解觀之具見安石穿鑿矣對曰道之大原安石無一不差聖賢所①傳止有論孟中庸論語主仁中庸主誠孟子主性安石皆昧其原仁道至大論語以愛人語樊遲持其一端

校注：①傳

安石遂以愛爲仁其言中庸則謂中庸所以接人高明所以處己孟子七篇專發明性善而安石取楊雄善惡混之言至謂無善無惡因論和議願以和爲息戰之權以戰爲守和之具章益梗切秦檜惡之後疏論其親鄭億年檜益怒遂除宗正少卿以何鑄論罷管台州崇道觀卒著有默堂集（道南源委）

吳儀字國華南平人痛修力學漁釣橋溪之上時或行歌松蹊竹疃莫窺其際楊時嘗題其釣臺及咏歸堂羅從彥師事焉自號審律學者稱審律先生

從弟熙字季明博學勵操與兄齊名或從之談道

論文傾心寫意語以勢利俛焉不答陳瓘以其兄弟學行言於郡守延至學爲諸生講經薦于朝得召赴闕道南源委

羅從彥字仲素南劍人以累舉恩爲博羅縣主簿聞同郡楊時得程氏學慨然慕之時爲蕭山令遂徒步往學焉時喜曰惟從彥可與言道於是日益以親弟子千餘人無及從彥者從彥初見時三日即驚汗浹背曰不至是幾虛過一生矣嘗與時講易至乾九四爻云伊川說甚善從彥即鬻田走洛見頤問之頤反覆以告謝曰聞之龜山具是矣乃歸

卒業沙縣陳淵時婿也嘗詣從彥竟日乃返曰自吾交仲素日聞所不聞與學清節真南州之冠冕也既而築室山中絕意仕進終日端坐間謁時將溪上恒充然自得焉嘗采祖宗故事爲遵堯錄靖康中擬獻闕下不果嘗與學者論治曰祖宗法度不可廢德澤不可恃廢法度則變亂之事起恃德澤則驕佚之心生自古德澤最厚莫若堯舜向使子孫可恃則堯舜必傳其子法度之明莫如周向使子孫世守文武成康之緒雖至今存可也又曰天下之變不起于四方而起于朝廷譬如人之傷

氣則寒暑易侵木之傷心則風雨易損又曰士之立朝要以正直忠厚爲本正直則朝廷無過失忠厚則天下無嗟怨一于正直而不忠厚則漸入於刻一于忠厚而不正直則流入于懦其議論醇正類此朱熹謂龜山倡道東南士之遊其門者甚衆然潛思力行任重詣極如仲素一人而已紹興中卒學者稱豫章先生淳祐間謚文質宋史

廖剛字用中順昌人閩書作建陽人從陳瓘及楊時學崇寧中登第宣和時自漳州司錄除國子錄擢監察御史蔡京當國論奏一無所避以親老乞外知興化

軍欽宗即位以右正言召尋除工部員外郎以母疾辭紹興初盜起旁郡部使者檄剛撫定遣長子暹諭賊賊知剛父子信義亦散去除本路提點刑獄召吏部員外郎請稽舊制選精銳為親兵又乞營建康以杜北人窺伺之意遷起居舍人權吏部侍郎兼侍講除給事中言江淮兵備莫若屯田可以免待哺轉餉之患為三說以獻時朝廷推究章惇蔡卞誤國之罪追貶其身詔其子孫不得官於朝於是章傑自郎中出知婺州蔡僅自侍丞提舉江東茶鹽事剛封還詔書謂如此豈足以示懲有

旨忝與祠遷刑部侍郎乞補外除知漳州漳俗侈靡喪娶踰制乃立條約諭之值日食求言剛請以建國公正皇子之號布告中外異時雖百斯男不復更易乃可以承天意示大公高宗讀之竦然詔拜御史中丞言經費不支盜賊不息事功不立命令不孚及兵驕官冗之弊其原在一人之身君誠意正已臨照百官則是非不紊邪正洞見弊可次第革矣又奏人君之患莫大於好人從已若大臣惟一人之從羣臣惟大臣之從則天下事可憂時諸將恃功希恩所請多廢法剛隨事論列諸將肅

然鄭億年與秦檜有連遂得美官邊報至從官會都堂剛謂億年曰公以百口保金人今已背約有何面目在朝廷乎因顯疏其惡億年奉祠去後秦起舊相之有德望者處以近藩檜聞之曰置我何地改工部尚書以王次翁代其任次翁劾剛薦劉昉陳淵爲朋比以徽猷閣直學士提舉亳州明道宮明年致仕著詩經註解性理小學集註學者稱古溪先生道南源委

李侗字愿中劍浦人年二十四聞郡人羅從彥得河洛之學遂以書謁之曰侗聞之天下有三本焉父

生之師教之君治之關其一則本不立古之聖賢莫不有師其肄業之勤惰涉道之淺深求益之先後若存若亡其詳不可得而考惟洙泗之間七十二弟子之徒議論問答具在方冊有足稽焉是得夫子而益明矣孟氏之後道失其傳枝分派別自立門戶眞儒不復見於世惟先生服膺龜山之講席有年矣况嘗及伊川先生之門得不傳之道於千五百年之後性明而修行完而潔擴之以廣大體之以仁恕精深微妙各極其至不言而飲人以和與人並立而使人化如春風發物蓋亦莫知其

所以然也凡讀聖賢之書粗有識見者孰不願得授經門下以質所疑侗之愚鄙而拳拳欲求教者葢聞道之可以治心猶食之充飽衣之禦寒也人有迫於饑寒之患者皇皇然爲衣食之謀造次顚沛未嘗忘也至於心之不治有沒世不知慮豈愛心不若口體哉弗思甚矣侗祖父以儒學起家不忍墜箕裘之業孜孜矻矻爲利祿之學雖知眞儒有作聞風而起固不若先生親炙之得於動靜語默之間目擊而意全也今生二十有四歲茫乎未有所止燭理未明而是非無以辨宅心不廣而喜

怒易以搖操履不完而悔吝多精神不充而智巧襲擽焉而不淨守焉而不敷朝夕恐懼不啻如饑寒切身者求充饑禦寒之具也從之累年授春秋中庸語孟之説從彥好靜坐侗退亦靜坐從彥令靜中看喜怒哀樂未發前氣象而求所謂中者久之而於天下之理該攝洞貫以次融釋各有條序從彥亟稱許焉既而退居山田謝絶世故餘四十年食飲或不充而恬然自適事親孝謹仲兄性剛多忤侗事之得其懽心閨門內外夷愉肅穆若無人聲而衆事自理親戚有貧不能婚嫁者則爲經

理振助之與鄉人處飲食言笑終日油油如也其接後學答問不倦雖隨人淺深施教而必自反身自得始故其言曰學問之道不在多言但默坐澄心體認天理雖一毫私欲之發亦退聽矣又曰學者之病在於未有灑然氷解凍釋處如孔門弟子羣居終日交相切磨又得夫子爲之依歸日用之間觀感而化者多矣恐於融釋而不脫落處非言說所及也又曰讀書者知其所言莫非吾事而即吾身以求之則凡聖賢所至而吾所未至者皆可勉而進矣又曰講學切在深潛縝密然後氣味深

長蹊徑不差若概以理一而不察其分之殊此學者所以流於疑似亂真之說而不自知也其語中庸曰聖門之傳是書其所以開悟後學無遺策矣然所謂喜怒哀樂未發謂之中者又一篇之指要也必體之於身實見是理若顏子之嘆卓然若有所見而不違乎心目之間然後擴充而往無所不通則庶乎其可以言中庸矣其語春秋曰春秋一事各是發明一例如觀山水徙步而形勢不同不可拘以一法然所以難言者蓋以常人之心推測聖人未到聖人灑然處豈能無失耶倘既閒居若

無意當世而傷時憂國論事感激動人與朱松爲

同門友松雅重侗遣子熹從學熹卒得其傳稱侗

姿稟勁特氣節豪邁而充養完粹無復圭角精純

之氣達於面目色温言厲神定氣和語默動靜端

詳閒泰自然之中若有成法又謂自從侗學辭去

後來則所聞益超絶其上達不已如此閩帥汪應

辰以書幣來迎侗往見之至之日疾作遂卒年七

十有一宋史

王德修南劍人尹焞門人朱熹嘗與書云其於和靖

先生既不得親受音旨而其高第弟子如老丈者

又未得見其仰慕如此道南源委

廖德明字子晦南劍人少得楊時書讀之大悟遂受業朱熹登乾道進士初知莆田縣累知潯州有聲諸司且交薦之德明曰令老矣況以道徇人乎固辭不受選廣東提舉刑獄彈劾不避權要歲當薦士朝貴多以書託之德明曰此國家公器也悉不啓封還之有鄉人爲主簿德明聞其能薦之會德明行縣簿感其知己置酒延之假富人觴豆甚盛德明怒曰一主簿乃若是侈耶必貪也於是追還薦章其公嚴類如此盜陷桂陽延部部人懼德明

撫笑自如遣將馳擊而親持小麾督戰大敗之乃分戍守遠斥堠明審賞罰宣布威信部曲晏然如平時徙知廣州遷吏部左選郎官奉祠卒德明初爲潯州教授爲學者講明聖賢心學之要在南學時立師悟堂刻朱子家禮及程氏諸書公餘延僚屬諸生親爲講說遠近化之嘗語人曰德明自始仕以至爲郡惟用三代直道而行一句而已著有槎溪集宋史

余大雅字正叔順昌人從艮齋傳學明經爲政以教化爲先官廣西經略大雅與同郡游敬仲同時從

朱熹遊熹每告以簡約切實工夫而要其歸於求放心有朱子語錄一卷道南源委

明

王暹字希白將樂人洪武舉人永樂中以預修五經大全由興安訓導歷官國子助教學行飭修祭酒而下推重之終翰林院編修著聲律發蒙解註道南源委

蕭崑字叔剛將樂人從蔡清受易正德中舉於鄉授淳安教諭尋補積溪巳卯聘粵闈分試途次爲猺獠所執欲降之崑慷慨言曰殿下違祖訓干天命

復欲辱義士乎竟不屈死道南源委

福建續志卷三十八終

理學五

建寧府

宋

游酢字定夫建陽人以文行知名程頤見之謂其資可進道程顥令扶溝使職學事盡棄其學而學焉第進士調蕭山尉近臣薦其賢召爲太學錄遷博士以奉親不便求知河陽縣范純仁守潁昌辟教授純仁入相復爲博士僉書齊州泉州判官晚得監察御史歷知漢陽軍和舒濠三州而卒宋史

章望之字表民浦城人少孤喜問學志氣宏放初以伯父得象蔭爲校書郎監杭州茶庫逾年辭表去舉賢良方正得象在相位以嫌抑之上書論時政凡萬餘言不報丁母憂毁瘠過制後浮江淮間艱苦求衣食其兄拱之知晉江縣忤太守守誣以贓坐貶望之訴於朝卒脫拱之寃復官望之遂不復仕覃恩遷太常太祝歐陽修劉敞同薦其才宰相欲用之除僉書建康軍節度判官及知烏程縣皆固辭以光祿寺丞致仕卒望之喜議論宗孟軻言性善排荀卿揚雄韓愈李翺之說著救性七篇又

以歐陽修論魏梁為正統為非著明統三篇江南人李覯著禮論謂仁義智信樂政刑皆出於禮望之訂其說著禮論一篇閩書

胡安國字康侯崇安人入太學以程頤之友朱震文及穎川靳裁之為師三試禮部①中紹聖進士初廷試考定第一宰執抑之時發策崇復熙寧元豐之制安國推明太學以漸復三代為對哲宗親擢第三為太學博士足不躡權門提舉湖南學事應詔舉遺逸蔡京惎之命湖南提刑推治湖北再鞫竟除名尋復原官提舉成都學事丁內外艱終喪謂

校注：①部

子弟曰吾昔爲親而仕今雖祿萬鍾將何所施遂築室墓旁將終身焉靖康元年除起居郎辭朝旨趣行至京師欽宗亟召見安國奏曰明君以務學爲急聖學以正心爲要心者萬國之宗正心者揆事宰物之權願擢名儒明於治國平天下之本虛懷訪問又言爲天下國家必有一定不可易之計君臣固守治功可立今紀綱尚紊風俗益衰竊恐大勢一傾不可復正乞訪大臣各令展盡底蘊仍集議於朝斷自宸衷庶新政有經可冀中興欽宗留詞掖召試時門下侍郎耿南仲見安國論奏日

是謗聖德也乃言安國不宜召試中丞許翰解之得免既試除中書舍人安國乃就職中書侍郎何㮚建議分天下爲四道置四都總管以衛王室捍彊敵安國言州郡太輕理宜通變一旦以二十三路之廣分爲四道權恐太重萬一抗衡跋扈何以待之與㮚議忤㮚擠之詔與郡㮚以安國苦足病海門卑濕除知通州安國既去金人薄都城子寅爲郎在城中客憂之安國曰主上在圍中恨效忠無路敢念子乎高宗即位以給事中召黄潛善諷給事中康執權論其托疾罷之三年樞密張浚薦

安國可大用再除給事中聞駕幸吳越引疾還紹
興元年除中書舍人兼侍講安國以時政論二十
一篇獻之復除給事中入對乞以所進二十一篇
施行其論目曰定計建都設險制國恤民立政覈
實尚志正心養氣宏度寬隱居旬日以疾求去高
宗曰聞卿深於春秋方欲講論遂以左氏傳付之
安國奏今方思濟艱難左氏繁碎不宜虛費光陰
莫若潛心聖經尋兼侍讀專講春秋會除故相朱
勝非同都督江淮荆浙諸軍事安國奏勝非與黄
潛善汪伯彥同在政府緘默附會循致渡江尊用

張邦昌結好金國淪滅三綱天下憤鬱今疆敵憑陵用人得失係國安危恐勝非上誤大計乃改勝非侍讀安國𢙢錄黃不下言勝非係臣論列之人今朝廷乃稱勝非處苗劉之變能調護聖躬昔公羊氏言祭仲廢君爲行權先儒力排其説葢權宜廢置非所施於君父春秋大法尤謹於此左相呂頤浩引勝非爲助降旨落職提舉仙都觀五年除徽猷閣待制知永州辭詔以經筵舊臣特從其請提舉江州太平觀令纂修所著春秋傳書成高宗謂深得聖人之旨除提舉萬壽觀兼侍讀諫官陳

公輔上疏詆安國假託程頤之學安國奏曰孔孟之道不傳久矣自頤兄弟始發明之然後知其可學而至今使學者師孔孟而禁不得從頤學是入室而不由戶本朝自嘉祐以來西都有邵雍程顥及其弟頤關中有張載皆以道德名世師尊之望下禮官加之封爵載在祀典裒其遺書校正頒行奏入公輔周秘交章論安國學術頗僻復提舉太平觀進寶文閣直學士卒年六十五詔贈四官諡文定安國强學力行以聖人爲標的志於康濟時艱雖數以罪去而愛君憂國之心遠而彌篤論者

謂渡江以來儒者進退合義以安國爲稱首所興①遊者游酢謝良佐楊時皆程門高弟良佐嘗曰胡康侯如大冬嚴雪百草萎死而松栢挺然獨秀其使湖北也時方爲府教授良佐爲應城宰安國質疑訪道禮之甚恭王安石廢春秋不列於學官安國謂先聖手所筆削乃使人主不得聞講說學士不得相傳習亂倫滅理可乎潛心是書二十餘年以爲天下事物無不備於此有文集十五卷資治通鑑舉要補遺一百卷三子寅宏寧宋史

陳繒字質夫浦城人同楊時遊二程子之門大觀中

校注：①與

擢進士第浮沉州縣不以軒冕爲榮而以名教爲樂官至奉議郎時常與書云孟子曰萬物皆備於我矣反身而誠樂莫大焉知萬物皆備於我則雖行止疾徐間有堯舜之道存焉世之人多不自已求之以質夫篤志强學因其所進勉而卒之無難矣道南源委

鄭轂字致遠建安人初就學晝夜誦中庸不怠曰聖人之道在此書也既冠入太學累舉不第歎曰古之求道者尚友古人未及大賢之門可乎遂走河南値二程子已逝乃遊謝良佐之門重和間舉八

行第進士調御史臺主簿校書郎出守臨江軍乞祠歸自號九思嚴執父喪火延喪室抱棺叩頭慟哭不去已而火爇柱至半止人名此火柱閩書

胡寅字明仲安國從子也將生安國弟婦欲不舉安國妻夢大魚躍盆水中急取而子之少桀黠父閉之閣閣有雜木寅刻爲人形安國曰當有以移其心別置書數千卷寅悉成誦不遺一卷中宣和進士靖康初召除秘書省校書郎楊時爲祭酒寅從受學遷司門員外郎金人以張邦昌僞立寅棄官歸建炎三年高宗幸金陵樞密使張浚薦爲駕部

郎官擢起居郎金人南侵詔議移蹕之所寅上書曰自古中興之主所以能克復舊物者莫不志思雪耻以此號召四海決意講武誓以戰伐天下忠義武勇必雲合響應陛下凡所欲爲孰不如志今日圖復中興之策莫大於罷絶和議務實效去虛文治兵擇將誓戩大憝者孝弟之實也陛下身爲子弟欲北向而有爲將見舉四海爲陛下用期以十年必能掃除妖殄遠迓父兄稱朱中興疏入宰柄呂頤浩惡其切直除直龍圖閣主管江州太平觀二年詔内外官各言事寅以十事應詔不報尋

出知永州紹興四年復召爲起居郎遷中書舍人時議遣使入雲中寅上疏請罷使命高宗曰寅諭①使事詞旨剴切深得獻納論思之體召至都堂獎諭張浚自江上還奏遣使爲兵家機權寅復言今日大計只合明復仇之義用賢修德息兵訓民以圖北向若二三其德必不能有所立意與浚異遂乞郡就養除集英殿修撰復以待制改知永州尋以禮部侍郎兼侍講丁父憂免喪除徽猷閣直學士提舉江州太平觀致仕歸衡州秦檜素忌寅雖告老猶憤之坐與李光書譏訕朝政落職右正言

校注：①論

章復劾之責授果州團練副使新州安置檜死詔復其官卒年五十九寅志節豪邁初擢第中書侍郎張邦昌欲以女妻之不許在謫所著讀史管見論語詳說爲文根著義理有斐然集三十卷宋史

江錡字全叔建陽人舉宣和進士文行推重於時所從遊多鉅人長者著有春秋經解三十卷辨疑一卷楊時見而稱之又著語孟說各五卷歷官宣教郎永州教授終徽猷閣學士建寧府志

黄鏻字用和浦城人從楊時學甚見器重及爲工曹守將高其才多委以事適諸邑大水按視官布部

使者多不以實聞鍰獨減放蠲田租十之八使者怒鍰占答詳雅卒如初請調西安丞靖康初李綱宣撫河東辟幕屬高宗朝拜監察御史首陳七事深蒙嘉納一日問孟子與齊梁國君問答之說鍰對詞義敷暢上曰卿可謂非堯舜之道不陳於王前因諭曰鍰論人君治心事甚詳處以諫職會有沮之者除江西提點刑獄力求奉祠卒鍰在臺越月風節凜然天下誦直有奏議雜著論語類觀唐史雋論共二十卷閩書

潘殖字子醇浦城人建炎中以累舉除官調眞州推

官初好王氏學後悟其非用力克巳至忘寢食久之有得於是述忘筌書五卷性理書九篇劉勉之胡憲劉子翬皆喜其書子翬稱其得學易門戸於易之復又嘗畫爲觀象元契二圖書閩

劉子翬字彥冲崇安人贈太師韐之子以父任授承務郎辟眞定府幕韐死靖康之難子翬痛憤幾無以爲生廬墓三年服除通判興化軍楊就犯閩境子翬畫計備禦賊不敢犯事聞詔因任子翬始執喪致羸疾至是以不堪吏責辭歸武夷山不出者十七年間走其父墓下瞻望徘徊涕泗累日而返

妻死不再娶事繼母呂氏及兄子翊盡孝友兄子
珙幼英敏嗜學子翬教之不懈珙卒有立與胡憲
劉勉之交每見講學外無雜言而期以任重致遠
者惟朱熹而已初熹父松且死以熹託之及熹請
益子翬告以易之不遠復三言俾佩之終身熹後
卒爲儒宗子翬少喜佛氏說歸而讀易卽渙然有
得其說以爲學易當先復故以是告熹焉一日感
微疾卽謁家廟泣別母與親朋訣付珙家事指葬
處處親戚孤弱之無業者訓學者修身求道數百
言卒年四十七學者稱屛山先生珙別有傳宋史

蕭顗字子莊，浦城人。天資樸實，少孤，事母以孝聞。母喪，廬墓，有靈芝之異。與羅從彥同遊楊時之門。嘗答友人書云：士之所志，舍仁義何爲哉？仁必欲熟，義必欲精。仁熟則造次顛沛有所不違，義精則利用安身而德崇矣。後以累舉得官，爲清流簿，終歲而歸，徜徉閭里。朱松嘗師事之。道南源委

范如圭字伯逵，崇安人。從舅氏胡安國受春秋。廷對策極壯切，考官抑置乙科。授武安節度推官。帥將斬人，如圭白誤，帥曰：已署。如圭正色曰：節下奈何重易一字，輕數命耶？帥瞿然從之。居數月，以憂去。

時金人陷長沙湘中大亂如圭崎嶇避地艱苦百罹而志業益修辟江東安撫司書近臣交薦召試除秘書省正字遷校書郎兼史館校勘會秦檜力建和議金使鼎來其詞悖傲如圭與同省十餘人合疏爭之且手書詆檜金人歸河南地檜自以爲功如圭曰是亦安能久有乃言兩京版圖既入則陵廟瞻望咫尺今朝修之使未遣何以仰慰神靈下萃民志高宗泫然曰非卿不聞此言立命遣使檜益怒乃諷告歸差主管台州崇道觀杜門讀書不與外事者十餘年壽起通判邵州及荆南府事

荆南戸口舊數十萬寇亂無復人迹時檜晚節悖亂喜怒不可測帥孫汝翼欲賦民以塞責如圭持之孫去言於後帥即奏黜焉檜死被命入對高宗記前議勞問如圭因進言爲治以知人爲先知人以清心寡欲爲本語甚切至又論東南不舉子之俗請舉漢胎養令以全活之亦勾踐生聚報吳之意也高宗善其言秉政者忌之乃以直秘閣提舉江西常平茶鹽出之尋論奏數事皆一方久遠計改利州提點刑獄復請祠時宗藩並建儲位未立如圭深憂之嘗劉至和嘉祐間名臣章奏爲一書

以獻高宗語輔臣曰如圭可謂愛君矣遂決定大計卽下詔進孝宗爲建儲因復起如圭知泉州尋罷領祠僦居邵武門巷蕭然遠近學者多從質問如圭孜孜朝夕爲引接卒後兩年孝宗受禪而如圭已不及見矣閩書

胡宏字仁仲安國子幼事楊時而卒傳其父之學優游衡山下二十年玩心神明不舍晝夜張栻師事之紹興間上書其畧曰治天下有本仁也何謂仁心也心官茫茫莫知其鄉若能充於一身通於天地宰制萬事統攝億兆之本也察天理莫如屏欲

存良心莫如立志陛下試沉思靜慮方今之世當陛下之身事孰爲大乎孰爲急乎必有歉然惻然不能自安者則良心可察而臣言可信矣二聖遠適窮荒辛苦墊險其願陛下加兵敵國猶饑渴之於飲食庶幾一得生還父子兄弟懽若平生引領東望九年矣夫以疎賤念此痛心思欲有爲況陛下當其任乎而在廷之臣不能充陛下仁孝之志反以天子之尊北面讐敵即今王師傷敗二聖遠棲乎沙漠皇輿僻寄於東吳若猶習於因循下三綱之本性昧神化之良能則人欲肆而天理滅將

何以異於先朝求救禍亂而致升平乎陛下卽位以來中正邪佞更進數退無堅定不易之誠然陳東以直諫死馬伸以正論死而未聞誅一姦邪黜一諛佞何摧中正之易而去姦邪之難也中正之土①乃陛下腹心耳目奈何以天子之威握億兆之命乃不能保全二三腹心耳目之臣以自輔助臣竊痛心傷陛下威權之不在已也高閌爲國子司業請幸太學宏見其表作書責之初宏以蔭補右孬②務郎不調秦檜當國貽書與其兄寅問二弟何不通書寧作書止敘契好宏書辭甚厲人問之曰

校注：①士　②承

正恐其召故示之以不可召之端檜死宏被召以疾辭卒於家著書曰知言張栻謂其言約義精道學之樞要制治之蓍龜也有詩文五卷皇王大紀八十卷宋史

胡憲字原仲安國弟子也生而靜慤雖倉卒無疾言遽色長從安國學紹興中以鄉貢入太學會禁伊洛學獨與劉勉之陰誦竊講旣又學易於涪陵譙天授久未有得天授曰是固當然蓋心爲物漬故不能有見惟學乃可明耳憲喟然曰所謂學者非克己工夫耶自是一意爲己不求人知一旦歸故

山力田養親安國稱其有隱君子之操從者益衆

朱震等以其行義聞於朝以母老辭尋賜進士出

身授左廸功郎添差建州教授寃猶不出太守魏

矼致部乃就職進諸生訓以爲已之學學者觀其

修身事親接人無一不如所言遂翕然悅服延致

篤行程元廉節龔何俾𥙊學政人士大化秩滿復

留嗣以母老求監南嶽以歸久之起爲福建路安

撫司屬官時帥張宗元權鹽急私販寃告以爲政

大體帥不悅遂請祠去會秦檜用事寃益無復當

世之念檜死召大理司直改秘書省正字疏言金

人大治汴京官室勢必敗盟元臣宿將惟張浚劉錡在願急起之時兩人皆爲積毀所傷未有敢顯言當用者憲獨首言之疏入即求去上感其言以爲左宣教郎主管崇道觀使歸食其祿後浚錡召用憲之力也卒謚靖肅憲在位共半年極意顯言至慷慨洒涕初與劉勉之俱隱後交朱松劉子翬松將歿囑子熹師事焉熹自言與從遊最久而呂祖謙林之奇魏掞之熊克曾逢皆其門人著論語會議諸書世稱籍溪先生道南源委

胡寧字和仲以蔭補官秦檜當國召試館職除勑令

所刪定官秦熺知樞密院檜問寧曰熺近除外①云何寧曰外議以爲相公必不爲蔡京之所爲也遷太常丞祠部郎官初以寧父兄故召用及寅與檜忤乃出寧爲夔路安撫司參議官除知澧州不赴主管台州崇道觀卒安國之傳春秋也修纂檢討盡出寧手寧又著春秋通旨以羽翼其書云宋史

劉勉之字致中崇安人自幼强學以鄉舉詣太學時蔡京用事禁士挾元祐書師生收書連坐罪至流徙名爲一道同風實以錮天下之口勉之陰訪伊洛程氏之傳得其書俟深夜同舍生熟寐乃探篋

校注：①論

燃膏潛抄默誦涪陵譙天授嘗從二程子遊兼邃易學即往叩焉得其本末遂棄錄牒歸道南都見劉元城過毘陵見楊時皆從請業元城尤竒之告以生平行已立朝大節無不傾盡勉之聽受精思力行久之若有所得與族人子翬及胡憲講論切磋結廬建陽讀書力穡無求於世賢士大夫咸高仰之中書舍人呂本中薦於朝特詔赴闕劉子翬作招劍文送之其辭曰寶劍來奉君王撫四裔定八荒時平時毋深藏旣至秦檜方主和議恐觸忌諱但令對策不使①見勉之知道不行即日謝歸

校注：①入

杜門十餘載故相趙鼎出鎮南州道出里門紆轡

入謁坐語移日與朱松友善命子熹師事焉屬以

後事勉之經理其家愛熹如子以女妻之居於白

水稱白水先生道南源委

吳棫字才老建安人舉進士召試館職不就除太常

丞忤時宰出通判泉州剛直有謀明恕能斷悍卒

謀亂一郡洶洶才老命戮數人談笑定之所著有

書裨傳詩補音論語指考異續解楚詞釋音韻補

又作字學補韻朱熹謂近代訓釋之學惟棫爲優

因據以叶三百篇之韻其所作韻補武彝徐蕆爲

之序曰才老中和溫厚之氣睟然見於色仁義道德之音藹然形於言藏嘗識之退而嘆曰古所謂君子儒者非斯人耶棫從容爲藏言擢第後數年不求官築室三間中設夫子像古書陳前謝事凝神以味古訓常若游洙泗間而稱遜聖賢前後也平生著書皆淵源精確自補音書成然後三百篇始得爲詩從而考古銘箴誦歌謠諺之類莫不字順音協其書引證甚博懼其繁重稍削去獨於最古者中古者近古者各存二三行書閩

朱熹字元晦婺源人父松以進士歷司勳郎秦檜决

策議和松言不可檜怒出知饒州卒熹甫能言父指天示之曰天也熹問曰天之上何物松異之授以孝經題其上曰不若是非人也嘗從羣兒戲沙上獨端坐以指畫沙視之八卦也紹興中進士主同安簿選秀民日與講説聖賢修巳治人之道禁女婦之爲僧道者罷歸請祠孝宗卽位詔求直言熹言帝王之學必先格物致知以極事物之變使義理所存纎①悉畢照則自然意誠心正而可以應天下之務次言修攘之計不時定者講和之説誤之也夫金人於我有不共戴天之讐則不可和也

校注：①纖

明矣願閉關絶約任賢使能立紀綱厲風俗數年之後國富兵强徐起而圖之隆興元年復召入對言大學之道在乎格物以致其知陛下雖有生知之性而未嘗隨事以觀理卽理以應事且陳古先聖王所以强本折衝威制遠人之道時湯思退方倡和議除熹武學博士乾道元年洪适爲相復主和論不合歸三年陳俊卿劉珙薦爲樞密院編修官五年丁內艱工部侍郎胡銓薦以未終喪辭免喪復召以祿不及養辭九年申前命又辭梁克家奏熹屢召不起宜蒙褒錄上曰熹安貧守道廉退

可嘉特改合入官主管台州崇道觀淳熙二年䧏①
秘書郎力辭乃從其請主管武夷山沖佑觀五年
除知南康軍値歲不雨講求荒政多所全活間詣
郡學進士子與之講論訪白鹿洞書院遣②址爲學
規俾守之明年夏大旱上疏言天下之務莫大恤
民而恤民之本在人君正心術以立綱紀君心不
能自正必親賢臣遠小人講明義理之歸閉塞私
邪之路然後可正今宰相臺省皆失其職而陛下
所與謀議者不過近習之臣使陛下不信先王之
大道而悅於功利之卑說勢成威立中外靡然莫

校注：①除　②遺

大之禍必至之憂近在朝夕而陛下獨未之知上讀之大怒曰是以我爲亡也熹以疾請祠不報陳俊卿薦熹甚力乃除提舉江西常平茶鹽公事旋錄救荒之勞除直秘閣以前所奏納粟人未推賞辭會浙東大饑改熹提舉浙東常平茶鹽公事即日單車就道復以納粟人未推賞辭職名納粟賞行乃受入對首陳災異之由與修德任人之說上爲動容所奏凡七事其一二事手書以防宣洩熹始拜命即移書他郡募米商蠲其征及至則客舟之米已輻輳熹日鉤訪民隱按行境內單車屏從

所至人不及知郡縣官吏憚其風采至自引去所部肅然於救荒之餘隨事爲經久之計有謂其疏於爲政者上曰朱熹政事却有可觀時蝗旱相仍復言爲今之計獨有斷自聖心責躬求言君臣相戒痛自省改盡出內庫之錢以供大禮之費爲收糴之本詔戶部免徵舊負漕臣依條檢放租稅宰臣遴選賢能責以荒政庶幾下結人心消其乘時作亂之意知台州唐仲友遷江西提刑未行熹行部至台州訟仲友者紛然按得其實章三上仲友自辯又三上奪仲友新命以授熹遂辭歸時侍御

史鄭丙上疏詆程氏之學且以沮熹陳賈爲監察御史亦論道學假名以濟僞詔主管台州崇道觀連奉雲臺鴻慶之祠者五年周必大相除熹提點江西刑獄公事入奏言陛下即位二十七年①□荏苒無尺寸之效無乃天理有所未純人欲有所未盡是以爲善不能充其量除惡不能去其根願自今以往一念之頃必謹而察之推而至於言語動作之間用人處事之際無不以是裁之則聖心無一毫私欲而天下之事惟陛下所欲爲矣有要於路以爲正心誠意上所厭聞勿以爲言熹曰吾

校注：①因循

生平所學惟此豈可隱默以欺君及奏除兵部郎

官以足疾丐祠本部侍郎林栗嘗與熹論易西銘

不合劾熹僞不可掩周必大言熹上殿之日足疾

未瘳上曰朕亦見其跛曳乃依舊職江西提刑詔

熹䟽入對所論朕詳其誠可速之任再辭除直寶

文閣主管西京嵩山崇福宫未踰月再召嘗以口

陳之說有所未盡投匭進封事曰大本者陛下之

心急務則輔翼太子選任大臣振舉綱紀變化風

俗愛養民力修明軍政六者是也凡此六事皆不

可緩而本在於陛下之一心心正則六事無不正

一有人心介乎其間則雖欲憊精勞力以求正夫六事亦將徒爲文具而天下之事愈至於不可爲矣疏入上已就寢亟起讀之明日除主管太乙宮兼崇政殿說書熹力辭除秘閣修撰奉外祠光宗即位除江東轉運副使以疾辭改知漳州奏除無名之賦減經總制錢又以習俗未知古禮采古喪葬嫁娶之儀揭以示之命各教其子弟士俗崇信釋氏男女聚僧廬爲傳經會女不嫁者爲菴舍以居熹悉禁之常病經界不行會朝論欲行泉汀漳三州經界熹乃訪事宜擇人物及方量之法上之

而豪右沮之宰相留正泉人也以爲不可行詔先行漳州經界尋除秘閣修撰辭詔論撰之職以寵名儒乃拜命除荆湖南路轉運副使未幾差知潭州力辭有旨長沙巨屏得賢爲重遂拜命會洞獠擾屬郡熹遣人諭以禍福皆降所至興學校明教化四方學者畢至寧宗即位趙汝愚薦熹召赴行在除煥章閣待制侍講辭不許入對言乃者太皇太后躬定大策陛下寅紹丕圖可謂處之以權而不失其正自頃至今三月矣不能無疑於逆順名實之際竊爲陛下憂之猶有可諉者亦曰陛下之

心前日未嘗有求位之計今日未嘗忘思親之懷此其所以行權而不失其正之根本也充未嘗求位之心以盡負罪引慝之誠充未嘗忘親之心以致溫凊定省之禮而大倫正大本立矣復面辭待制侍講上手劄之遂拜命時修葺舊東宮爲屋數百間欲徙居之熹言正當恐懼修省之時不當興此大役以咈譴告警動之意願明詔大臣首罷修葺東宮之役而以其工料回就慈福重華之間草創寢殿一二十間使粗可居則太上皇帝歡意浹洽矣疏入不報然上頗開懷容納熹奏勉上進德

以求放心爲本而於玩經觀史親近儒學益①用力焉始寧宗之立韓侂胄自謂有定策功居中用事熹憂其害政乃上疏斥言左右竊柄之失慶元初趙汝愚入相中外引領望治熹尤惕然以侂胄用事爲慮汝愚旣以誣逐而朝廷大權悉歸侂胄熹始以廟議自劾不許以疾再乞休致詔辭職謝事非朕優賢之意依舊秘閣修撰沈繼祖爲監察御史誣熹十罪詔落職罷祠熹以年近七十乞致仕乃依所請明年卒年七十一疾且革手書屬其子在及門人范念德黄榦拳拳以勉學及修正遺書

校注：①益

爲言翌日正坐整衣冠就枕而逝熹登第五十年仕於外者僅九考立朝纔四十日家故貧少依父友劉子翬寓崇安徙建陽之考亭簞瓢屢空晏如也諸生自遠而至者豆飯藜羹率與之共非其道義則一介不取自熹去國侂胄勢益張僞學之禁自此始侂胄死詔謚曰文贈中大夫寶謨閣直學士加贈太師追封徽國公從祀孔子廟熹少時慨然有求道之志父病亟嘗屬曰胡原仲劉致中劉彦冲三人學有淵源吾所敬畏吾死汝往事之三人謂胡憲劉勉①之劉子翬也故熹之學旣博求之

校注：①勉

經傳後徧交當世有識之士李侗嘗學於羅從彥熹不遠數百里從之其爲學大抵窮理以致其知反躬以踐其實而以居敬爲主嘗謂聖賢道統之傳散在方冊聖經之旨不明而道統之傳始晦於是竭其精力以研窮聖賢之經訓著有易本義啓蒙著卦考誤詩集傳大學中庸章句或問論語孟子集註太極圖通書西銘解楚詞集註辨證韓文考異所編次有論孟集議孟子指要中庸輯畧孝經刊誤小學書通鑑綱目朱名臣言行錄家禮近思錄河南程氏遺書伊洛淵源錄沒後朝廷以其

大學語孟中庸訓說立於學官又有儀禮經傳通解未脫稿亦在學官平生爲文凡一百卷生徒問答凡八十卷別錄十卷黃榦曰道之正統待人而傳自周以來任傳道之責者孔子而後曾子子思繼其微至孟子而始著孟子而後周程張子繼其絕至熹而始著識者以爲知言宋史

吳楫字公濟崇安人幼自雄其才謂功名可立取紹興末試鄉省不第遂絕心仕進與朱熹吳郁研窮理學嘗言逐日應接事物之中須得一時寧靜以養精神要使事愈繁而心愈暇彼不足而我有餘

熹遣子師事之晚年以恩補官調桂林簿道南源委

蔡元定字季通建陽人生而穎悟父發以程氏語錄邵氏經世張氏正蒙授之曰此孔孟正脉也元定深涵其義辨析益精登西山㠐頂讀書往師朱熹熹扣其學大驚曰此吾老友也不當在弟子列遂與講論諸經奥義四方來學者熹必俾先從元定質正太常少卿尤袤秘書少監楊萬里薦於朝以疾辭築室西山將終焉時韓侂胄擅政設僞學之禁言官連疏詆熹併及元定謫道州將就道熹與從遊者餞別蕭寺客有泣下者熹視元定不異平

時因愲然曰友朋相愛之情季通不挫之志可謂兩得矣既杖屨挈其子沉行三千里脚爲流血無幾微見言面至則遠近來學者日衆莫不趨席下以聽講說人謂宜謝生徒元定曰彼以學來何忍拒之貽書訓諸子曰獨行不愧影獨寢不愧衾勿以吾得罪故遂懈一日謂沉曰可謝客吾欲安靜以還造化舊物閱三日卒侂胄既誅贈廸功郎謚文節元定於書無所不讀於事無所不究義理洞見大原下至圖書禮樂制度無不精妙古書奇詞奧義人所不能曉者一過目輒解熹嘗曰人讀易

書難季通讀難書易熹疏釋四書及爲易詩傳通鑑綱目皆與元定往復參訂啓蒙一書則屬元定起稿嘗曰造化微妙惟深於理者能識之吾與季通言而不厭也及葬以文誄之學者尊之曰西山先生所著書有大衍詳說律呂新書燕樂原辯皇極經世太①元潛虛指要洪範解八陣圖說 宋史

陳總龜字朝端居近朱熹日與熹遊熹與書勉之問學不下百餘章舉進士授永豐尉未赴卒 閩書

蔡淵字伯靜元定長子兄弟三人皆躬耕不仕卓然自立邦之人士莫能與比而八亦莫知所蘊也元

校注：①玄

定讁春①陵時奉母家居備極誠孝嘗謂周子無極而太極之說得於易有太極之一言易者變易無體即無極之義眞德秀謂其學能言朱子所未言著有周易訓解易象意言卦爻辭旨古易協解大傳易說象數餘論太極通旨等書道南源委

蔡沆字復之元定次子元定使長子淵紹其易學季子沆紹其書學而以所發明春秋屬沆一日讀易悟曰易一卦一爻爲義各異謂春秋以一例該衆事可乎讀書至道心人心則歎云春秋二百四十餘年間諸侯大夫行事發於道心者無幾聖人於

校注：①春

賜仲子納鄧鼎皆據大義以止私欲一書綱領在此嘗以敬爲入德門戶義爲一身主宰復爲學者遷善改過之幾時時以敬義示人與人講明復卦言當以不遠復爲法以頻復爲戒著有春秋五論世稱復齋先生道南源委

蔡沉字仲默元定季子少從朱熹遊熹晚欲著書傳未及爲遂以屬沉洪範之數學者久失其傳元定獨心得之然未及論著曰成吾書者沉也沉受父師之託沉潛反覆者數十年然後成書發明先儒之所未及其於洪範數謂體天地之撰者易之象

紀天地之撰者範之數數始於一奇象成於二偶奇者數之所以立偶者數之所以行故二四而八八卦之象也三三而九九疇之數也由是八八而又八八之爲四千九十六而象備矣九九而又九九之爲六千五百六十一而數周矣易更四聖而象已著範錫神禹而數不傳後之作者推象數之原窮變通之妙或即象而爲數或反數而擬象牽合傅會自然之數益晦焉始從元定謫道州跋涉數千里道楚粵窮僻處父子相對常以義理自怡悅元定沒徒步護喪以還有遺之金者輒謝曰吾

不忍累先人也年僅三十屏去舉業一以聖賢爲師隱居九峰當世名卿物色將薦用之沉不肯就

宋史

魏掞之字子實故名挺之字元履建陽人少師胡憲已偏從儒先長者遊聞見日廣聲稱日大嘗客衢守章傑家故相趙鼎以謫死歸葬常山傑雅怨鼎又希秦檜意逮繫其家人劾治甚急掞之作書讓傑遂歸以鄉舉試禮部不第聞師汪應辰論薦於朝時相尼之詔舉遺逸帥守共言其行誼詔特徵之以布衣入見極論當世之務孝宗獎歎嘉納勞

問移時詔賜同進士出身授左廸功郎守太學録日進諸生教誨之釋奠孔子祠先事白宰相陳俊卿請言於上廢安石父子勿祀而追爵程氏兄弟使從食又言太學之教宜先德行經術其次尤當使之通習世務以備官使至他政事有係安危治亂之機宰相不能正臺諫侍從不敢言無不抗疏盡言至三四上並不見納則移病杜門道觀召還掞之移書與俊卿責其不能救正俊卿雅招徠掞之及見其書詞峻切亦不能平遂以迎親予告歸罷爲台州教授卒掞之於學無不講而尤長於前

代治亂廢興存亡之說以至本朝故事之實居①家
謹喪祭重禮法恤親舊雖貧不靳與人交嘉善救
失如不及後進以禮來者苟有一長汲汲推挽之
孝宗聞其卒嗟悼久之贈直秘閣擢之與朱熹遊
去國時熹方被召將行聞擢之出都遂止閩書

劉懋字子勉勉之孫也博學通經受學于劉子翬得
其論著繼從胡憲始知爲學大旨自是易象天文
地理律歷之奧無所不通授廸功郎任會昌西尉
兼學事秩滿奉祠以朝奉大夫致仕杜門掃軌仰
師聖賢鄉人子弟多所造就學者稱恒軒先生著

校注：①居

禮記集說語孟訓解道南源委

朱在字叔敬熹子用蔭補官嘉定初除籍田令亢旱上封事歷將作司農簿遷丞十年以大理寺正知南康軍奉祠起知信州入對以進學問振紀綱求放心爲言除提舉浙西常平茶鹽公事加右曹郎官兼知嘉興府召爲司農少卿充樞密副都承旨出爲兩浙轉運副使寶慶中除工部侍郎進對論人主學問之要理宗曰卿先卿中庸序言之甚詳因奏閔損以下九人並封公爵獨曾參爲侯並乞封公揚雄王雱乞去其像本朝有程顥程頤張載

三人若使從祀廟庭斯文幸甚除吏部侍郎請外

除寶謨閣待制知平康府遷煥章閣待制知袁州

奉祠卒道南源委

詹體仁字元善崇安人始冠登進士調浮梁尉獲盜

當賞謝不就兩爲歸安晉江丞用薦累遷太常丞

時高宗定謚或謂宜稱堯宗體仁言謚法雖有之

於古無據大行皇帝功莫盛中興請比殷武丁謚

爲高議始決光宗卽位就遷司郎少卿劾刻舊弊

軍餉饒足奏蠲諸郡積逋召爲太常少卿光宗疾

省重華不以時體仁深陳父子至恩用意尤苦孝

宗崩復抗疏請駕詣重華宮親臨祥祭時趙汝愚
將定大計密令體仁達意少保吳琚請憲聖太后
垂簾爲援立計寧宗登極天下晏然體仁協贊汝
愚之力也時議大行皇帝謚體仁言壽皇聖帝事
德壽二十餘年極天下之養諒陰三年不御常服
宜謚曰孝卒用其言議山陵事與宰相異除太府
卿出知福州助修郡學言者竟以前論山陵事罷
之徙居雲川讀書悠然自得復龍圖閣知靜江府
嘗勞農觀田器薄小教之更造開十縣租銀二萬
四千緡雜賦八千移鄂州除司農卿再總湖廣餉

事歲凶便宜賑救韓侂胄議開邊體仁移書廟堂言兵不可輕動皇甫斌自以將家子好言兵體仁謂斌必敗已而果然開禧二年卒體仁幼學於朱熹沉潛經訓徧考羣書論說百家本末條暢屬意星曆著象數義以衍其奧嘗以今樂譜古詩方響無不協和一詩率用一調惟七月篇轉三調乃知風雅頌之别居官以利民爲心立朝密扶善類進達人才眞德秀從之遊嘗問居官莅民之法曰盡心平心而已盡則無愧平則無偏閩書

范念德字伯崇建陽人父如圭少從舅氏胡安國受

春秋廷對策極論人主正心立志之方力詆和議宴安之失言甚壯切念德從朱熹學初簿廬陵以幹敏聞辟吉州從事致忠求情廉勤惻怛有寬必白奸無幸免因葺問事之堂榜曰盡心大書噫嘘掛於屏上闢堂後地以會文講學熹爲之記仕終宜黃令嘗侍熹訪張栻於長沙熹讀其所著雜說曰持守不差見理漸明臨殁手書曰范念德托寫禮書道南源委

劉爚字晦伯懋子從朱熹遊乾道中成進士歷官蓮城令𥚃無名征斂新學官教諸生入德之方改知

閩縣清簡爲治與民有信大族頑𤅊莫敢撓法臺
府合薦以與丞相趙汝愚有連避嫌寧宗受禪公
寓書汝愚言蠱毒中人之害益指韓侂胄汝愚不
能用丁父艱讀書講道學禁雖嚴怡然自適服除
知德慶府葺學舍練軍實入對請恐懼修省開言
路以廣忠益闡公道以進人才飭邊備以防敵詐
執政議留綸宰臣陳自強目爲僞學遂以提舉廣
東常平茶鹽痛加裁節以足公用嘉定二年召對
言甚切直除吏部郎中輪對請開張聖聽於經筵
講讀大臣奏對反復問難以采義理之當否政事

之是非乞外除浙西提點刑獄所劾不避權貴所舉不受干求召國子司業言治道原於士風士風本於學術累聖相承以爲先務治教脩明儒宗間出然六經遺旨孔孟微言後明于千載天下學者誦而習之以論語孟子爲門大學中庸爲準慶元以來指道學爲僞屏其人禁其書十餘年間學者無所依向乞降明旨罷其禁又錄朱子白鹿洞學規以進請頒下兩學與舊規並行從之兼編修郊祀恩封建陽縣開國男賜紫金魚袋權刑部侍郎兼祭酒左諭德同修撰時羣臣爭務容默爚疏請

崇獎忠讜以作士氣深戒諛佞以肅百僚固籓籬選將帥尤今日不可緩者除刑部侍郎言藝祖置將皆富之以財待武吏與待文吏不同文吏責以廉耻武吏取以才能權刑部尚書兼右庶子仍兼講讀於東宮言帝王之學當本之大學探之中庸參之論語孟子然後質之詩書玩之周易證之春秋稽之周官求之儀禮博之禮記而通之歷代之史通鑑之書以知古今之得失君臣之事鑑則物格知至意誠心正於修身治平之道猶指掌矣每講論至經史所陳聲色嗜慾之戒輒懇切再三以

年過七十乞休不允比疾猶黽勉輔導卒贈金紫光祿大夫謚文簡洽簡質端重和易以莊少習家訓長得名師其淵源一出於正著有奏議史稿經筵故事東宮詩解易經說禮記解講堂故事云莊外稿續稿若干卷道南源委

江默字德功崇安人乾道進士調安溪尉丁外艱歸詣武夷從朱熹講學著易訓解易注疏四書訓詁以質熹熹曰此先聖未發精奧也嘗考國朝典章撰細策三十六卷上之後宰建寧有異政卒於官道南源委

董伯羽字晝卿甌寧人入雲谷師事朱熹充然有得時學禁方厲遂閉戸不出讀書樓上熹嘗造訪之名其樓曰醉經堂曰敬義由是伯羽以道自任日以敬義之化化行鄉里趨向彌衆時人稱敬義先生著四書集成學經衍義羣訓解晦菴語録道南源委

吳翌字晦叔建陽人師胡宏宏沒就張栻論學生平忠信撫幼孤出有恩義與人交表裏殫竭心所不安者告語切至而不失其和故朋儕多樂親之栻門人在衡湘者日從翌參决所疑舊有嶽麓書院設山長教授生徒尋廢宏嘗請復之乾道初帥劉

劉珙紿復書院轉運副使蕭之敏以禮聘翌翌曰此吾先師之所不得爲者豈可以涼德當之哉力辭不赴築室衡山下有竹林水沼之勝取程子澄濁求清意榜曰澄齋日與士友講道讀書翛然自樂及沒朱熹爲志狀建寧府志

邱膺字子服建陽人從朱熹遊稱爲老友嘗與刊定周子通書及論老子嘗愧楊子載愧之義蔡元定謫春①陵膺載爼遠郊涕泣不忍別羣儕皆感動熹得春陵信輙以告膺蓋歎道之孤不但平生交好之情而已建寧府志

校注：①春

歐陽光祖字慶嗣崇安人九歲能文從劉子翬朱熹講學子翬甚稱之熹遣子師事焉再舉登第不赴趙汝愚張栻列薦于朝方欲召用而汝愚去國後爲江西運幹致仕卜築松坡上以老道南源委

周明仲字居晦建陽人好讀書有志當世官宣教郎淳熙甲辰常平使者宋若水知其賢以魏掞之所立建陽長灘社倉事屬之明仲力爲振葺兼朱熹夏貸冬歛收息什二之法行之三年什一之收歲以益廣熹爲作記稱之閩書

張彥清字叔澄浦城人紹熙進士初主光澤簿教授

泉州丞安福用薦知慶元縣彥清初從朱熹遊得其大旨及仕光澤與隱君子李公呂遊質疑辨惑造詣日深其爲人以孝友忠信爲本根潔廉勁挺爲質幹親早沒恨養弗逮不茹甘服美者終其身女兄未嫁捐所有資之少從鄉先生徐㶿學徐欲妻以女未及而死既與薦有富室將女之彥清曰恐負徐公仕雖久家無旬月儲歲莫貧且廹里人欲餉之曰得錢固所欲然非吾本心卒不受晚宰慶元目告作然兩造在庭猶諄之至前兒女語之人人得吐情實吏束手不能欺以疾請主管台州

崇道觀 闕書

真德秀字景元浦城人十五而孤母吳氏力貧教之同郡楊圭見而異之使歸共諸子學妻以女登慶元進士授南劍州判官繼中博學宏詞科入閩帥幕召爲太學正嘉定元年遷博士時韓侂胄已誅入對首言權臣開釁南北塗炭今兹繼好豈非天下之福然日者金人欲多歲幣而吾亦曰可增金人欲得奸臣之首而吾亦曰可與得無滋嫚我乎正恐彼資吾歲賂以厚其力乘吾不備以長其謀一旦挑爭端而吾無以應此有識所爲寒心又言

侂胄自知不爲清議所貸於是忠良之士斥僞學之論與今日改弦更張正當褒崇名節明示好尚召試學士院改秘書省正字兼檢討玉牒遷秘書郎入對乞開公道窒旁蹊以抑小人道長之漸選良牧勵戰士以扼羣盜方張之鋭選著作佐郎力辭兼禮部郎上疏言金有必亡之勢亦可爲中國憂蓋金亡則上恬下嬉憂不在敵而在我多事之端恐自此始累遷起居舍人奏權奸擅政十有四年朱熹彭龜年以抗論逐呂祖儉周端朝以上書斥當時近臣猶有爭之者其後呂祖泰之貶非惟

近臣莫敢言而臺諫且出力以擠之更化之初羣
賢皆得自奮未幾傅伯成以諫官論事去蔡幼學
以詞臣論事去鄒應龍許奕又以封駁事論去故
人務自全一辭不措設有大安危大利害豈不殆
哉今欲與陛下言勤訪問廣謀議明黜陟三者而
已時鈔法楮令行告訐繁興抵罪者衆德秀奏之
自此沒籍之産以漸給還兼太常少卿又言金人
必亡君臣上下皆當以祈天永命爲心充金國賀
登位使及盱眙聞金人內變而返言於上曰田疇
不開溝洫不治險要不阨丁壯不練豪傑武勇不

收拾一旦有警則徒以長江爲恃豈如及今大修
墾田之政專爲一司以領之數年之後積儲充實
邊民父子爭欲自保因其什伍勒以兵法不待糧
餽皆爲精兵又言邊防要事莭史彌遠方以爵祿
縻天下士德秀謂劉爚曰吾徒須急引去使廟堂
知世亦有不肯爲從官之人遂力請去出爲秘閣
修撰江東轉運副使山東盜起朝廷猶與金通聘
德秀朝辭奏國恥不可忘隣盜不可輕幸安之謀
不可恃導諛之言不可聽至公之論不可忽寧宗
曰卿力有餘到江東日爲朕撙節財計以助邊用

江東旱蝗廣德太平爲甚德秀遂與留守憲司分所部九郡大講荒政而自領廣德太平以便宜發廩竣事而還百姓數千人送之郊外指道旁叢冢泣曰此皆往歲餓死者微公我輩已相隨入此矣索毀太平州私創之大斛劾徽州寧國二守先是都司胡槻薛拯每誚德秀迂儒試以事必敗至是政事日聞因倡言旱傷本輕監司好名賑贍太過德秀上章自明朝廷召還德秀以右文殿修撰知泉州番舶畏苛征至者歲不三四德秀首寬之至者驟增至三十六艘海賊作亂德秀親授方略擒

之後增屯要害處以備不虞以集英殿修撰知隆興府承寬弛之後乃稍濟以嚴尤留意軍政因母喪歸明年盗起南安討之數載始平人服其先見尋以寶謨閣待制湖南安撫使知潭州以廉仁公勤四字勵僚屬以周惇頤胡安國朱熹張栻學術源流勉其士罷榷酤除斛面米申免和糴以甦其民民艱食既極力振贍之復立惠民倉使歲出糶又易穀分十二縣置社倉以徧及鄉落别立慈幼倉立義阡惠政畢舉月試諸軍射理宗即位召爲中書舍人擢禮部侍郎直學士院入見奏三綱五

常扶持宇宙之棟幹奠安生民之柱石人主但當以二帝三王爲師願陛下益講學進德又疏言朝廷之上敏銳之士多於老成雖常以耆艾褒傳伯成楊簡以儒學褒柴中行以恬退用趙蕃劉宰至忠亮敢言如陳宓徐僑皆未蒙錄用上問廉吏德秀以知袁州趙政夫對擢政夫直秘閣爲監司具手劄入謝因言崔與之帥蜀楊長孺帥閩皆有廉聲乞廣加咨訪上初御清暑殿德秀因經筵侍進曰此高孝二祖儲神燕閒之地仰瞻楹桷當如二祖實臨其上陛下以一心而受衆攻未有不浸淫

而蠹蝕者唯學可以明此心惟敬可以存此心惟親君子可以維持此心因極陳古者居喪之法與先帝視朝之勤屢進鯁言上皆虛心開納而彌遠益嚴憚之遂以煥章閣待制提舉玉隆宮旋落職罷祠既歸修讀書記語門人曰此人君爲治之門如有用我者執此以往五年進徽猷閣知泉州廼者塞路歡聲動地諸邑二稅嘗預借至六七年德秀入境首禁預借諸邑有累月不解一錢者郡計亦立不可爲或咎寬恤太驟曰民困如此寧身代其苦決訟自卯至申未已或勸嗇養精神曰郡弊

無力惠民僅有政平訟理事當勉彌遠死以顯謨
閣待制知福州戒所部無濫刑横斂無徇私黷貨
罷市令司曰物同則價同寧有公私之異海寇縱
横次第擒殄之嗣金滅京湖帥奉露布圖上八陵
而江淮有進取潼關黄河之議德秀上封事曰移
江淮甲兵以守無用之空城運江淮金穀以治不
耕之贊壞富庶之效未期根本之弊立見惟陛下
審重之召爲戶部尚書入見乃以大學衍義進復
陳祈天永命之説謂敬者德之聚酒色盤遊狗馬
之玩一有於此皆足害敬上欣然嘉納改翰林學

士知制誥時政多所論建拜參知政事三乞祠祿進資政殿學士提舉萬壽觀兼侍讀辭疾亟冠帶起坐迄謝事猶神爽不亂遺表聞上震悼輟視朝贈銀青光祿大夫德秀慨然以斯文自任講習而服行之黨禁既開而正學遂明於天下後世著西山甲乙稿對越甲乙集經筵講義端平廟議翰林詞草四六獻忠集江東救荒錄清源雜志星沙集志既薨上思之不置謚曰文忠宋史

熊節字端操建陽人十歲讀易日誦二卦即知聞①難至通曉而後止慶元中廷對條陳三德累官通直

校注：①問

郎致仕有中庸解三卷智仁堂稿十卷又有性理羣書[刪]書

葉味道初名賀孫以字行更字知道其先溫州人刻志好古學師事朱熹試禮部第一時僞學禁行味道對學制策率本程頤無所避旣下第復從熹於武夷山中學禁開登嘉定進士調鄂州教授理宗訪熹之徒及所著書部使者遂以味道行詣闕差主管三省架閣文字遷宗學諭輪對言人主之務學天下之福也必堅志氣以守所學謹幾微以驗所學正綱常以勵所學用忠言以充所學至口奏

則述帝王傳心之要與四代作歌作銘之旨從臣薦其可爲講官乃授太官博士兼崇政殿說書故事說書之職止於通鑑而不及經味道請先說論語詔從之帝忽問鬼神之理對曰陰陽二氣之散聚雖天地不能易有死而猶不散者其常也有不得其死而鬱結不散者其變也故聖人設爲宗祧以別親疏遠邇正所以教民親愛參贊化育三京用師廷臣邊閫交進機會之說味道進議狀以爲開邊寖潤應援倍難科配日繁餽餉日迫民一不堪命龐勛黃巢之禍立見是先搖其本無益於外

也經筵奏事無日不申言之而洛師尋以敗聞人謂味道見微慮遠味道所陳無一言不關導引翼求切於君身旁引折旋推致於治道遷秘書著作佐郎而卒訃聞帝震悼出內帑銀帛賻其喪升一官以任其後所著四書說大學講義祭法宗廟廟享郊社外傳經筵口奏故事講義宋史

劉垕字伯醇爚子寶慶三年知江寧爲政愷悌不擾而辦制閫以賢能薦俾兼幕府以收李全功轉朝請大夫知常州衡州移南劍州辭疾不赴與學徒輩講道終其身學者尊爲靜齋先生著有毛詩解

家禮集註道南源委

游九言字誠之初名九思建陽人十歲爲文詆秦檜及長銳志當世初筮古田尉入監文思院被旨視行在災傷歸白都堂放苗八分以上張栻帥廣西辟幕下栻移帥金陵復辟撫幹時禁方嚴九言記上元縣明道祠痛譏之調全椒令開禧初爲淮西安撫機宜尋知光化軍充荆鄂宣撫祭謀官卒贈直龍圖閣謚文靖九言始學於栻栻教以求放心久之有得嘗序太極圖曰周子以無極加太極何也方其寂然無思萬善未發是無極也雖云未

發而此心昭然靈源不昧是太極也欲知太極先識吾心讀者稱之號默齋先生閩書

朱鑑字子明熹長孫蔭補廸功郎累遷奉直大夫湖廣總領寶慶間隨季父在遷居建安之紫霞州建文公祠於所居在子孫入建安自鑑始閩書

蔡模字仲覺沉長子操行高潔風度夸①坦師事朱熹隱居篤學一以聖賢爲師王埜創建安書院請任山長淳祐中用宰相謝方叔湯恢薦補廸功郎添差本州教授令有司錄所著書併訪以所欲言模疏言敬義爲萬世帝王心學大旨价人大師等六

校注：①同“夷”

著為國家守邦要道及請頒白鹿洞學規於天下嘗輯朱子書為續近思錄及易傳集解河洛探賾①大學衍論語集疏等書學者稱覺軒先生道南源委

葉采字仲圭味道子從蔡淵學嘗居武彝書堂遊玩賦詩陳淳以好躐高妙屢砭之遂循序就實搆漁隱精舍問學日進淳祐登進士授邵武尉歷景獻府教授遷秘書監論郡守貪刻遷樞密檢討知邵武軍作郡乘築祠郡泮以祀朱子復置田若干頃祀朱子於光澤累官翰林侍講乞歸所著近思錄嘗以進呈理宗稱善又著集解西銘性理等書道南

校注：①賾

源委

李浚字深源建安人兩浙轉運使兼吏部侍郎尚理宗公主元兵下建寧與公主逃入福州既而福州守王剛中以城降仰天大哭曰君帝室王姬吾大儒世胄可受辱乎遂飲藥死道南源委

邱富國字行可建安人受業朱子之門登淳祐進士爲端陽簽判宋亡不仕著周易輯解十卷經世補遺三卷易學說約五篇發明朱氏宗旨道南源委

徐幾字子與崇安人通諸經尤精易得朱眞理學之傳景定間與何基同以布衣召補迪功郎添差建

寧府教授兼建安書院山長以實學訓廸多所造就閩書

楊與立字子權建安人少篤學研究理學受業朱熹之門卜遂昌縣因家蘭溪學者宗之稱鉊山先生所輯有朱子語略二十卷建寧府志

余允文字隱之建安人以孟子亞聖自司馬君實作疑孟其後李覯鄭原著常語及藝圃折衷皆肆詆毀乃作尊孟辨三十餘條闢之道南源委

熊剛大字□□建寧人少頴敏從蔡淵黄榦遊問學精專操行篤至爲建安教授著有詩經註解性理

小學集解學者稱古溪先生閩書

熊以寧建陽人從朱熹遊後舉進士授光澤主簿剛直正大一介不妄取予嘗曰學顏子之學志伊尹之志分內事也有大學釋義中庸續說行世閩書

祝穆字伯和其先新安人後籍建陽祖確物色朱松妻以女穆因是得事朱熹往來荊楚吳越間所至必窮日登眺探幽摟奇生平好著述書無不覽卜隱於縣治南溪上著有性理大全方輿勝覽四書附錄事文類聚等書盛行於世學者稱樟隱先生卒諡文修祀先儒祠子洙亦從熹遊得聞緒論纂

四書集經附錄書上除廸功郎興化軍縣册

元

熊禾字去非建陽人總角能文即志濂洛關閩之學訪朱熹門人輔廣而從遊焉既博通五經遍覽諸子百家舉進士授汀州司戸參軍入元不仕築洪源書堂學者翕然歸之胡一桂其最著者州縣咸尊以師禮謝枋得聞其名自江右來訪相與講論夫子之道益明一桂向明易學講切最久禾與之論學謂秦漢以下天下所以無善治儒者無正學也儒者所以無正學六經無完書也考亭夫子集

其大成平生精力在易詩四書儀禮未完書開端而未竟九峰蔡氏猶未大暢厥旨三禮雖有通解而勉齋黃氏信齋楊氏粗完喪祭二書其授受損益精意尚無能續若春秋則不過發其大義而已余雖與君講求十有七年易詩書僅就緒春秋更加重纂則皇帝王霸之道亦或粗備惟三禮乃文公與門人三世未竟之書君當分任此責以畢吾志其後修儀禮未成而卒福寧陳益方足成之以爲禮編禾晚年更創鼇峰書院於里中改名銖字位辛著易講義書說三禮考異春秋論考四書小

學集疏大學廣義標題祀典論元儒言行錄

按後世都城建歷代帝王廟而以當時功臣配享及郡州縣學立啓聖名宦鄉賢諸祠皆祖禾祀典之說也

鄭儀孫號翠屏建安人從邱富學咸淳中應賢良舉明年少帝北行儀孫退而著書易圖說詳解大學中庸章句史學蒙求箋註性理字訓太守吳率幕屬迎於學師事之建寧府志

雷德潤字志澤一名逢辰建安人學粹於易旁通諸子及律歷衍數舉明經除福州路教授積學瘝之

餘買田三百餘畝以給貧士昏喪老疾者號義士庄里人爲建祠學宫調長樂簿卒書閩

張復字伯陽建安人仕建寧路知事師事鄭儀孫學易得邵氏之傳嘗輯諸儒論議編性理遺書書閩

明

余應字則亮政和人私淑朱熹志性凝重寡言笑善以禮自律容止閒暇雖甚忿不色變客王公所未嘗希意道言與卯童亦恂恂謹飭非公事不入宰室早失恃事繼母愉而婉動與志合將膳則務求甘旨以進其弟寬繼出也應於衣食必先足彼用

後及其身由是兼父母愛以孝友著稱於鄉洪武初以明經爲本縣訓導徵拜京都留守中衛知事越三載免歸明年丁父憂治喪一以文公家禮不用緇黃遵先人治命也縣志

熊熈字文明建寧人少從林玭學易與蔡清同稱高弟授翁源訓導後謝病歸門人感泣道左所著有四書周易管天建寧府志

福建續志卷三十九終

福建續志卷四十

理學六

邵武府

宋

游烈字晋老邵武人受業胡安定之門以孝節稱郡人知經學自烈始登皇祐進士官至職方員外郎

道南源委

朱震字子發邵武人政和進士仕州縣以廉稱胡安國大器之薦於高宗召爲司勳員外郎震稱疾不至會趙鼎入參政事上諮以人才鼎曰臣所知朱

震學術深博廉正守道士之冠冕使位講讀必有益於陛下上乃召之問以易春秋之旨震以所學對上說擢祠部員外郎兼川陝荆襄都督府詳議官震因言荆襄之間沿漢上下膏腴之田七百餘里若選良將領部曲鎮之招集流亡務農種穀寇來則禦寇去則耕不過三年兵食自足又給茶鹽鈔於軍中募人中糴可以下江西之舟通湘中之粟觀釁而動席捲河南此以逸待勞萬全計也遷秘書少監兼侍經筵轉起居郎建國公出就傅以震爲贊讀遷中書含①人兼翊善累轉翰林學士是

校注：①舍

時虔州多盜天子以爲憂震曰使居官者廉而不
擾則百姓自安雖誘之爲盜亦不爲矣願詔新太
守條具本郡及屬縣官吏有貪墨無狀者一切罷
去聽其自擇慈祥仁惠之人有治效者優加奬勸
上從其言故事當喪無享廟之禮時徽宗未祔廟
太常少卿吳表臣奏行明堂之祭震因言王制喪
三年不祭惟祭天地社稷爲越紼而行事春秋書
夏五月乙酉吉禘于莊公公羊傳曰譏始不三年
也頃宗居明德皇后喪既易月而除服明年遂享
太廟合祀天地于圜丘當時未行三年之喪專行

以日易月之制可也在今日行之則非也詔廷臣衆議卒用御史趙渙禮部侍郎陳公輔言大饗明堂七年震謝病丐祠旋知禮部貢舉會疾卒震經學深醇有漢上易解云陳摶以先天圖傳种放放傳穆修修傳李之才之才傳邵雍放以河圖洛書傳李溉溉傳許堅堅傳范諤昌諤昌傳劉放穆修以太極圖傳周惇頤惇頤傳程顥程頤是時張載講學於二程邵雍之間故雍著皇極經世書放陳天地五十有五之數惇頤作通書程頤著易傳載造太和參兩篇今以易傳爲宗和會雍載之論上

乘漢魏晉下逮有唐及今包括異同庶幾道離①而復合盡其學以王弼盡去舊說雜以莊老專尚文辭爲非故其於象數加詳焉其論圖書授受源委如此蓋莫知其所自云宋史

何鎬字叔京邵武人父兌嘗受業馬伸伸本程門高弟後以貶死爲白其冤鎬素與朱熹善嘗言耳目之官郎心之官仁義者道之全體持志則心正心正則義明先存其心然後能視聽言動以禮先盡心知性識其本根然後到持養之功熹亟稱之嘗與書曰執事家學淵源才資敏銳絕出等夷其深

校注：①離

造默識超然自得非誦說見聞之所及也以父恩補安溪簿未赴任江西帥辟掌機宜文字再調上杭丞治尚寛仁罷無名征賦部使者鄭伯熊患郡事不理繫者或至累百乃檄鎬佐治鎬至決遣旬日悉盡後論均賦與守異議謝歸調潭州善化令將行卒熹哭之哀爲銘其墓謂其清夷恬曠廉直惠和著有易說論語史斷及臺溪集稱臺溪先生道南源委

李郁字光祖光澤人少學於舅氏陳瓘踰冠請業於楊時時一見奇之妻以女遊太學不第紹興二年

高宗遣御史朱異行郡國搜訪遺逸非常之才以郁聞召對便殿所陳皆當世大務帝爲改容以爲廸功郎尋除勑令所删定官以憂去及免喪會秦檜用事遂築室西山讀書其間久之起佐閫帥幕府人謂郁且不屑郁治文書惟謹日訪民情休戚利病以告其長而興除之卒於官學者稱爲西山先生郁天資粹美而涵養有方平居未嘗有惰容誨人終日無倦兄階官杭州罵賊死郁事寡嫂如母郁初見楊時於餘杭時語之曰學者當知古人之學何所用心學之將何以用若曰孔門之學仁

而已則何爲而謂之仁若曰仁人心也則何者而謂之人心郁退求其說取論孟之書伏讀之早夜不懈十有八年然後渙然有得時深許之邵武府志

嚴粲字明卿一字坦叔邵武人精于詩著有詩輯林希逸謂其鈎貫根葉疏析條緒或會其旨於數章或發其微於一字辭錯而理意曲而通逆求情性於數千載之上若見其人而得之以發溫柔敦厚之意詩于是乎盡之矣經義考

饒幹字廷老邵武人淳熙進士授吉水尉改長沙適朱熹爲守登其門夙興治事暇入聽講後知懷安

軍卒道南源委

葉武子字成之邵武人初遊鄉校學周禮於永嘉徐元德既而與李方子友同受學於朱熹一日熹書十梅詩界之曰吾詩不苟作以子篤實故相贈耳後補太學員時有議函權奸韓侂胄首和虜者武子曰奸臣首不足惜如國體何率同舍叩閽力爭之嘉定七年擢甲第註岳州教授時有貧而母老者名在武子下乃亟遜其人而已後之授①梆州一以白鹿洞學規爲諸生準程刻四書集註章句以授之調湖南茶鹽提舉入爲禮兵二部郎遷國子

校注：①郴

學正丐外通判建寧府擢知處州時麗水賊袁于六輩挺起郡發兵討捕而里正卽佻民以歸武子問得實三人斬以狥餘釋之民大服盜亦息入爲宗學博士眞德秀謂其學道愛人視人之休戚猶已也請老歸尋除直秘閣嘉熈間進直寶謨閣奉祠仍乞致仕累進秘閣修撰卒邵武府志

李閎祖字守約光澤人父呂少受庭訓復登朱熹之門篤志問學强力精思論議切實熹每稱之留編中庸章句或問輒畧登嘉定進士廷調臨桂簿提刑方信孺待以國士漕使陳孔碩引以自助暇輙

詣學講明義理訓廸諸生桂士之習丕變辟古田令再辟廣西經幹勤慎明恕諸司翕然以論薦改秩未赴卒弟相祖壯祖並力學從朱熹遊邵武府志

李方子字公晦邵武人少博學能文爲人端謹純篤初見朱熹語曰觀公爲人白是寡過但寬大中要規矩和緩中要果决遂以果名齋長遊太學學官李道傳折官位輩行具刺就謁嘉定七年廷對擢第三調泉州觀察推官適真德秀來爲守以師友禮之郡政大小咸咨焉暇則辨論經訓至夜分不倦故事秩滿必先通書廟堂乃除方子曰以書通

是求也丕相史彌遠聞之怒踰年始除國子監無何將選入宫僚而方子不少貶以求合或告彌遠曰此眞德秀黨也使臺臣劾罷之方子旣歸學者畢集危坐竟日未始傾側對賓客一語不妄發雖奴隸亦不加詬罵然常嚴憚之嘗語人曰吾於問學雖未能周盡然幸於大本有見處此心常覺泰然不爲物欲所潰爾其亡也天子閔之與一子恩澤宋史

上官謐字安國邵武人爲學務求義理不事表暴從朱熹遊益加涵養以祖蔭授會昌都尉調永州軍

事推官謚爲政簡易用法不深刻民懷之轉知四會縣視事方五日卒邵武府志

趙善佐字佐卿宋宗室子初學於張栻後又學於朱熹以宗室試有司連中其科初補承節郎改左承務郎將樂縣丞僉書武安軍判官廳公事差判鎮江府未赴改知泰州徙知常德府後知贛州爲郡奉法愛民以勤儉自飭不妄費公家一錢干請無所應勸民蓺麥瀦水寬諸逋貧捐市人酒課人甚便之知常德時州郡別以使臣掌牙兵善佐罷之營部肅然舉吏必先寒畯權貴請屬皆置不問吏

服其公州人相率以其治行言於使者善佐聞之亟諭止之曰太守德薄政荒不能宣布聖天子寬大之詔父老不以爲有罪又何善之可稱其急歸教子弟敦孝弟懲小忿崇信義使太守之政有能善俗者則父老之賜厚矣始至贛州時以書問熹爲政所宜先至官一一罷行之踰年而卒民盡其像祠之邵武府志

劉剛[①]中字德言建寧人自少慷慨力學讀莊老荀楊之書有契於心每事爲之贊及登朱熹之門熹曰莊老書壊[②]人心術非所宜學自是篤志於道旣歸

校注：①剛　②壞

築室講學邦之人士翕然從之有不遠盱贛而來者兩薦於鄉登嘉定進士調漢陽簿再調蘭溪丞卒熹之子在狀其行有述師友問答一卷邵武府志

馮允中字作肅邵武人從朱熹學朱子名其齋曰見齋嘗云情本於性故與性對心則有知覺而能爲之統御者也未動而無以統之則空寂而已已動而無以統之則放肆而已朱子深以爲然道南源委

元

黃清老字子肅邵武人通經博史登泰定進士累官知制誥國史院編修出爲湖廣行省儒學提舉學

者自遠從之號樵水先生著春秋經旨四書一貫數十卷其詩存者數十篇有盛唐之風道南源委

黃鎮成字元鎮邵武人自幼篤學力行年弱冠即厭榮利慨然以聖賢踐履之學自勵延祐科目行再試有司不合遂築室城南曰南田耕舍隱居不復仕進著尚書通考十卷凡名物度數及七政九疇六宗五禮方州之貢賦水土律呂之長短忽微皆暢其說復系以圖彙集諸家而折中以己意又著周易通義中庸章旨性理發蒙等書學者稱存齋先生部使者聞其賢相繼論薦不應後用執政奏

授江西儒學提舉命下而卒謚曰貞文處士元儒①言行錄

黄元實字廷美泰寧人嗜學凝重動循矩度終日危坐不少傾倚天歷間試浙闈乙榜授郡文學以歸至正癸巳邑妖民亂令延議討賊賊奄至遂遇害女貞奔哭罵賊賊殺之道南源委

明

朱欽字懋恭邵武人師吳與弼以學行稱舉成化中進士授寧波推官治最徵授御史出督漕運按河南清軍廣西並著風節宏治中遷山東副使歷浙

校注：①儒

江按察使十五年入覲吏部舉天下治行卓異者六人欽與焉僉都御史林俊又舉欽自代乃稍遷湖廣左布政使武宗立擢巡撫山東中官王岳被謫道死欽上言岳謫守祖陵罪狀未暴賜死道路不厭人心臣知岳爲劉瑾輩所惡必瑾譖毀以至此望陛下察岳非辜徵瑾讒賊疏至瑾不奏銜之欽以山東俗淫酗嚴禁市酤令濟南推官張元魁察之犯者罪及鄰比有懼而自縊者其母欲奏訴元魁與知府趙璜賄之乃已瑾使偵事校尉發之俱逮下詔獄勒欽致仕璜除名元魁謫戍欽在湖

廣時瑾憾未已以小故下廵按御史逮問俄坐山

東勘地事斥爲民又坐修曲阜先聖廟會計數多

罰輸米六百石塞下瑾誅乃復官十五年卒年七

十七明史

汀州府

宋

楊方字子直長汀人清修篤學行已拔俗隆興元年

登進士調弋陽尉還取道崇安謁朱熹面受所傳

改清遠簿廉憲姚孝資檄攝曲江以廉介剛直聞

改武寧丞趙汝愚帥蜀辟管機宜召對擢宗正簿

乞外通判吉州知建昌軍召爲樞密院編修官首疏乞朝重華宮辭甚懇切寧宗立除秘書郎出知吉州僞學禁興坐汝愚朱熹黨罷居贛州閉戸讀書學禁稍弛起知撫州乞祠以歸嘉定中召爲考功郎官復積忤去尋以鯁介老成除直謨寶閣提刑廣西循歷屬部發擿奸貪至桂嶺卒道南源委

明

楊昱字子晦汀州衛人正德舉人署能南學事尋宰胡城操履端嚴補知都昌臧偏累民糧歲旱祈禱輙應致仕歸學者稱東溪先生著有師鑑三卷牧

鑑十卷自驗錄四十卷偶見錄四卷崇文本議四卷爲學宗旨四卷農圃須知一卷汀州府志

童世堅字克剛連城人正德間應貢京師歎曰闈寺薰灼道與世違可以隱矣時王守仁倡道東南世堅走謁請業歸而沈潛體認充然自得結廬書錦橋東捐資購學田以贍生徒汀州府志

陳仁字體元歸化人嘗從湛若水學嘉靖中由明經授廣西府通判時粵地文教未闢仁至大爲闡揚激厲士類蒞民有惠政致仕歸以講究性命爲事士林宗之汀州府志

鄧向榮字元植長汀人嘉靖進士授戸部主事監督淮運杜絶諸弊以直言忤時謫六安同知轉嘉定州甫到聞父病遂棄官歸舊業䏶者悉推與弟著有正學準則太極通書考惜陰考等書汀州府志

盧一松號念潭永定人萬歷間以貢授吉王府教授謂宗藩之學與韋布異乃摘四書中切於修齊治平者各一條名曰要學三編以進王嘉納之所著學道要端井田議化俗議宗孔集行於世汀州府志

國朝

李夢萁字季豹連城人年十五而孤煢煢於兵燹艱

閩中獨精進學業崇尚朱子爲文卓有準繩不事耿逆事平乃出就試康熙乙酉領歲薦性介潔不通干謁自號穩臥先生其教人輒言爲善最樂人易而忽之曰爲之難汝爲之否乎繼善成性善之原仁義忠信善之實利善之間幾也善不擇則不明不固執則不能得而弗失問曰其樂何如曰不愧不怍曰孰與孔顏之樂曰熟之而已矣家苦儉然至施捨則未嘗有所吝①或事倡於人亦必竭力襄之曰苟利於物惠無小也能成其惠不必出於已也事兄如嚴父撫姪②如子每語諸子以氣質之

校注：①吝　②姪

偏使知變化易質時謂所親曰吾生平竭力檢身將無有不及省者第言之得聞過而終亦云幸矣年八十一端坐而逝著有四書訓蒙穏臥軒詩文集二希堂集

雷鋐字貫一寧化人父鳴高字文亮爲名諸生其氣肅而容安語無枝葉鄉人敬其學行鋐幼承家學篤志深思所點定經書宿儒莫能易漳浦蔡世遠主講鼇峰鋐從之遊甚見器許拔爲都講世遠歸錄性理存養省察之要授之又嘗讀湯斌陸隴其書曰有儆悟自此所造漸深雍正癸卯領鄉薦公

車惟手性理一編人謂其迂不顧也以工部侍郎兼祭酒孫嘉淦薦授國子學正癸丑成進士改庶吉士時內閣學士方苞以經學古文重天下天下士鮮當其意者獨心契鉉謂當作第一流人乾隆元年授編修尋晉左諭德入傅
皇子時同館某亦預教而父喪未除鉉上疏曰
皇子左右侍學之人貴明大義篤人倫於學術性理方資贊助今某隱忍父喪則講書至宰我問三年章何以出口某由是得歸終制累遷通政使以應
詔上言曰

上諭戒飭臺諫處必積慮不外名利二途此裁成激勸冀以古之純臣爲法也然臣子不惟不可計利并不可好名而朝廷樂聞讜言不必疑其好名并不必疑其好利昔孔子稱舜之大智曰隱惡揚善則知舜之時不皆有善而無惡唯舜隱之揚之所以嘉言罔伏遂成執兩用中之治

上嘉納之尋視學浙江浙故多佳士鋐令月試于學擇經義尤粹者督學官舉焉由是更相激勵又各授以小學及陸氏年譜俾爲力行之準聞有名儒宿德嘗就訪之旋調江蘇學政改右副都御史仍調浙

江值杭嘉二郡歲歉民食草根木皮且盡有司匿其實鋐貽書兩開府不聽遂封章上聞蒙

詔加賑緩徵民賴全活以母老乞歸方終喪以勞毀卒年六十四鋐天性孝友律已嚴而待人恕其論學以朱子薛瑄陸隴其爲譜牒嘗曰象山姚江人品事功卓然千古學術則恐貽誤後人作禪學考以示學者所著有自恥錄聞見偶錄讀書偶記校士偶存及詩文集若干卷隱拙齋文鈔

童能靈號寒泉連城貢生父正心字七其專精經術貫穿諸儒而以程朱爲宗能靈博聞强記克承家

學於諸經性理能綜其要常讀書蓮峰卒業武彝汀漳道覺羅雅爾哈善聘爲芝山書院山長卒祀鄉賢祠著有易經剩義樂律古義太極辨微中天河洛朱子爲學考五倫說汀州府志

張鵬翼字翥子連城人博覽經史潛心理學手纂周程朱張之言成書以教授生徒燕居必正襟危坐舉動不苟嘗曰讀書當思實踐毋徒事文藝屢試不售而好學靡倦輯古今將相諫臣分著立朝三譜又著芝壇雜說孝子傳理學入門日讀小記世統圖聖道元亨頌警世格言等書年八十三以明

經終祀鄉賢祠張氏家傳

福寧府

宋

余復字子叔寧德人少從張翰學精於周官紹熙元年對策大廷光宗稱其直而不許拔置第一賜之詩寧宗即位詔入史館兼實錄檢討歸擇邑南佳勝辟園搆軒觴咏其間著禮記類說左氏纂類道南源委

劉季裴字少度長溪人舉紹興進士官至秘閣修撰乾道間進十論上大稱賞上殿奏事笏偶跌碎徐

收碎笏遂一數陳謂今日之事有不可忽者卽如此笏上倪曰季裴賭大如身每延顧問皆稱旨著論孟周易解頤齋遺稿山川形勢論司馬温公傳

道南源委

林湜字正甫長溪人卽福安寧德二縣紹興進士歷知晉江縣適造戰艦不忍斂民諸番義之助其役判南劍州太守議官自賣酒湜力爭不可守自奏朝廷覦無通判署疑之奏遂格除監察御史言陛下托股肱於宰執而所援皆小人寄耳目於臺諫而彈擊皆君子治亂之大無過於是爲殿試詳定

官其士對策剴切湜擬第一朝廷不用出爲江西轉運判官歲減各郡無名之征數萬緡而漕計不虧歷太守司農卿充使金國金人賜以服湜揮擲之且誓以死金人不能屈復命寧宗迎謂曰卿守禮甚堅國體不失力請外除湖北轉運副使進直龍圖閣致仕朱熹被斥士皆遠嫌湜執弟子禮不變未歿前數月猶馳書問疑義著槃隱集道南源委

楊興宗字似之長溪人少師事鄭樵後執經林光朝之門登紹興進士調鉛山簿孝宗登極上封事末陳以守爲攻之策時相主和議使人要曰若登對

無立異當以美職相處郤之累書抵東府力爭孝宗嘉其志除武學博士召克①館職條對切中時弊歷遷校書郎與林光朝校文省殿擢鄭僑蔡幼學陳傅良時稱得人修四朝會要歷遷司勳郎論張說不當與趙汝愚同拜不報駁楊和王存中封爵太優忤時相虞允文出守處州大有政聲除知温州改嚴州終湖廣提舉著有自觀文集道南源委

陳駿字敏仲寧德人遊朱熹之門中乾道進士除大冶丞著論語孟子筆義又毛詩筆義未就而卒稱仁齋先生道南源委

校注：①充

林維屏字邦援福寧人從義豐遊通性理學而於易詩書尤有造詣梁克家判福州延禮郡庠講道受業者一時雲集著有易本論六十四卦論洪範三頌封建藩鎮五覇春秋等論韓柳辨疑語錄諸書學者稱榕臺先生道南源委

楊楫字通老福鼎人登淳熙進士與楊方楊簡爲朱門高弟時號三楊楫剛介有守調莆田尉閩帥程叔達苛政楫疏短之叔達憾焉秩滿見叔達陳對無所屈罷去漕使林祈丱之薦諸朝累官司農寺簿劄論進君子退小人勿狥左右之請以重中書

之維飭執政之臣可否相濟同寅協恭獎廉靜之操禁奔競之風除國子博士轉少卿臺臣或干以私答曰臺有紀綱學有規矩各守其職出知安慶移湖南提刑江西運判終朝散郎著奏議悅堂集

福寧府志

陳普字尚德寧德人居石堂山稱石堂先生淳熙間朱熹常過其地異其風土曰數十年後當出儒者能讀天下書至淳祐甲辰普生稍長聞韓翼甫倡道浙東遂往從之韓學出輔廣廣朱門高弟也宋亡朝廷三辟本省教授不應以斯道自任四方來

學者歲數百人丞相劉敏中屬修黄楊二家喪祭禮因併朱子所纂爲十卷嘗極論太極之旨晚在甫中造就益衆出其門者如韓信同楊琬余載黄裳輩並以正學爲時所宗嘗曰性命道德五常誠敬等字在四書六經中如斗極列宿之在天五嶽四瀆之在地舍此不求更學何事謂三代之治莫善於井田因爲作書又精聲律天文地理算數之學著四書句解鈐鍵學庸指要孟子纂圖周易解注尚書補微四書六經講義渾天儀論天象賦凡數百卷字義一卷道南源委

高松字國楹霞浦人少遊陳①傳良之門又從朱熹學頴悟過人篤志勵行登紹熙進士授台州教授與諸生更進迭問疑難交發滿意而後退士人悅服旣卒葉少藴銘其墓福寧府志

張泳字潛夫福安人早志濂洛之學家居教授慶元中僞學禁興大比試天下之言性論有司讀其文驚喜爲壓場策問僞學泳抵排異學力主朱子之傳學者稱墨莊先生著有禮記遺說左氏纂類會粹古今事類二百卷集關洛諸儒語爲傳心直指十卷一得錄四愚齋類稿道南源委

校注：①傳

高頤①字元齡寧德人經明行修從遊者幾千人慶元中登第知東安縣居官卓然有聲其學以正心誠意爲本嘗語學者曰吾身任大責重無天地生物之功而有天地生物之志無經國子民之位而有經國子民之心又曰學者爲聖賢事非止讀書作文求仕進而已著有詩集傳解三十卷詩文五百餘篇福寧府志

龔剡字壘伯寧德人嘉定中特奏名先世家訓俱以反身修德爲主剡世其家從朱子學晚與同門友楊復論理氣先後之説尤有造詣道南源委

校注：①高頤

楊復字志仁長溪人朱子門人後受業於閩縣黃榦勁特通敏學問精深而精於考索眞德秀知福州即郡學創貴德堂以居之著祭禮圖十四卷儀禮圖解十七卷又有家禮雜說附註二卷學者稱信齋先生道南源委

鄭師孟字齊卿寧德人家貧力學六經註疏手自抄錄受業朱門嘗著洪範講義以發明朱子皇極辨之蘊號存齋先生道南源委

黃幹字尚質長溪人師事朱熹著述甚富餘干饒魯寧德李鑑皆師之著有論鑑語五經講義四書紀

閩官至直學士道南源委

林子雲字質夫福安人寶慶間進士除融州教授潛①心聖學躬行實踐多所自得學者尊爲鄉先生著易說十卷福寧府志

孫調字和卿福寧人其學得朱熹之傳以排擯佛老推明聖經爲本著易詩書解中庸發題共五十卷浩齋稿三卷策府五十卷學者稱龍坡先生道南源委

李鏗字汝明寧德人嘉定進士歷官廣東提舉初從楊復遊得聞敬義之旨歸刱②六經講社推明師說誘掖後進居官平易近民尤曉兵事常督捕贛寇

校注：①潛　②創

提兵深入梅州擒殺陳羅二賊後梅寇猖獗授以州符賊憚其威名遁去道南源委

謝鑰字君啓福寧人著春秋十卷左氏辨證六卷子翺字皐羽徙居浦城文天祥死設位哭之作楚些見志常爲許劍錄及晞髮集道南源委

元

韓信同字伯循福寧人受業於陳普究心濂洛關閩之學普嘆曰吾耄矣得斯人飲水俟命復何悵哉延祐四年應江浙舉不合即杜門不出四方書幣日至弟子請業者戶外屨滿著書經疏交易經三

禮旁註書解集四書標註史類纂詩文十卷（道南源委）

陳自新字貢父福寧人通五經精易本傳義而推衍以皇極經世從遊者甚衆著有起興集等書行世（道南源委）

林珙字仲恭福寧人從韓信同遊篤信力行爲文以理勝舉明經不受强補本州訓導半載以疾辭晚年教授生徒以開來學爲已任（道南源委）

明

蔣悌生字仁叔霞浦人檢身勵行問學沉潛爲鄉里所推高尚不仕洪武初舉明經任本州訓導教授

諸生多所成就著五經蠡測五卷詞義多發前人所未發道南源委

永春州

宋

陳知柔字體仁永春人紹興進士授台州判官尋教授建州漳州起知循州徙賀州知柔與秦檜子熺同榜檜當軸知柔不肯附檜故以齟齬終自號休齋居士著有易本旨十六卷大傳二卷易圖一卷春秋議例十二卷詩話五卷又有梅青傳詩騷古賦雜著古學併圖二卷詩聲譜二卷論語後傳十

卷四書

黃偉字維之以字行永春人紹興進士除太學錄遷國子監簿時孝宗銳意武事獻議者乞立武賢良科偉奮疏謂賢良兼文武才不宜立武科事遂寢或請經義專主註疏賦論策宜更其體偉謂科舉之法不當變但時文之弊宜救耳孝宗然之除大理丞少卿欲奏獄空偉以非實事不署名差知邵武軍陛辭賜對論乾道新書不當刪減內侍不得干預朝政等事孝宗面加褒諭歷官江西提學後居閒十年手不釋卷嘗與朱熹講學自號竹坡居

士閩書

陳一新字又之永春人紹興進士少受學於陳知柔志行迥出流輩爲汀州教授慶元四年較藝漕闈①時韓侂胄用事首發策以谷永攻君而黨王氏劉賛言直而有司不取爲問同列請易之一新不聽果激侂胄怒將罪之侍臣力救得免累遷國子博士通判婺州知邵武軍以廉平稱初索考官不習僞學狀一新曰吾寧不爲考官决不書也其守如此閩大記

蘇總龜字待問紹興閩試上舍第一孝宗即位釋褐

校注：①闈

授衡州教授累遷廣東提舉歸再奉祠有論語解及大學儒行篇當時與黃榦陳淳齊名德化縣志

莊夏字子禮永春人淳熙進士知寧國縣慶元六年大旱應詔上封事言抑後宮戚里內侍爲抑陰助陽之術召爲太常博士累遷直學士院兼太子侍讀時流民來歸夏言荆襄兩淮不耕之田計口授地貸以屋廬牛具吾乘其始至可以忘其勞兵民可合屯田可成此萬世一時也試中書舍人又言今戰守不成而規模不定則和好之說得以乘間而入除兵部侍郎累疏乞閒以寶謨閣待制奉祠

卒贈少師寧宗題其像夏邃於經學著有禮記解遺文二十卷國史大事記十帙典故備記五帙朱史

陳易字俊之永春人慶元進士從朱熹熹嘗稱易及陳淳爲學得次第先將郡士泥章句自熹導源於前易與淳繼之由是濂洛關閩之學大行居喪酌遵古禮不用浮屠仕終懷安丞著有論語孟子解道南源委

卓琮字廷瑞從陳淳遊嗜學堅苦以積累成功所講論①能暢淳之旨閩大記

黄以翼字宗台永春人嘗受業陳淳蔡和之門莊毅

校注：①論

能自立晚年所學益進著有周易禮記說永春舊志

龍巖州

明

王源字啓澤龍巖人永樂進士改庶吉士出知深澤縣累上疏言事召至京師時有西僧見幸源論及之上怒下獄會赦復原官擢春坊司直郎侍諸王讀方講王他顧源正色目臣所講皆治平要道不足聽耶王爲改容後改衛府紀善遷松江同知奏罷逋租數十萬石置豪民以法以母老乞終養母喪畢授職方郎中出知潮州府舉廉能黜貪墨修

邑縣學宫立社學以教育後進刻藍田呂氏鄉約擇民爲約正約副約士講肄其中而府倅僚宷董率焉築長堤六百餘萬丈以防水勢潮人因其姓名爲堤尋致仕潮人祠祀之年八十卒源天資英敏凡書一二讀終身不忘下筆數千言立就所著書傳補遺家禮易覽異端辨葦庵集等書陳獻章謂吏于潮者多矣其有功而民思之唐莫若韓愈明莫若源云明史

曾汝檀字惟馨漳平人以貢入太學受業于湛若水嘉靖壬辰成進士授都察院都事若水爲南京禮

部尚書汝檣求改南京以就學累遷知撫州府建陸象山吳草廬吳康齋三賢祠及五經閣政暇輒與諸生講學謂知南寧以終養歸南寧人送者莫不流涕家居惟以養親講學爲事嘗以中庸戒懼愼獨教人四方來學者衆構心源精舍爲講所父母殁知古䘮①禮壽起知安慶府擢山東鹽運使卒於官汝檣②資稟乎③而信道篤所學淵源于龜山刊落支節務窺本源著有心源問辨錄學者稱廓齋先生 龍巖志

蔣輔字廷佐龍巖人宣德貢士官寧國府教授所在

校注：①喪 ②檀 ③厚

修學宮育人材秩滿乞歸事繼母尤謹爲學以存心爲主學者宗之年八十三卒著有泉巖文集明儒言行錄

黃芹字伯馨龍巖人嘗從學蔡清沈潛精義言動不苟以歲貢授海陽訓導身教端謹爲學者宗仰嗣以親老乞歸著有易圖識漏易經口訣史圖纂要家禮易行等書道南源委

柯鑾字範吾龍巖人萬歷歲貢授惠州訓導講論以誠意正心爲主幽士多就正焉轉建陽教諭能闡發伊川安定之訓歸築息庵以居不履城市明儒言行

錄

福建續志卷四十終